SHODENSHA SHINSHO

都電跡を歩く

東京の歴史が見えてくる

裕夫

祥伝社新書

はじめに

政治の中枢といわれる東京・永田町《ながたちょう》。すぐ隣には、各省庁が軒《のき》を連ねる霞《かすみ》が関《せき》があります。霞が関の中央省庁は、平成一三（二〇〇一）年、新たに一府一二省庁に再編されました。

このとき、新しく誕生した省庁のひとつに総務省があります。総務省は自治省・郵政省・総務庁・消防庁などを統合して誕生しましたが、政官界から、〝旧内務《ないむ》省の復活では？〟と囁《ささや》かれました。

本書では、明治期に活躍した政治家や官僚が随所に登場します。なかでも、後藤新平《ごとうしんぺい》や芳川顕正《よしかわあきまさ》、古市公威《ふるいちこうい》、石川栄耀《いしかわひであき》、山田正男《やまだまさお》など内務省関係者が多くを占めます。

明治政府に内務省が誕生すると、多くの国内行政はここが司《つかさど》りました。厚生省（いまの厚生労働省）、建設省（いまの国土交通省）、警察庁などは、いずれも内務省から分離する形で誕生した省庁ですから、当初の内務省がいかに強大な権限を有していたかがわかるでしょう。そして、電気鉄道（路面電車）も内務省が所管していました。本書に内務省関係者が頻出《ひんしゅつ》するのは至極《しごく》当然のことなのです。

旧内務省の復活と囁《ささや》かれた総務省は、〝実はここにも総務省〟というキャッチフレーズを掲《かか》げています。総務省が実際に所管している業務は、消防や防災、インターネット、選挙、郵便、ケータイ、テレビ、ラジオなど幅広い分野に及んでいます。幅広いというだけではありません。私たちの生活に密着した分野を多く取り扱っています。

これまでにも、私は何冊か鉄道関係の書籍を出しています。本を出すたびに「鉄道がお好きなのですか?」と質問されてきました。鉄道が好きというのは間違いないのですが、私が惹《ひ》かれるのは、「鉄道は都市のインフラであり、都市計画や地域振興に欠かせないメディアである」という点です。ここでいうメディアとは、〝情報の記録、伝達、保管などに用いられる物や装置〟という意味です。

現代を生きる私たちは、〝鉄道に無関心で生きる〟ことはできても、〝無関係に生きる〟ことはできません。たとえ、乗車して移動することがなくても、物流、都市計画、政策面、技術革新など、まるで総務省の〝実はここにも……〟というキャッチフレーズのように、鉄道はありとあらゆるところで社会に影響を及ぼしているからです。

明治において、路面電車は市内交通の主力でした。特に東京の路面電車は〝実はここにも……〟のごとく、日本全土に社会・文化の多岐にわたり影響を与えました。

本書は都電を題材にしていますが、一般的な鉄道の話は最小限にとどめています。それよりも、東京の街の成り立ちや社会史、産業史、生活史、文化史といった部分に光を当てることで、都電がこれまで果たしてきた役割を再認識しようと試みました。

読者のなかには、「どうして、あの路線が収録されていない？」と疑問を抱く方もいらっしゃることでしょう。本書に収録されていない路線でも、都市計画・都市政策に大きな影響を与えたり、また受けたりした路線はあります。ページに限りのある一冊ですべてを書き尽くすことはできませんでしたが、読み終わったのち、「鉄道は単なる移動手段ではない」と、すこしでも感じていただければ幸いです。

前置きが長くなりましたが、そろそろ都電の旅に出発しましょう。

二〇一三年五月

小川《おがわ》裕夫《ひろお》

都電跡を歩く——目次

はじめに　3

序章　都電と出会う　9

第一章　1系統　25
～日本の鉄道史に彩《いろど》られた路線～

第二章　22系統　71
～〝元祖1系統〟ともいうべき路線～

目　次

第三章　8系統　～東京の都市計画を体現した路線～　109
第四章　13系統　～新宿に繁栄をもたらした路線～　147
第五章　10系統　～時代の波に翻弄《ほんろう》された路線～　185
第六章　17系統　～池袋を発着した唯一の路線～　217

第七章　14系統
～山手線の駅から西へと向かう唯一の路線～　247

第八章　2系統・18系統・41系統
～都電最長の路線～　273

第九章　都電荒川線
～唯一、生き残った路線～　299

主要参考文献　333

序章

都電と出会う

駅と「電停《でんてい》」

平成一二（二〇〇〇）年一一月一一日、都電最後の路線・荒川線《あらかわ》に、七〇年ぶりといわれる新電停【荒川一中前《いっちゅうまえ》】が、【三ノ輪橋《みのわばし》】と【荒川区役所前】の間に開業しました。都電荒川線は東京都新宿区《しんじゅく》の【早稲田《わせだ》】から荒川区の【三ノ輪橋】までを結ぶ、約一二・二キロメートルの路線です。

一般的に鉄道の乗り場を「駅」と言いますが、路面《ろめん》電車は駅ではなく電車停留場《ていりゅうじょう》、略して「電停《でんてい》」と呼びます。路面電車の乗り場をそのように呼ぶ理由は、『軌道法《きどうほう》』という法律に明記されているからです。『軌道法』は、路面電車の運行・建設・管理などの規則を定めています。

本来、鉄道は安全運行を第一にしているので、自動車や歩行者空間である道路に線路を建設することはできません。ところが『軌道法』では、原則として道路に線路を敷設《ふせつ》することが明示されています。路面電車は、ＪＲなどとは異なる法律にのっとって運営されているのです。

法律に停留場と書かれているからといって、これを「駅」と呼んでも間違いではありません。日頃から鉄道を移動手段として利用している人は、「どっちも電車を乗り降りする場所なんだから、名前を統一した方がわかりやすいんじゃないの」と思われることでしょう。厳密な解釈を必要とされるケースならともかく、日常生活において駅だろうが停留場だろうが、支障をきたすことはありません。それでも、鉄道ファン、大学教授をはじめとする交通研究者、行政関係者の方々は、頑《かたく》なに路面電車の駅を電停と形容します。

どうして、そこまで頑なに区別するのでしょうか。おそらくは、路面電車の電停が、一般的な鉄道の駅とは異なり、簡素な造りだからなのではないかと推測しています。いまは少なくなりましたが、電停にはただ路面に色を塗っただけというものもあります。たしかに、これを東京駅のような立派な駅舎と同じ「駅」にくるのは無理があるでしょう。そんな思いが、路面電車の駅を「電停」として区別させるのかもしれません。

名称を区別したところで、駅機能に差異はありません。電停だろうと駅だろうと、一般の利用者にとっては、どちらでもいいことです。ただ、それを言ってしまえば、路面電車の定義からして、実は曖昧《あいまい》なのです。

先ほど、路面電車は『軌道法』で運行・建設などが定められていると書きました。ところが、江ノ島《えのしま》電鉄（神奈川県）や熊本《くまもと》電気鉄道は、道路上に線路を敷設する路面電車とされながら、『軌道法』ではなく『鉄道事業法』に準拠《じゅんきょ》しています。これは特例的措置《そち》ですが、原則を覆《くつがえ》すような特例が、路面電車とは何かをわかりにくくしています。

たとえ簡素なつくりでも、電停を新しく設置することは容易ではありません。運転士による発車・停車の訓練も必要になりますし、車内やホームページなどの路線図の変更もおこなわなければなりません。電停を設置する工事費も少ない金額ではありません。【荒川一中前】を開業するにあたって、必要とされた金額は一二〇〇万円でした。用地はもともと確保されていたところを選んでいます。一二〇〇万円という金額は、純粋に設置のための材料費や工事費といえます。

なぜ、新電停が設置されたのか

新電停を開業するにあたって、東京都も荒川区も予算を計上してくれませんでした。あくまで、地元有志の〝都電荒川線新電停誘致の会〟が募金を集めて、それを新電停の費用に充《あ》てています。そこまでして、東端の電停【三ノ輪橋】から西へ三〇〇メートル離れたところに【荒川一中前】は開業しました。

まず、【荒川一中前】設置のきっかけについて考えてみましょう。これは、東京都交通局が率先して決めたことでも、荒川区が言い出したことでもありませんでした。都や区が工事費用を出してくれなかった理由はそのためです。新電停の設置は、地元住民たちの請《せい》願《がん》によるものでした。主に荒川区荒川一丁目、南千住《みなみせんじゅ》一丁目付近の住民です。

平成一一（一九九九）年二月、請願が出されると、四カ月後の六月には荒川区議会で付《ふ》議《ぎ》されます。さらに一二月には、東京都交通局と荒川区の間で「都電荒川線の新停留場設置に関する基本協定」が締結されます。そして翌年六月には、運輸大臣と建設大臣から認可が下り、七月から建設工事を開始、一一月に開業します。歳月にして、一年半。その経過は順風満帆《じゅんぷうまんぱん》と言っていいでしょう。

〝電停の設置までに一年半〟が早いか遅いかの判断は人によってそれぞれでしょうが、通常のケースと比べると、かなり早い例でしょう。どうして、そこまで早く開業することができたのでしょうか。

［写真0-1］地元の出資でつくられた荒川一中前の電停

これには、都電荒川線【三ノ輪橋】から【荒川一中前】の線路と並行してある商店街〝ジョイフル三の輪〟の衰退という事情がありました。ジョイフル三の輪は、荒川区を代表するアーケード商店街で、全長は約五〇〇メートルあります。キャッチコピーは〝チンチン電車に会える街〟です。ジョイフル三の輪から都電愛を感じるのはキャッチコピーだけではありません。商店街を歩けば、下町情緒の中に、都電をあしらったアーケード、都電の車両が映し出される電光掲示板などを目にすることができます。また、【三ノ輪橋】から徒歩三分の喫茶店〝あめみや〟では、都電グッズを多数取り揃《そろ》えていてミニ都電博物館の趣《おもむき》があります。

［写真0-2］下町情緒の漂うジョイフル三の輪。手前の風情ある建物は、老舗の蕎麦屋として知られる「砂場」

この商店街を【三ノ輪橋】側から歩きはじめると、まもなく気づくことがあります。それは、【三ノ輪橋】から西へ行けば行くほど、遠くなればなるほど商店街の活気が薄れていくことです。ジョイフル三の輪の東端には、乗降者の多い【三ノ輪橋】がありますが、商店街の西側がシャッター通りと化せば、その波は東側も侵食するでしょう。

商店街の西側を活性化させるために、都電荒川線の新電停を誘致しようと動き出すことになりました。西端に荒川線の電停ができれば、商店街に回遊性が生まれ、商店街全体が活性化する、そう商店街の人たちは期待したのです。

【荒川一中前】が開業してから一三年が経《た》っています。いまだ商店街は【三ノ輪橋】側が栄え、【荒川一中前】側に行くにしたがって寂しくなる構図は変わっていません。都電の電停が開業しただけで、劇的に商店街が変わることはないのかもしれません。それでも、「路面電車は時代遅れ」と言われていた時代、ここ東京において〝新電停〟が誕生した意義はけっして小さくないでしょう。

都電荒川線は生き残ったが……

平成一七（二〇〇五）年に公開された映画「ＡＬＷＡＹＳ　三丁目の夕日」では、光輝く東京タワーがシンボルとして描かれています。昭和三〇年代の東京には、そこかしこに都電が走っていました。路線の総延長二一三・七キロメートルにも及んだ都電の黄金時代は終わりを告げ、荒川線一路線のみとなりました。総延長は約一二・二キロメートルしかありません。

荒川線の一日の平均乗車人員は、平成二三（二〇一一）年度の統計で、四万九一三〇人となっています。数字だけを見ると利用者が多いのか少ないのかはわかりませんが、日暮《にっぽ》里《り》・舎人《とねり》ライナーと比べてみると、その差がはっきりします。

日暮里・舎人ライナーは、平成二〇（二〇〇八）年三月三〇日に開業し、日暮里駅（荒川区）と見沼代親水公園駅《みぬまだいしんすい》（足立区）を一三駅で結ぶ、東京都交通局運行の新交通システムです。総延長九・七キロメートルですから都電荒川線よりも短い路線です。それにもかかわらず、平成二三（二〇一一）年度における一日の平均乗車人員は、六万〇八四四人もあり、一日に一万人も多く都電荒川線より利用され、その差は年々拡大しています。

都電荒川線は、山手《やまのて》線内という東京都内でも有数の企業や大学、住宅が多く立地しているエリアを走っています。くわえて、【町屋《まちや》駅前】【王子《おうじ》駅前】【新庚申塚《しんこうしんづか》】【大塚《おおつか》駅前】【東池袋《ひがしいけぶくろ》四丁目】【鬼子母神《きしぼじん》前】といった電停で、たくさんの他の路線に乗り換《か》えることができます。さらに日暮里・舎人ライナーの開業で【熊野《くまの》前】も乗換駅になりました。都電荒川線は便利な路線なのです。

そんな便利な電車でも、利用者は増える気配がありません。もはや都電は都民の足ではなくなっているのでしょうか。

路面電車の巻き返し

ところが、都電の凋落《ちょうらく》とは裏腹に、昨今ではテレビの街歩き番組や雑誌の特集でこの荒川線が取り上げられることは少なくありません。

都民の足ではなくなった都電がたびたび取り上げられるのは、どうしてなのでしょうか。その理由は、かつての〝チンチン電車〟が昭和を想起させる、懐かしくノスタルジックな乗り物だということ、東京に唯一残ったという希少性などが挙げられるでしょう。

もうひとつの理由として、路面電車が世界的に再評価されるようになった時代の背景があります。フランスやドイツなどヨーロッパの先進国では、新型路面電車のＬＲＴ（Light Rail Transit）が登場し、ノスタルジーだけではなく、新世代の公共交通機関としてきちんと認識されています。

国内でも、全国に目を移せば、静かに路面電車の巻き返しが始まっています。豊橋《とよはし》鉄道（愛知県）は、都電荒川線よりも一足早い平成一〇（一九九八）年に線路を約一五〇メートル延伸させて、駅前のロータリーへの乗り入れを実現させました。一五〇メートル線路が延びたことで【駅前】─【新川《しんかわ》】間の距離が開くと、平成一七（二〇〇五）年、その中間地点に新しく【駅前大通《おおどおり》】を設置します。

また、平成一八（二〇〇六）には、ＪＲ富山港線《とやまこう》が路面電車に転換されています。これが富山ライトレールです。その後、平成二一（二〇〇九）年には、同じく富山市内を運行している富山地方鉄道の都心線が開業しました。都心線は富山市街地と富山駅とを環状《かんじよう》線で結ぶ、新しい動線を生み出しました。

さらに、路面電車先進県といわれる広島市や熊本市などでもＬＲＴが導入されています。こうした地方都市では、路面電車を公共交通機関の中心にしようという動きが活発化しているのです。

昭和三〇年代まで、都電は東京の公共交通機関の主役でした。しかし、道路に自動車が溢《あふ》れるようになり、路面電車は地下鉄に主役の座を譲りました。地下鉄は目的地に早く移動できる交通手段です。また、自動車と道路を共有しているわけではないので、渋滞に巻き込まれることがなく、時間どおりに到着します。鉄道利用者は、速達性や定時性を重要視しますから、路面電車より地下鉄がもてはやされました。

それが、今日のように高齢化が深刻な社会問題になってくると、風向きは変わります。日本最初の地下鉄である「銀座線《ぎんざ》」は、最初に掘られたこともあり、わりと地面から浅い部分にホームがあります。ところが、新しくつくられる地下鉄は、それよりも深い場所に線路を敷《し》かなければなりません。そうなると、新しい地下鉄区間はどんどん深くなっていきます。

結局、ホームは地下数十メートルに設置されることになり、利用者は長い長い階段を上り下りする苦労を強《し》いられるのです。高齢者や小さな子供にとってみれば、乗車や乗り換えのたびに延々と歩かされる地下鉄よりも、すぐに乗れて、降りたらすぐ目的地である路面電車の方が格段に便利なのです。

それから、環境からの視点を見逃すことができません。都電が廃止されると、代替《だいたい》交通として整備されたのは都《と》バスでした。現在、都バスが走っているルートの多くは、かつて都電が走っていたルートをなぞっています。

つまり、都バスは都電の後継者です。二一世紀に入り、環境問題が浮上すると、都バスも液化天然ガスを燃料とするなど、環境対策には非常に力を入れていますが、電気で走る都電には敵《かな》いません。また、東日本大震災でエネルギー問題がクローズアップされると、一度に多くの乗客を輸送できる鉄道が、エネルギー効率に優《すぐ》れているとして見直されるようになりました。

都電荒川線との出会い

荒川線だけを残して、都電が消えたのは昭和四七（一九七二）年一一月です。それから、すでに四〇年が経過しました。私はその五年後に静岡市で生まれました。そのため、都電の全盛期を知りません。

都電に魅了され、ずっと取材をつづけることになったきっかけは、インターネットのWEBサイトの仕事でした。いまで言うところのタウンガイドWEB版です。取材スタッフのひとりとして、荒川線沿線を担当することになりました。当時、インターネットはそれほど普及していません。ましてや高齢者が多く住んでいるこの沿線では、インターネットのイの字も知らないような住民はたくさんいました。個人経営の店を訪ねては、「インターネットの取材なのですが〜」とお願いして回るものの、たいていは「そういうの、わからないから」「うちは間に合ってます」と断《ことわ》られるのがオチでした。

頭の中ではわかっていたとはいえ、取材を断られてばかりではさすがにこたえます。それが一週間もつづけば嫌になって、仕事をする気は失《う》せてしまいました。こうして私は、朝出社するとすぐにオフィスから飛び出し、取材もせず、喫茶店でコーヒーだけを注文して三〜四時間も粘っては無為《むい》な日々を過ごしました。

そして、夕方になると会社に戻るだけの毎日を繰り返していたあるとき、せっかく都電沿線が取材エリアなのだから、都電に乗ってぶらぶらしてみようと思い立ちます。路面電車に揺られて、街から街を歩き回る。仕事をサボっていることには変わりないのですが、喫茶店で時間を浪費するより楽しい時間でした。

ある日、都電にのめり込む決定的なきっかけとなった事件が起きます。それは、荒川営業所に足を運んだときのことでした。荒川営業所は都電の車庫が併設されていますが、ここには運転士や車両のメンテナンスを担当する技術者のみならず、荒川線の運行管理などを担当する職員も詰《つ》めています。車内の忘れ物は、ここで一時保管されます。

私が訪れたとき、七〇を越えるおばあさんが先客にいました。耳をそばだてていると、おばあさんと応対した職員の話が聞こえてきました。どうやら、おばあさんは車内に忘れ物をして、ここまで取りに来ていたようです。おばあさんが忘れたのは五箱一セットのティッシュペーパーでした。

おそらく市価は二五〇円程度でしょう。都電に乗ってここまで来て、忘れ物を受け取って自宅まで帰るようです。都電の乗車料金は大人一六〇円、往復で三二〇円ですから、おばあさんが沿線に住んでいるとは限りませんが、単純に計算してもティッシュ代より割高になります。もし、自宅が都電沿線でなければ、さらに帰るのに電車やバスを乗り継《つ》がなければなりません。明らかに交通費の方が高くつきます。

対応した職員も私と同じことを考えていたのでしょう。「これ、交通費の方が高いんじゃない？」と訊《たず》ねました。すると、おばあさんは「でも、忘れ物は取りに来ないと……」と恐縮するのです。おばあさんは物を大事にする性格でした。気の毒に思った職員は、「じゃあ帰りの切符はあげるよ」と言い、おばあさんに切符を手渡したのです。笑顔で切符を受け取ったおばあさんは、そのまま都電に乗り込んでいきました。

その一部始終をかたわらで見て、こうした人と人とのコミュニケーションが都電の魅力なのだなと改めて感じることができました。

もともと取材対象だった都電沿線の店にも、今度は都電の話を聞きたいと告げて訪れるようになりました。すると、それまでのインターネットの取材では嫌な顔をしていた人たちも、

「昔はね、〝台所電車〟って言ったんだよ。家と家の間を走り抜けるから、電車の中から台所が見える。夕飯のにおいもする。それで台所電車って言われたんだね」

「うちの店の前がちょうど駅だったんだよ。いまは地下鉄ができたけど、都電の頃はずい

ぶんにぎやかだったよ」

などと相好《そうごう》を崩し、時間を忘れて話をしてくれました。

これが、私の都電取材の原点になりました。都電沿線の取材をつづけていると、いまでも沿線住民に都電が愛されていることがわかります。それなのに、どうして都電は都民の足の主役の座から降りることになったのでしょうか。本書では、主にその興亡史と形成過程に焦点をあてて都電を追跡したいと思います。

《表記のおことわり》

※「都電」や「東京府電《ふでん》」「東京市電《しでん》」など、それぞれの時代に合わせた名称を使用していますが、読みやすさを優先している場合があります。また、「東海道本線」なども同様です。

※明治に鉄道が発足してから国鉄に改組するまでの国営鉄道を官営鉄道（「官鉄《かんてつ》」）、昭和二四（一九四九）年に発足した公共事業体の日本国有鉄道を「国鉄」としました。

※一部の電停が名称変更していますが、原則として、廃線時、昭和四二（一九六七）年時の名称を使っています。

※文中に電停名、駅名、地名、路線名などが頻出《ひんしゅつ》しますので、混乱を避けるために、電停名に限り【○○】とカッコでくくって記しました。

第一章

1系統

～日本の鉄道史に彩《いろど》られた路線～

1系統

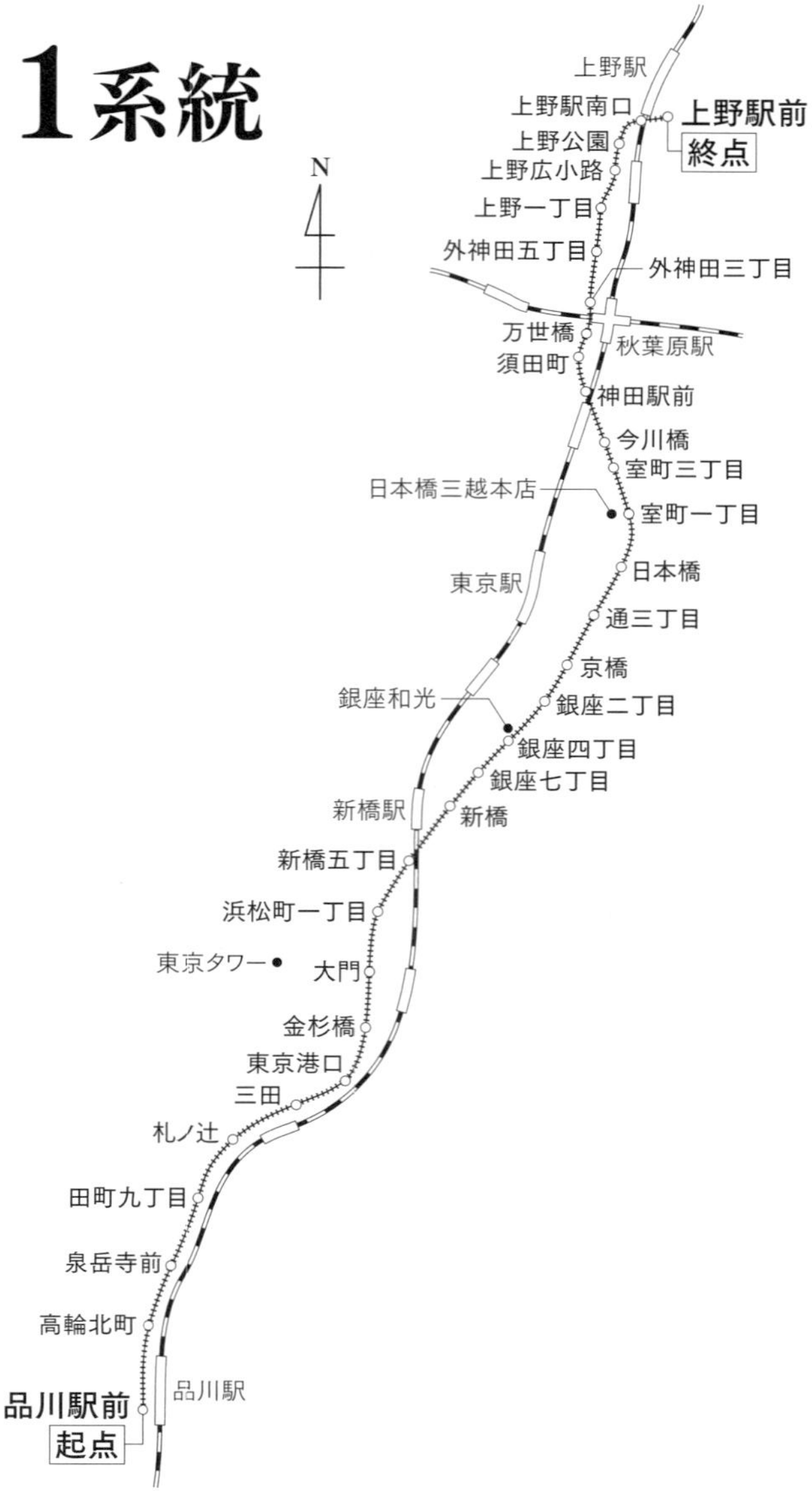
N
上野駅
上野駅南口
上野駅前
終点
上野公園
上野広小路
上野一丁目
外神田五丁目
外神田三丁目
万世橋
秋葉原駅
須田町
神田駅前
今川橋
室町三丁目
日本橋三越本店
室町一丁目
日本橋
東京駅
通三丁目
京橋
銀座和光
銀座二丁目
銀座四丁目
銀座七丁目
新橋駅
新橋
新橋五丁目
浜松町一丁目
東京タワー
大門
金杉橋
東京港口
三田
札ノ辻
田町九丁目
泉岳寺前
高輪北町
品川駅
品川駅前
起点

都電1系統と明治一号国道

　東京に四一系統も走っていた都電のトップナンバーを飾る**1系統**は、【品川駅前《しながわえきまえ》】を起点として【上野駅前《うえの》】までを結んでいます。**1系統**は【品川駅前】を出発すると、自動車の往来が激しい第一京浜《だいいちけいひん》を北へと走ります。

　第一京浜とは、東京都中央区と横浜《よこはま》市神奈川区を結ぶ国道一五号線のことです。昭和二七（一九五二）年に制定された『道路法』に基づき、国道一五号線に指定されました。

　日本に国道が誕生したのは、明治一八（一八八五）年です。当時の内務省《ないむ》は『国道表《こくどうひょう》』を公布し、そこに国道番号が振《ふ》られました。現在の国道一五号線は、そのときに内務省から明治一号国道に指定されていました。輝かしい〝一〟をつけられた、かつての国道一五号線は、まさに国道の中の国道だったのです。当然のことですが、明治政府は、明治一号国道を最重要な道路として整備しています。その上を走る都電が**1系統**であることは、当然といえば当然でした。

　都電は分類的には鉄道です。しかし、道路の上を走る性格上、道路とは切っても切れない関係にあります。そのため、都電の歴史を見るとき、道路がどのように形成されていったのかは非常に重要なことになります。そこで、まずは都電から離れて道路について見ていきましょう。

人力車と馬車の時代

江戸時代になって、参勤交代《さんきんこうたい》が開始されると、五街道をはじめとする道のネットワークの整備が始まります。

しかし、江戸時代に庶民が都市から都市へ移動するのは、生涯に数回あるかというくらい希少なことでした。都市から都市を移動するには、それ相応《そうおう》の旅費がかかります。現在のようにレジャーの概念がなかった時代でしたし、庶民がその旅費を簡単に捻出《ねんしゅつ》することはできません。また、家を空《あ》けるような時間的余裕もありませんでした。多くの庶民にとって、旅は叶《かな》わぬ夢だったのです。

参勤交代の大名行列は、馬や駕籠《かご》による移動でした。道路上を多くの人が行き交《か》うような光景は見られません。それが明治に移ると、馬や駕籠に替わって人力車《じんりき》が登場します。人力車は駕籠よりも速く、馬のように管理する手間が省《はぶ》けて飼料代もかからないことから爆発的に人気を博しました。

明治三（一八七〇）年、政府は正式に市中における人力車の営業許可を出します。人力車の普及に拍車がかかり、明治九（一八七六）年には、東京市内で約二万五〇〇〇台の人力車が営業していたといいます。

人力車が誕生した時期は、諸説あって年代を特定することは難しいのですが、どうやら一八世紀あたりに発明されたとするのが一般的のようです。江戸時代、すでに日本にも人力車は伝えられていました。それにもかかわらず普及しなかった理由は、江戸幕府が人力車の使用を禁止したからです。市中で大八車《だいはちぐるま》より大きな車は使用してはならないというお触れを出していました。これには、幕府から見た防衛的な意味合いがありました。

そのため、交通上の問題においては、人が通れるぐらいの幅があれば十分で、わざわざ道路整備にお金を費やす必要はなかったのです。

ところが明治政府は人力車を解禁しました。さらに横浜開港によって、西洋人が東京にも姿を現わすようになりました。西洋人は馬車に乗って移動する習慣があり、東京でも馬車が道路を疾走《しっそう》します。江戸時代から引き継《つ》いだ狭い道のままでは事故が起きますし、なにより不便です。

東京府は、明治四（一八七一）年に道路を改良する計画を立てます。道路を改良するには莫大《ばくだい》な資金が必要です。東京府は「三厘道《さんりみち》」なる車税を課すことにしました。三厘道とは、車の売上から三パーセントを徴収する営業税です。

新たに財源を得た東京府は、道路を改良するための四路線を選定します。選定されたのは、日本橋《にほんばし》から浅草《あさくさ》までの区間、高輪口《たかなわぐち》から芝口橋《しばぐちばし》を渡って尾張町《おわりちょう》二丁目（いまの銀座六丁目）付近までなど、特に外国人の通行が多い道でした。芝口橋という地名は、すでに聞かなくなってしまいましたが、これは現在の新橋《しんばし》になります。

改良する四路線を選定しましたが、東京府は、ほかにも尾張町から築地《つきじ》ホテルまでの道路を改良する必要があると政府に主張します。こちらの財源は、運上所余金《うんじょうしょよきん》から捻出することになりました。運上所とは現在でいうところの税関です。さらに東京府前通りから外務省までの道路など、三路線の整備計画を東京府定額金から支出する計画も立てました。また、これとは別に、鍛冶橋御門内《かじばしごもんない》、馬場先《ばばさき》御門内大手までの道路は、宮城《きゅうじょう》（皇居）に通じる道であることから大蔵《おおくら》省が費用を負担し、東京府が工事を担当することが決められました。

東京府が三厘道という税金をもって道路の改良に着手する一方、政府は明治六（一八七三）年に『僕婢《ぼくひ》馬車人力車駕籠乗馬遊船等諸税規則』を制定します。これは馬車や人力車、遊船などの所有者に課税をするもので、いわゆる〝ぜいたく税〟といえます。財源不足に苦しんでいた政府は、成長著しいこれらの新業種に目をつけました。

政府が新たに課した税金の特徴は、これが道路や橋梁《きょうりょう》の修繕《しゅうぜん》費や貧民教育に充てる目的であるならば、府県が同じような税金を制定してもよいとしていた点です。早速、東京府は三厘道を廃止して、政府に追随する形で新たな車税を徴収することにしています。

表玄関・新橋駅を移動させる

【品川駅前】を出発した**1系統**は、【新橋五丁目】を過ぎると、高架《こうか》化された東海道本線、山手線などの線路が通るガード下をくぐります。そして次の電停が【新橋】です。ここまで**1系統**が走ってきた道路は第一京浜でした。同じ国道一五号線をさらに北上しますが、新橋を過ぎると中央通りと名を変えます。銀座近辺では銀座通りという通称もあるようです。

この新橋は、日本の鉄道を語る上で欠かせない地名でもあります。日本の鉄道の歴史が幕を開けたのは明治五（一八七二）年ですが、そのとき最初に開業した区間が、新橋―横浜間だったからです。

しかし新橋といっても、当時の新橋駅があったのは、現在サラリーマンの盛り場になっている、あの場所ではありません。実は当時の新橋駅は、近年再開発が始まり、装いを新たにした汐留《しおどめ》にありました。明治時代、〝東京の表玄関〟だった新橋駅は、大正三（一九一四）年になってようやく東京駅が開業すると、その座を譲ることになります。

新橋駅は汐留駅と改称し、旅客営業を廃止すると、その後は全国から石炭や砂利《じゃり》、野菜などが運ばれてくる貨物駅として昭和六一（一九八六）年まで機能しました。新橋駅跡は、いま〝旧新橋停車場鉄道歴史展示室〟になっています。

東京の表玄関としてにぎわっていた新橋駅が、貨物駅にされてしまった理由は立地にありました。政府は、東京駅を計画段階から中央停車場と呼び、日本の表玄関駅にしようと考えていました。その東京駅に新橋駅からつなげるためには、線路が銀座の街の中心を突っ切らなければなりません。銀座の街は明治時代に大きく発展しますが、江戸時代でもそれなりに多くの人が住み集《つど》う街でした。そんな街を横断して線路を通すことは、物理的に不可能だったのです。

こうして新橋駅の位置を四〇〇メートルほど移動させる必要が出てきます。その手始めとして明治四二（一九〇九）年に烏森《からすもり》駅を開業させます。この烏森駅が大正三（一九一四）年の東京駅開業と同時に新橋駅と改称し、それまでの新橋駅は汐留駅になりました。

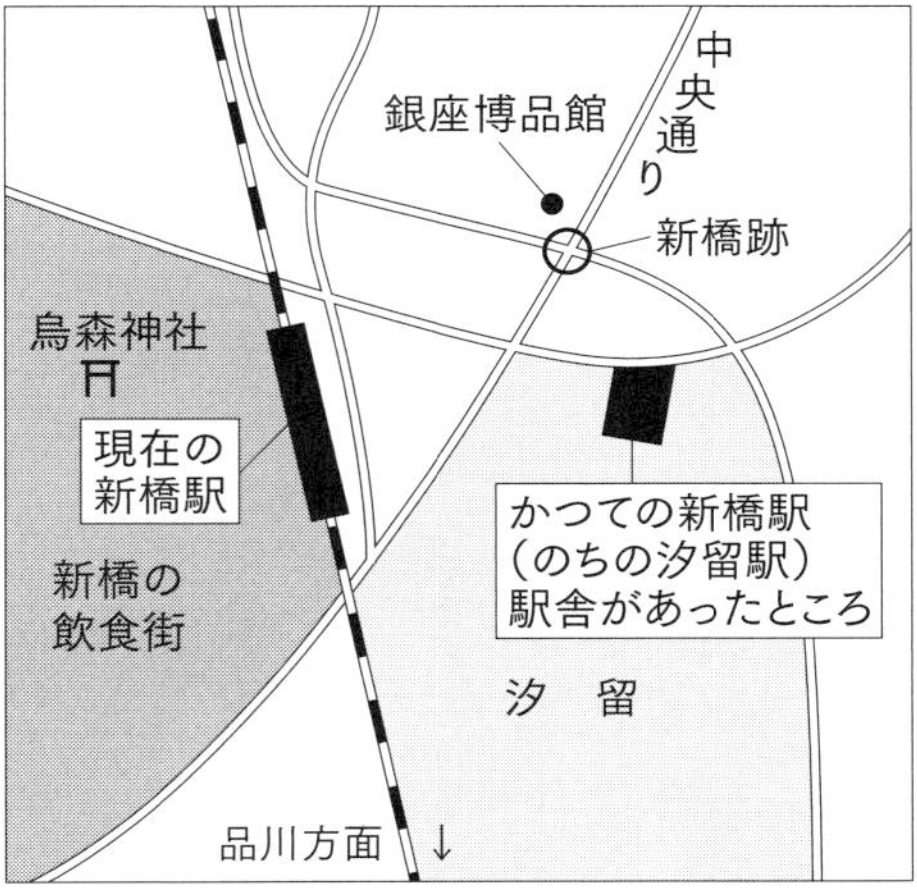

［図1-1］新橋という場所に対するイメージは、時代によって大きく移動している。現在の新橋駅も、かつては烏森駅だった

［写真1-1］汐留にあった頃の新橋駅の駅舎

とはいえ、やはり繁華な場所の地上に線路を通すのは困難でした。それを可能にしたのが高架橋《こうかきょう》です。いまや東京都心部の線路は、その大部分が高架化・地下化されています。

人道《じんどう》と車道とを区別する

もう一度、時間を明治五（一八七二）年に戻しましょう。前年に道路の改良を決定した東京府が、高輪―新橋―日本橋―筋違《すじかい》（いまの神田須田町《かんだすだちょう》あたり）とつづく大通りから工事を着手したのは、先にも述べたように、この一帯で西洋人の往来が多かったからです。

その理由には、いくつか考えられます。貿易港として栄えていた横浜から鉄道に乗って東京に到着するのが新橋駅でした。そして、新橋で下車した西洋人は、築地に設けられていた居留地を目指しました。繰り返しますが、横浜から鉄道に乗って到着する当時の新橋駅とは、現在の汐留駅近辺です。尾張町から築地ホテルまでの区間を運上所余金で整備すると東京府が主張したのも、ここを西洋人が多く通行するからです。

さて、ここまで道路の改良と書いてきましたが、東京府が実施した道路の改良とは、いったいどのようなものだったのでしょうか。簡単にいえば、それは人道《じんどう》と車道とを区別することでした。

現在、東京に限らず日本全国において、自動車往来の激しい道路では、歩行者と自動車の通行部分が区別されています。江戸時代まで、人力車の通行は許可されていなかったわけですから、人と車を区別する道路は必要ありませんでした。人力車や馬車が通行するようになると、歩行者の安全を確保することが求められるようになります。

人車道《じんしゃどう》区別工事は、明治六（一八七三）年四月時点で、新橋から南側の約四九〇メートルが完成し、つづいて東京府は京橋《きょうばし》以北の工事も始めます。

人と車とを区別した道路には、文明開化によって欧米諸国から学んだハイカラな工法を用いていました。とはいえ、現代の感覚からすればお粗末なもので、車馬道部分に砂利《じゃり》を敷き詰め、両側に縁石《えんせき》を並べただけの道路です。すぐに破損し、雨が降ると沿道の民家に雨水が流れ込み、もっぱら市民には不評でした。そのため新しい人車道は、〝カマボコ道路〟と揶揄《やゆ》される始末でした。それでも欧米の先端技術を取り入れられた道路です。長らく東京の道路は、このカマボコ道路が整備されて増えていきました。

銀座を劇的に変えた煉瓦《れんが》街計画

さて、【新橋】から北上した**1系統**は、【銀座四丁目】に到着します。平成のいまでもモダンな建物が並び、銀座は、日本を代表する繁華街として知られています。

昭和四二（一九六七）年一二月九日。この日は、土曜日ということもあり、電停【銀座四丁目】周辺には多くの人が詰《つ》めかけていました。ただ買い物に訪れてにぎわっていたわけではありません。都電**1系統**の〝さよなら電車〟が運行されたからです。

銀座がモダンな街として出発したのは、明治五（一八七二）年に起きた大火がきっかけでした。和田倉《わだくら》門内の旧会津藩邸《あいづはんてい》だった兵部省《ひょうぶ》から出火。火はまたたく間《ま》に銀座に燃え広がり、京橋、そして築地までを焼きつくしたのです。

銀座の大火直後から、明治政府は府下の家屋建築について、防火の観点から煉瓦《れんが》造りとして建て替えることを命じます。勝手に家屋を再建することは認めず、政府や東京府が復興計画を練《ね》ったのです。その計画を主導したのが井上馨《いのうえかおる》でした。のちに鹿鳴館《ろくめいかん》を建設し、欧化政策を推進してきた井上の狙いは、諸外国に日本が文明国だとアピールすることで不平等条約を改正させることにありました。「銀座煉瓦街」の計画も、諸外国に国家の威信を見せつけるためだったとの見方もあります。

また、財界の大物の渋沢栄一《しぶさわえいいち》は、〝どんな街をつくるのか〟というアプローチからではなく、〝どうつくるのか〟という観点から東京借家会社の設立を提案しています。東京借家会社は、政府や東京府が建設した煉瓦建築を民間に長期貸与して満期とともに払い下げるというものでした。このシステムは、現代にたとえるなら住宅供給公社やUR都市機構に相当するものといえます。

井上と渋沢は、官・民と立場は違えども、銀座煉瓦街を建設するにあたって計画から大きく関わってきました。そのため銀座煉瓦街の中心的な立役者とされていますが、ほかにも、忘れてはならない人物がいます。それは当時の東京府知事・由利公正《ゆりきみまさ》です。

東京の都市政策において、防火は重要な問題でした。しかし防火は、明治になってから急浮上した問題ではありません。〝火事と喧嘩《けんか》は江戸の華《はな》〟と称していたくらいですから、江戸幕府が江戸城や繁華街・日本橋から至近距離にある銀座の街で防火対策にまったく無策だったわけがないのです。由利公正が銀座の防火対策に乗り出したとき、銀座の家屋の大半は、すでに不燃対策の施《ほどこ》された土蔵《どぞう》造りになっていました。

しかし、由利が銀座煉瓦街を建設しようとした理由は、防火だけが目的ではありませんでした。街を一新する過程で、道路の拡張に着手しようと考えていたのです。由利は煉瓦街の設計をお雇《やと》い外国人のウォートルスに任せました。イギリス人・ウォートルスはロンドンの街並みを模倣《もほう》して、銀座を設計したといわれます。新しい街づくりに、道路の拡幅は不可欠でした。そのために立ち退《の》きを迫られる住民も少なくなく、反対運動も起きています。

明治六（一八七三）年、新しい車税を制定した東京府は、道幅平均八〜九間（約一四・四〜一六・二メートル）ある大通りについて、中央四間（約七メートル）を車馬道として整備し、左右の二間（約三・五メートル）は人道とする道路の改良を決めました。銀座煉瓦街プロジェクトが進められていた銀座は、建物ばかりではなく道路も新しく生まれ変わりました。

このとき、銀座の道幅は一五間（約二七・五メートル）に拡幅されることになり、中央八間を車馬道、左右三間半を人道（約六・三メートル）にする青写真が描かれました。さらに、煉瓦街の名にふさわしいものとするため、歩道にも煉瓦を敷き詰めて、車道脇には街路樹が植えられました。まさに欧米の街を日本につくる構想でした。

鉄道が時間感覚を変えた——銀座四丁目の時計塔

都電最後の勇姿を一目見ようと、銀座に多くの人たちが詰めかけたその日、昼から増えはじめた人の群れは、夜になっても減る気配はありません。そのため、警察官が出動して交通整理に追われました。

特に多くの人が集まった【銀座四丁目】の交差点には、いまも待ち合わせ場所に指定されることが多い銀座和光《わこう》があります。待ち合わせ場所に選ばれるのは、なによりもその外観が特徴的だからでしょう。銀座和光は、その最上階が時計台になっています。

[写真 1-2] 昭和 30 年代の銀座四丁目。左奥の建物が、和光の時計台。写真提供／東京都

江戸から明治に時代が変わり、庶民の生活も大きな変革が起きました。政治体制の変革が庶民の生活に少なからず影響を与えるのは当然のことですが、明治政府は庶民の生活スタイルに大きく手をつけます。それが時間感覚を変えることでした。

日本社会はそれまで太陰暦《たいいんれき》を採用していました。これは夜明けから日暮れまでを六等分して、一刻を約二時間としています。太陰暦は、季節により昼夜の長さが変動するので不定時法といわれます。そのため、正確な時間を把握することは困難でした。

時間の流れがスローで、おおらかな生活スタイルだった江戸時代なら、この古い暦でも支障はなかったかもしれません。ところが、明治五（一八七二）年に鉄道が開業します。鉄道はたくさんの人がひとつの車両に乗り合わせて、時間に合わせて発車します。そこに求められるのは団体行動に対する意識で、たったひとりの遅刻が列車ダイヤを乱すことにつながります。

ですから、鉄道に乗ろうとするなら、まず時間を守る必要がありました。単に時間どおりに発車、到着しないばかりではなく、時間を遵守《じゅんしゅ》しない運行体制は、衝突などの事故を起こす原因にもなりかねません。正確な時間は、安全運行を金科《きんか》玉条《ぎょくじょう》とする鉄道において、とても重要なことです。

現在、日本の鉄道は世界一正確に運行されていると海外から称賛されます。では、いつから日本の鉄道は正確になったのでしょうか。

定時運行の正確性の原点をさかのぼると、鉄道が開業したばかりの明治初期から、すでに時間厳守が徹底されていました。当時の鉄道当局が、「発車一五分前までに駅に来て切符を購入すること」という通達を出していることにも驚かされます。

切符を買うには乗車人数、行き先、手荷物の有無などを窓口で申告しなければなりません。当然、いまのように機械化されているわけではありませんし、もちろん券売機はありません。駅員が一枚一枚、切符を発行していました。切符を発行するだけでも時間がかかります。さらに、切符を買って汽車に乗る習慣がまだ定着していない時代ですから、人々は停車場に足を運べばすぐに乗れるものと思い込んでいたかもしれません。だからこそ、慌《あわ》てて混乱をおこさないようにとの配慮で、鉄道当局は発車一五分前に駅に来るように通達していたのです。一五分前到着の徹底は、時間を厳守するという文化を深く刻み込みました。こうして、時間どおりに運行される鉄道へと成長していきます。

太陰暦から新たに太陽《たいよう》暦を導入した背景には、鉄道以外にもさまざまな理由があったことでしょう。しかし、鉄道がその導入を後押ししたことは間違いありません。それは新しい暦に切り替えられた経緯をたどることで浮かび上がってきます。

太陽暦に切り替えられたのは、明治五（一八七二）年一二月三日のことでした。一二月三日の切り替え日が明治六（一八七三）年一月一日になったのです。ここで重要なことは、太陽暦に切り替わった日ではなく、いつ太陽暦を採用することを決めたのかということでしょう。太陽暦を採用する太政官《だじょうかん》布告《ふこく》が出されたのは、明治五（一八七二）年一一月九日。切り替えまでに一カ月もありません。いくら時間感覚がおおらかだった明治時代とはいえ、急な切り替えには相当な混乱が起こりました。

太陽暦を採用するとの布告が出る前から、すでに品川―横浜間で鉄道の試運転が実施されていました。そのときの時刻表には、すでに分単位での運行ダイヤが組まれています。このとき、すでに鉄道当局は太陽暦に切り替わることを察知していたと思われます。三〇分単位でしか時間を表現できない太陰暦では、とても鉄道は運行できません。鉄道運行に携《たずさ》わる部署では、いち早く二四時間制が導入されたのです。

鉄道にとって時間という概念は、非常に重要でした。〝都電の花道〟とも称され、七系統が行き交った【銀座四丁目】の交差点に、銀座和光の前身である服部《はっとり》時計店が立地していたのは、偶然とはいえ絶妙な取り合わせといえるのではないでしょうか。

明治二七（一八九四）年にお目見えした初代時計台は、高層建築の少ない明治期においてひときわ異彩を放っていたそうです。昭和七（一九三二）年、時計塔は二代目に建て替えられます。昭和二七（一九五二）年には、和光が服部時計店の小売部門として独立し、いまも路面電車が消えた銀座四丁目の交差点を見守っています。

迷走する道路行政

1系統は【銀座四丁目】を抜けると、銀座の中心地からは遠ざかっていくことになります。それでも、【銀座二丁目】界隈《かいわい》は、まだ銀座のにぎわいを残しています。

現在、都電が消えた中央通りでは、週末・祝日の昼間に歩行者天国を実施しています。自動車社会の邪魔《じやま》物として日本の路面電車は廃止に追い込まれましたが、ヨーロッパでは近年になって路面電車が復活しつつあります。道路とは自動車のものではなく、人間のものである――そうした理念から「トランジットモール」（自動車の侵入を制限し、公共交通機関のみの侵入を認めた歩行者優先道路、第九章参照）の考えが推進されています。

歩行者天国が導入された背景は、トランジットモール同様に歩行者を優先する概念から始まりました。歩行者天国は、昭和四五（一九七〇）年八月に実施された、ここ銀座が日本初といわれています。都電**1系統**が廃止されたわずか三年後のことです。都電を撤去《てつきよ》して自動車に便宜《べんぎ》を図ったことは、トランジットモール本来の〝歩ける街づくり〟の理念からはずれています。都電の廃止と歩行者天国とは、矛盾した政策でした。そこからは、当時の政府や地方自治体の道路行政の不徹底、迷走ぶりが垣間《かいま》見えます。

都電に限らず、当時は各地の路面電車が廃止された時期でもありました。道路に溢《あふ》れる自動車は、高度成長期の象徴的アイテムでした。そんな経済成長の流れに政府や地方自治体は逆らえなかったのです。かくして道路は、ただ自動車の走る空間となりました。

東海道を通る1系統

【銀座二丁目】を通りすぎると【京橋】です。そこから、さらに五〇〇メートルほど北上したところが【通《とおり》三丁目】になります。不思議な電停名に感じられる【通三丁目】は、中央通りが八重洲《やえす》通りと交わるところにありました。そのため、八重洲通りと誤解されやすいのですが、この〝通〟は「東海道」のことです。

ここまで、国道一五号線、第一京浜、中央通りと表わされてきた道路は、言うまでもなく江戸時代から整備されてきた東海道です。前に述べたとおり、これが明治時代になって、一号国道に指定され、栄《は》えある都電**1系統**が走る道路となります。

否定された馬車鉄道計画

都電の前身となる馬車鉄道が、初めて府民にお披露目《ひろめ》されたのは、「東京馬車鉄道」が開業した明治一五（一八八二）年でした。

馬車鉄道という用語は、いまや死語になっていますので、すこし説明が必要かもしれません。これは、道路上を自由に往来する、いわゆる馬車ではありません。馬が引っ張る客車は、道路に敷設された線路の上を走ります。電車の動力源が電気であるように、馬車鉄道は馬力で動かす鉄道です。そのため、一般的な馬車とは異なり、線路の上しか走ることができない、現代の感覚からすると不便な乗り物です。

東京馬車鉄道は、薩摩出身の実業家・五代友厚《ごだいともあつ》のバックアップを得て、種田誠一《たねだせいいち》と谷元道之《たにもとみちゆき》が設立したことから始まります。東京馬車鉄道は、新橋ステーション前を起点に新橋—京橋—日本橋—本町《ほんちょう》三丁目—上野山下—浅草雷門《かみなりもん》と走るルートを「甲線《こう》」、本町三丁目から分岐して浅草橋《あさくさばし》を経由して浅草雷門に至るルートを「乙線《おつ》」、京橋から分岐して浅草橋を経由し浅草雷門に至るルートを「丙線《へい》」として、全三路線がありました。

東京で馬車鉄道を走らせようと考えたのは、五代・種田・谷元が最初ではありません。明治五（一八七二）年には、林和一《はやしわいち》という人が政府に「馬車轍路《てつろ》（線路）敷設願」を提出しています。ところが政府は、林の届け出にかなり困惑したようです。一部の西洋人が馬車を走らせていたものの、馬車鉄道という一般庶民が乗り合いする〝公共交通〟はまだなかったからです。

提出された敷設願をめぐって、政府内でも議論が紛糾《ふんきゅう》したものと思われます。大隈重信《おおくましげのぶ》などは馬車鉄道計画に乗り気でしたが、まだ馬車鉄道に関する法律が整備されていないことを理由にいったん却下されました。しかし、太政大臣の三条実美《さんじょうさねとみ》は、法律を制定して再び検討することにします。

こうして、明治七（一八七四）年に馬車鉄道に関する法律が制定されますが、林自身は法律にのっとって線路を敷設したり運行したりすることは自分の能力では難しいと辞退しました。そこで、横浜の豪商として名を馳《は》せていた高島嘉右衛門《たかしまかえもん》に馬車鉄道の運営をバトンタッチします。

貿易商だった高島は、先見の明《めい》のある人物でもありました。彼は、新橋―横浜間に鉄道が開業した際、横浜駅（いまの桜木町駅《さくらぎちょう》）付近の埋め立てを請《う》け負った実績があります。しかも、その工事は損得抜きでおこなわれたのです。高島は単なる利益優先の商人ではありませんでした。

明治政府が発足したばかりの頃、政府内では鉄道を建設するか否《いな》かで意見が二分しました。反対派の意見は、まだ政府が誕生して間もない、苦しい財政の中で、莫大なお金を費やしてまで鉄道を敷設する意味があるのかというものです。しかし、政府内でも特に発言力の強い伊藤博文《いとうひろぶみ》や大隈重信が支持に回ったことから、政府内の意見は鉄道建設に傾きます。その伊藤や大隈に鉄道の重要性を説いた人物こそが、以前から二人と友好関係のあった高島嘉右衛門でした。高島は、「鉄道が建設されれば日本の長さが三五里（約一三七・五キロメートル）に縮《ちぢ》まる」と、国家の立場から鉄道の必要性を強調しました。

鉄道に理解のある高島ですから、当然ながら馬車鉄道にも人並みはずれた興味を示していました。林から馬車鉄道の事業を譲られたとき、千載一遇《せんざいいちぐう》のチャンスと思ったはずです。そして高島の馬車鉄道計画に、内務省も賛意を示しました。

ところが、今度は東京府から反対の声があがります。馬車軌道の線路を敷設する道路の改良がいまだ完全ではないということでした。当時、人力車につづいて登場した二階建て馬車が、東京のあちこちで交通事故を頻発《ひんぱつ》させていました。そうした懸念《けねん》も馬車鉄道慎重論に加担したのでしょう。内務省は賛成、東京府は反対と、官の足並みは揃いません。こうして、高島が出願した馬車鉄道は立ち消えとなりました。

中途半端な軌間《きかん》

五代・種田・谷元が東京馬車鉄道を申請するのは、明治一三（一八八〇）年です。高島の馬車鉄道計画から、次の馬車鉄道計画が現われるまで約六年間の空白をおくことになります。その間、東京府は馬車鉄道を営業するにあたっての法律を定めていました。その法律は、次のような諸条件を含むものでした。

(1) 営業年限は満三〇年とすること
(2) 鉄軌《てつき》(鉄道の軌条。レール) は車馬通行の妨《さまた》げにならないこと
(3) 道路表面との高低差はないようにすること
(4) 鉄軌の横幅は内法《うちのり》四尺五寸以内とすること
(5) 橋梁および道幅五間以内の場所は単線とすること

(4) にある、四尺五寸という単位は、一三七二ミリメートルとなります。一三七二ミリメートルは、現在の都電の軌間と同じです。線路は二本のレールで構成されますが、軌間はそのレールとレールの間隔を指す鉄道用語です。鉄道にとって軌間は非常に重要な決まりごとです。

新橋—横浜間で開業した東海道本線は、一〇六七ミリメートル軌間で建設されました。

これが脈々と受け継がれて、ＪＲになった現在でも大半の在来線は一〇六七ミリメートル軌間になっています。軌間を揃えないと、列車が乗り入れられません。たとえば、東京駅―大阪駅間の線路を一〇六七ミリメートル軌間で、大阪駅―博多《はかた》駅の線路を一四三五ミリメートル軌間で建設したとしましょう。そうすると、東京発の列車は、大阪より西側をそのまま走ることができず、大阪駅で乗り換えなくてはならなくなります。

昭和三九（一九六四）年に開業した新幹線は、一四三五ミリメートル軌間で建設されました。軌間が広ければ広いほど、列車はスピードを出すことができます。また、車両は大型化するので輸送力が増えます。だとしたら、最初からすべて新幹線と同じ一四三五ミリメートル軌間で建設すればよかったのです。ところが、最初につくった新橋―横浜間が一〇六七ミリメートルで建設されてしまったために、日本の在来線は現在に至るまで一部の例外を除き一〇六七ミリメートルとなっています。

これは、鉄道建設を始める際、大隈重信が一〇六七ミリメートル軌間で建設することを決定したからです。大隈が一〇六七ミリメートル軌間を選んだ理由は、一四三五ミリメートル軌間だと、それだけ広い土地を必要とし建設費用も高くつくからというものでした。一〇六七ミリメートル軌間なら、狭い国土の日本には向いていると考えたのです。

大隈は軌間というものを理解していなかったので、後年になって一〇六七ミリメートル軌間で線路を建設してしまったことを後悔したといわれています。軌間が一〇六七ミリメートルになった理由は、ほかにも諸説あって本当のところははっきりしません。

世界に目を移すと、一四三五ミリメートル軌間が一般的です。そのため一四三五ミリメートル軌間を「標準軌」、一〇六七ミリメートル軌間を「狭《きょう》軌《き》」と呼びます。ところが、馬車鉄道の線路はそのどちらでもない一三七二ミリメートルで敷設されました。

なぜ一三七二ミリメートルという中途半端な軌間に定められたのかは、いまもって謎のままです。とにかく、一三七二ミリメートル軌間は、そのまま都電にも受け継がれました。都電荒川線の軌間も、当然ながら一三七二ミリメートルです。

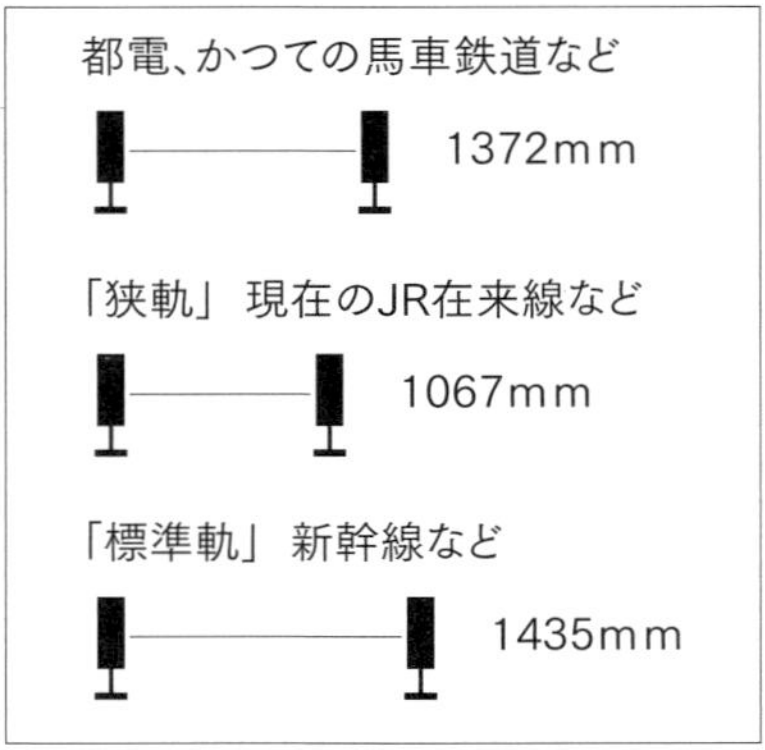

[図 1-2] 日本の鉄道には、3種類の軌間が存在する。都電の軌間はたいへん特殊なもの

ちなみに現在、日本で一三七二ミリメートル軌間を採用しているのは、荒川線の他には、馬車鉄道の線路を受け継いだ函館《はこだて》市電、そして、東京の三線——東急《とうきゅう》世田谷《せたがや》線、井《い》の頭《がしら》線を除く京王《けいおう》電鉄各線、京王線と相互乗り入れを実施している都営地下鉄新宿線しかありません。そういう観点からみると、一三七二ミリメートル軌間はきわめて珍しいといえそうです。

都電の礎《いしずえ》

東京府から諸条件を課された東京馬車鉄道は出鼻をくじかれた格好になりました。しかし、条件（48ページ参照）を遵守する一方で、その（5）を逆手にとります。つまり、東京馬車鉄道は五間以上の幅のある道路では、すべて複線で敷設したのです。

東京馬車鉄道の営業範囲は、東京の中心地でした。そのエリアで独占的に営業することができるのです。これほどおいしい既得《きとく》権益はありません。いまはまだ一社独占ですが、そのうち馬車鉄道を営業したいと言い出すライバルが登場しないとも限りません。そんなライバルが現われる前に、線路の権利を片っ端から取ってしまおうと考えました。

順調に用地買収と線路敷設工事を進めた東京馬車鉄道は、明治一五（一八八二）年六月二五日、新橋—日本橋《にほんばし》間の開業に漕《こ》ぎつけます。その距離は、わずか二・五キロメートル。短い距離ではありましたが、のちに都電となる路面電車が、歴史の第一歩を踏み出した瞬間でした。

その後も順調に工事は進み、一〇月二五日に全線が開業すると、一一月三〇日には、汐留にあった馬車鉄道の本社兼車庫で開業式がおこなわれています。

開業した当時の馬車鉄道の速度は、時速八キロメートルほどでした。徒歩よりもわずかに速いレベルですが、それでも多くの人たちが馬車鉄道を利用して、繁華街へと出かけるようになりました。しかし、馬車鉄道の時代はそれほど長くは続きません。明治二二（一八八九）年に、今度は電気鉄道の敷設願が出されたのです。

三越《みつこし》が切り開いた日本橋

銀座を走る都電**1**系統のラストランは、ほかの系統と比較しても格別な思いで見送った人が多かったはずです。**1系統**は都電の中でも都民から愛されている存在でした。それは有終《ゆうしゅう》の美を飾るにあたり、所属の三田《みた》車庫には沿線に立地する百貨店などから花輪が贈られたことからもうかがえます。

1系統は【通三丁目】を過ぎると、いまでも風情を残す【日本橋】界隈へと歩を進めます。この一帯は老舗《しにせ》や銀行などが建ち並ぶ、昔ながらの商業地としての顔をいまでも保ちつづけています。

日本橋を商業地として牽引《けんいん》したのが三越《みつこし》百貨店です。いまや小売店業界で百貨店の存在感は日に日に薄れています。しかし、明治から昭和までは、百貨店が繁華街のランドマークでした。百貨店には国民共通の高級感が溢れ、舶来《はくらい》品や美術工芸品が並んでいました。親に連れられて買い物をし、階上のレストランでお子様ランチを食べる。それが、一般家庭のささやかながら優雅な休日の過ごし方でした。

その百貨店の嚆矢《こうし》が、日本橋に店を構える三越百貨店です。呉服店の越後《えちご》屋から出発した三越は、明治時代まで三井《みつい》財閥の一部門にすぎませんでした。それは呉服業の不振だけが理由ではありません。

明治四（一八七一）年、三井財閥は銀行を設立します。大蔵卿《きょう》（大臣）の大久保利通《おおくぼとしみち》と大蔵少輔《しょう》の井上馨は、幕末以来不振のつづく呉服業が銀行業に悪影響を与えるのではないかと危惧《きぐ》しました。そのため、彼らは三井に対して呉服業と銀行業の分離を要求したのです。三井はこの要求を受けいれ、三井家と越後屋から一字ずつを取り、三越家という架空の家を設立して、呉服業を継承させます。商章も、長年使っていた〝丸に井桁《いげた》三〟から〝丸に越〟へ改められました。百貨店の元祖ともいえる三越百貨店も、当時はまだ幕末以来の商慣行をひきずったままの古臭い呉服屋でしかなく、三井にとってお荷物的な存在でした。

三井が銀行業進出を切望したのは、なによりも民間のお金を扱うより官金を扱う方にうまみがあったからだといわれています。ところが、創業以来の呉服業を横においてまで開設を望んだ三井銀行は、明治二〇（一八八七）年頃から業績が思わしくなくなります。困り果てた三井は、山陽《さんよう》鉄道社長の中上川彦次郎《なかみがわひこじろう》をヘッドハンティングして経営改革に当たらせました。

中上川は三井銀行の経営改革のみならず、懸案になっていた三越百貨店の経営改革にも着手します。手始めに同じ慶応義塾の出身だった高橋義雄《たかはしよしお》を三越の総支配人に抜擢《ばってき》しました。高橋のもとで副支配人を務めた日比翁助《ひびおうすけ》は、店舗内のトイレが綺麗《きれい》であることをアピールし、その作戦が奏功《そうこう》します。三越百貨店は新しい観光名所になり、連日、多くの人でにぎわいました。

さらに、明治三七（一九〇四）年、日比は「デパートメントストア宣言」をおこない、

［写真 1-3］大正年間、三越本店の壮麗な表玄関前を臨みながら走る東京市電

〝デパートの時代〟を打ち出します。大正三（一九一四）年には、ルネッサンス様式の壮麗な新店舗が完成し、このとき後世に残るキャッチコピー「今日は帝劇《ていげき》（帝国劇場）、明日は三越」が生まれ、一躍世間に三越の名を広めました。

長い歴史を誇る日本橋三越本店で、創業以来変わらなかったのが表玄関の位置でした。表玄関はのちに東口と名称を変えるものの、常に中央通りに面した側にありました。中央通りには、都電**1系統**が走っています。目を引く洋式建築の外観、多くの人々が吸い込まれていく表玄関、そして華やかな街並みを闊歩《かっぽ》する人々。**1系統**に乗った乗客は、常に〝三越前〟のにぎわいを目にすることになります。三越が流行の発信装置であるならば、**1系統**はその受信装置でした。日比はそれらを計算して表玄関を都電側に向けたのです。

三越は、大正一四（一九二五）年に新宿店、昭和五（一九三〇）年には銀座店をオープンさせます。銀座は日本を代表する繁華街で、銀座店も高級感の溢れる上質な店として知られます。それでも、日本橋近隣の商店主や住民の間には、日本橋の方が格上という意識があるようです。

都電のＤＮＡを引き継ぐ地下鉄

１系統は、【日本橋】を通りすぎると、【室町《むろまち》一丁目】【室町三丁目】【今川橋《いまがわばし》】、そして【神田《かんだ》駅前】で中央線のガード下をくぐると、【須田町《すだちょう》】【万世橋《まんせいばし》】と駆け抜けます。【万世橋】から次の【外神田三丁目】あたりが、いまや日本が世界に誇る「萌《も》え」文化の発信地・秋葉原《あきはばら》界隈です。

さて、ここまで**１系統**を【品川駅前】から北上してきました。すでにお気づきの読者もいらっしゃると思いますが、【新橋】から【上野駅前】まで**１系統**が走っている区間は、東京メトロ銀座線とほぼ同じルートになっています。つまり、道路から路面電車が消えても、同じ道筋の下を地下鉄が走っているのです。ちなみに、この〝路面電車→地下鉄〟の対応は都内の随所で見ることができます。

銀座線は、昭和二（一九二七）年に日本初の地下鉄として開業しました。浅草―上野間二・二キロメートルは、その先行開業区間です。日本初の地下鉄を実現した「東京地下鉄道」は、帝都高速度交通営団《えいだん》（「営団」）を経て、平成一六（二〇〇四）年に東京地下鉄株式会社となりました。本書では、東京地下鉄道と現在の東京地下鉄の名前が似ていて紛《まぎ》らわしいので、区別するために現在の東京地下鉄株式会社を「東京メトロ」という通称で書き進めることにします。

日本で最初に地下鉄建設を申請したのは、東京地下電気鉄道という会社で、代表者は福《ふく》澤《ざわ》諭吉《ゆきち》の娘婿にあたる福澤桃介《とうすけ》でした。福澤桃介は、高輪《たかなわ》―浅草間と銀座―新宿間の二路線を明治三九（一九〇六）年に申請しました。明治三九（一九〇六）年といえば、まだ東京市内に路面電車が走るようになって間もない頃です。かなり早い段階から、地下鉄計画があったことに驚かされます。

しかし、福澤の地下鉄計画は、地下鉄敷設の権利を早めに取得してしまおうという目論《もくろ》見《み》が強かったようです。そのため、計画のまま数年間も店晒《たなざら》しにされ、東京市の賛同は得られず立ち消えとなりました。

〝地下鉄の父〟と呼ばれる早川徳次《はやかわのりつぐ》が、同志とともに地下鉄を申請したのは、大正六（一九一七）年です。早川が申請したのは、高輪―浅草間と車坂《くるまざか》―南千住《みなみせんじゅ》間の二路線でした。車坂というのは、現在の上野付近です。

福澤とは異なり、早川が地下鉄に傾ける情熱は本物でした。彼はロンドンに留学して地下鉄というものを初めて目にしますが、そこで未来の公共交通を担《にな》うのは、路面電車ではなく地下鉄であると確信するのです。ロンドンから帰国した大正五（一九一六）年当時、日本では地下鉄などを知る者はまだいません。そのため早川の地下鉄計画は無謀とみなされ、誰も相手にしませんでした。

しかし、賛同者をたくさん集めなければ地下鉄を運行する会社を設立できません。早川は市役所を訪ねて地質調査をおこない、時には電気鉄道が行き交う街角に立って交通量の調査をするなど、孤軍奮闘《こぐんふんとう》しました。財界人のバックアップを取りつける金策にも奔走《ほんそう》した結果、執念は実を結び、鉄道業界の重鎮でもあり、東武《とうぶ》鉄道の創始者でもある根津嘉一郎《ねづかいちろう》と渋沢栄一の資金援助を得ることができました。東京地下鉄道の設立に漕《こ》ぎつけたのは、大正九（一九二〇）年のことです。

浅草―上野間が開業したのち、早川はさらに新橋まで路線を延ばすべく、工事に着手し

[写真 1-4] 昭和２年に、浅草—上野間で開業した日本初の地下鉄。のちの銀座線

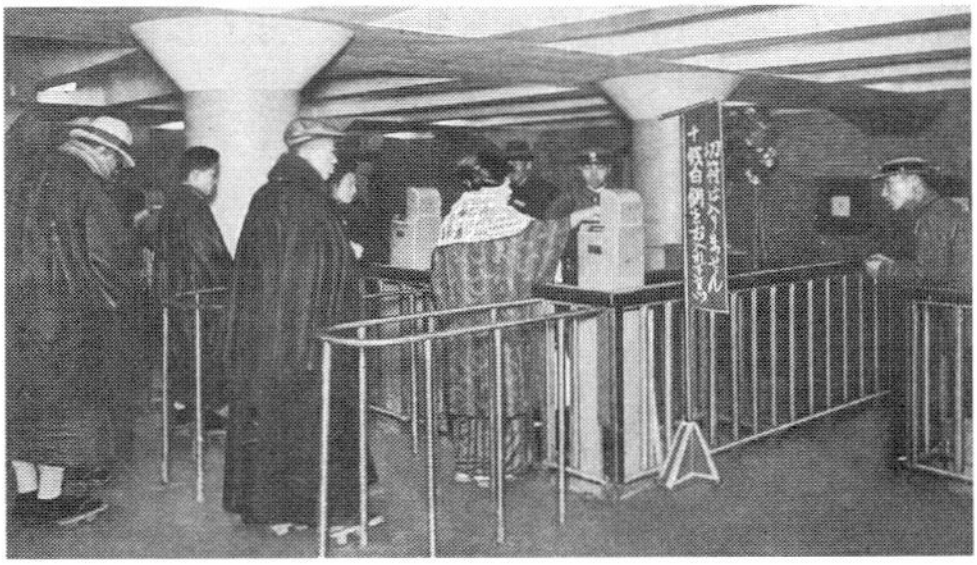

[写真 1-5] 地下鉄には、最新の自動式改札口が備えられていた。「切符はいりません。十銭白銅をお入れください」とある

ます。浅草―上野の短い区間でも莫大な資金が必要となりましたが、新橋まで延伸するには、倍以上の距離を掘削しなければなりません。資金的にも苦しいと思われた計画ですが、意外にも滞《とどこお》りなく進みました。早川を助けたのは、三越による資金援助でした。

大正一五（一九二六）年に地下鉄計画を知った三越は、「三越前」という駅名をつけること、駅からそのまま入店できるような構造にすることなどを条件に、駅建設の全費用を負担します。三越からの申し出は、早川にとって救いの手でした。昭和七（一九三二）年に、銀座線は三越前まで開業し、昭和九（一九三四）年、ついに新橋まで完成を見ます。

その後、早川は銀座線の線路を品川駅へと向かわせるつもりでした。ところが渋谷から延びてきた「東京高速鉄道」にドッキングさせられることになります。東京地下鉄道と東京高速鉄道の話は第五章に譲りますが、早川が描いた銀座線の線路は、**1系統**と同じところを走る予定でした。まさに銀座線は**1系統**の代替であり、それは早川がロンドンで予見したように、地下鉄が路面電車に取って替わる時代を意味していたのです。

1系統だけを走った高性能車両

都電**1系統**は、始点【品川駅前】から約一一キロメートルに及ぶ行程を走って、終点

【上野駅前】に到着します。明治の東京のメインストリートに敷設された**1系統**は、明治から戦後に至るまでの歴史や文化をすべて詰め込んだような路線です。そして、都電の顔でもあるこの路線は、新車両が華々《はなばな》しくデビューする舞台でもありました。ところが、高度経済成長期は自動車が増えたことにより、路面電車は道路の邪魔物扱いされることも多くなりました。

そんな凋落《ちょうらく》傾向に歯止めをかけるべく登場したのが、新車両「五五〇〇形《がた》」です。路面電車復権の旗手として期待された五五〇〇形は、東京都交通局がわざわざアメリカから輸入した秘密兵器でした。車体長が一四・三メートル、横幅が二・四四メートルあり、これは、かなりのビッグサイズです。

日本初の〝ＰＣＣカー（アメリカの路面電車経営者が集まる委員会の主導で開発された高性能車両）〟として鳴り物入りの五五〇〇形は、合計七台が都電で活躍しましたが、厳密に言えば、ＰＣＣカーと呼べる車両は、最初にアメリカから輸入された「五五〇一」の一台だけです。東京都交通局は輸入したこの車両を研究し、独自に改良を施して国内で製造したのです。ですから、「五〇〇二」以降の〝国内産五五〇〇形〟は、ＰＣＣカーに似ているであって、ＰＣＣカーではありません。

それでも五五〇〇形は、**1系統**だけを走る特別な車両でした。その巨大な車体がアダとなって小さなカーブを曲がることが難しく、そのため、直線区間が多く、カーブの少ない路線である、**1系統**でしか走ることができなかったからです。この路線でしか姿を見ることができない五五〇〇形は、かえって繁華街の風景とも相まって自然と神格化されます。しかし、**1系統**でしか走れないことが非経済的とされて、**1系統**の最終運行日とともに五五〇〇形は都電から引退します。

［写真1-6］荒川車庫横の〝都電おもいで広場〟に保存された「五五〇一」

引退後、アメリカから輸入された五五〇一は上野公園内に保存されました。平成三（一九九一）年には車体の損傷が激しくなってきたことから、荒川車庫内に輸送されて補修を受け、その後は一般展示されることなく車庫内で保存されていました。五五〇一が再び都民の前に姿を現わしたのは、平成一九（二〇〇七）年です。荒川車庫に隣接する場所に〝都電おもいで広場〟がオープンし、そこで公開されることになりました。

新国家の祝祭空間《しゅくさい》となった〝上野の山〟

都電1系統の終点となる【上野駅前】は、上野恩賜《おんし》公園を左手に見ながらJR線の高架をくぐった正面玄関口付近にありました。北の玄関口と形容される上野駅が開設されたのは、明治一六（一八八三）年の日本鉄道の開業時です。上野駅界隈はそこから発展を遂《と》げ、東京を代表する繁華街になりました。

江戸時代、いまの上野恩賜公園の敷地は、寛永寺《かんえいじ》の境内《けいだい》でした。寛永寺はすでに桜の名所として広く知られていて、春になると江戸町民の憩《いこ》いの場になっていました。江戸城が開城された後も、新政府に抵抗する彰義隊《しょうぎ》が、ここ〝上野の山〟に立てこもったことは有名な話です。

維新後の上野は、新政府軍に刃向《はむ》かった地として国家の統制下におかれました。統制下におかれたことで、上野は一時的に荒廃したのです。この統制は、明治二（一八六九）年に解かれます。ところが、新政府内では、東京市内の旧諸大名屋敷跡を水田や桑畑にしたことに倣《なら》い、不忍池《しのばずの》を埋め立てて水田にする計画や、上野の山の緑を伐採《ばっさい》して病院を建てる計画が持ち上がります。

江戸幕府の招聘《しょうへい》によって来日したオランダ人・ボードウィンは、明治政府にも重用されました。彼は、上野の山を大幅に改造する計画に反対します。ボードウィンの反対で病院建設は白紙となり、また、不忍池の埋め立て計画も、岩倉具視《いわくらともみ》、木戸孝允《きどたかよし》、大久保利通らの反対で中止になりました。

どうにか自然を保つことができた上野の山は、その後も数奇な運命をたどります。今度は兵部省が陸軍病院や陸軍墓地の建設を計画するのです。

これには、東京府知事の大久保一翁《おおくぼいちおう》が、頑なに拒否します。長年、大久保は上野を公園にしようと計画していました。まだ、公園などという概念すらない時代です。政府内で大久保の構想に理解を示す酔狂《すいきょう》な人はいません。それでも大久保は、上野を公園にする意志を貫きます。彼の粘りは実り、太政官は明治六（一八七三）年に上野の山を日本最初の公園にする布達《ふたつ》を出しました。

公園化が決まったものの、今度は明治政府と東京府との間で、上野公園の管理・運営方針をめぐって対立が起きます。いわば、権限争いです。明治九（一八七六）年に、上野公園は東京府の手から離れて、内務省の管理下におかれます。明治一五（一八八二）年には、農商務省《のうしょうむしょう》が園内に日本初の動物園をオープンさせます。これが、いまの上野動物園です。そして明治二三（一八九〇）、上野公園は宮内省《くないしょう》の管理下におかれました。このよう

［写真 1-7］戦前の上野広小路。右に見えるのが上野恩賜公園に至る石段

に上野公園の管理権限は、たらい回しにされたのです。

上野公園が東京府の手に戻って来るのは、大正一三（一九二四）年まで待たなければなりません。宮内省は皇太子のご成婚記念として、上野公園を東京府に下賜《かし》します。下賜されたことを受けて、上野公園は上野恩賜公園と名を改めました。

明治六（一八七三）年、太政官が日本初の公園に指定したのは、上野のほか、飛鳥山《あすかやま》、芝増上寺《しばぞうじょうじ》など東京に五つありました。その中でも、上野公園は別格でした。

明治九（一八七六）年の開園式には、明治天皇と皇后が行幸啓《ぎょうこうけい》をおこなっています。その翌年には、第一回内国《ないこく》勧業《かんぎょう》博覧会が開催されます。内国勧業博覧会は明治二八（一八九五）年に開催される第四回の京都まで、明治一四（一八八一）年の第二回、明治二三（一八九〇）年の第三回と、ずっと上野公園が開催地になっています。ほかにも、憲法発布記念式典や日清《にっしん》戦争祝捷《しゅくしょう》大会といった重要なイベントが開催されるなど、上野公園は国家的行事を開催する特別な祝祭《しゅくさい》空間として機能することになりました。

電車の登場

上野公園でおこなわれた第三回内国勧業博覧会では、鉄道史に残る大きな展示品が出展します。それが電車でした。

出展したのは、明治二〇（一八八七）年に電気事業をスタートさせた東京電燈《でんとう》です。電力会社の東京電燈が電車を出展した目的は、なによりも電気を世間に普及させることでした。当時、電気は未知の文明でした。世間の人々も電気をほとんど知りません。電気などという目に見えないモノを口頭で説明しても、それで列車を動かせるとは信じてもらえるわけがありません。

アメリカで電気を学び、将来、電気が文明をリードすると考えていた東京電燈の技師・藤岡市助《ふじおかいちすけ》は、電車に乗ってもらうことで電気の力を見せつけようと考えました。これはのちに電車営業を始めるための布石で、デモンストレーションと言っていいでしょう。

東京市民にも、馬車鉄道はすでに知られる存在でしたから、馬を必要としない鉄道が大きな説得力を持つと、藤岡は考えたのです。彼の思惑《おもわく》どおり、電気で走る乗り物は、たちまち話題になりました。

しかし、実際に東京の街を電車が走るのは、それから一五年以上も先のことでした。こんなに歳月を要したのは、電気鉄道の営業権をめぐって、実業家や省庁間で揉《も》めたからだといわれています。

東京で電気鉄道開業の利権争いが繰り広げられている間に、明治二八（一八九五）年には京都で、その翌年には名古屋で電車が走り、そして明治三二（一八九九）年、東京からほど近い川崎《かわさき》で、大師《だいし》電気鉄道（いまの京浜《けいひん》急行電鉄大師線）が運行します。首都・東京は、電車開業でほかの都市から追い抜かれましたが、明治三六（一九〇三）年に最初の電車が走りはじめてからは、怒濤《どとう》の勢いで線路を延《の》ばしていきます。

路面電車の法体系が整備される

第三回内国勧業博覧会で藤岡が走らせた電車の軌間は、一三七二ミリメートルでした。これは馬車鉄道と同じ軌間です。すでに全国に敷設されている一〇六七ミリメートル軌間ではありません。藤岡はいずれ電気鉄道の時代が来ると予見していたのでしょう。

奇《く》しくも、同年八月には、馬車鉄道や電気鉄道などに関する運行・建設・管理などのルールを定めた『軌道条例』が公布されます。軌道とは、道路上に線路を敷設する交通機関のことをいいます。現在でこそ〝鉄道はすなわち電車〟というイメージが定着していますが、当時の社会情勢下において、鉄道といえば汽車、つまり蒸気機関車でした。

私たちが普段利用している鉄道は、その性格から『鉄道事業法』と『軌道法』という二つの法律によって、運行・建設・管理などのルールが定められています。

山手線や東海道線、新幹線など文字どおりの「鉄道」は、『鉄道事業法』に基づいて運行されています。その源流をたどると、明治三三（一九〇〇）年、政府が旧国鉄線を建設するための『鉄道営業法』を制定したことに始まります。明治三九（一九〇六）年には、この法律によって、日本鉄道や同じく現在の山陽本線となる山陽鉄道、現在の鹿児島本線に当たる九州鉄道など、幹線輸送を担っていた鉄道会社が次々と政府に買収されました。

一方、『鉄道国有法』の対象からはずれた鉄道は、「私鉄」という扱いになりました。私鉄は、明治二〇（一八八七）年に制定された『私設鉄道条例』に基づいて、運行・建設・管理のルールが定められます。『私設鉄道条例』は四一カ条からなり、なかには厳しい制限が課された内容もありました。

その条文の中で特に重要だったのは、〝第七条〟でした。第七条では、軌間を一〇六七ミリメートルにしなければならないと決めています。つまり、国が建設する鉄道と同じ軌間にしなければならなかったのです。国際標準の一四三五ミリメートル、東京馬車鉄道と同じ一三七二ミリメートルは認められませんでした。

政府がこんな条件を課した理由は、国有鉄道との乗り入れを可能にするとともに、『私設鉄道条例』の第三十五条で謳《うた》われているように、営業年限の二五年を経過した時点で、当該の私鉄をすべて国有化しようと考えていたからです。

ところが、市内交通を担当する馬車鉄道や路面電車などは『私設鉄道条例』の適用を受けませんでした。これらは、明治二三（一八九〇）年に『軌道条例』の適用を受けます。『軌道条例』は大正一三（一九二四）年に『軌道法』になりますが、公布された当時は三カ条しか条文がありませんでした。軌間などの制限もなく、ほとんど自由に線路を敷設して、運行することができたのです。

『軌道条例』の公布を受けて、東京市内で電車を運行しようという者が次々と現われます。まず初めに手を挙げたのは、鉄道・水道・製鉄業などに積極的に進出を図った実業家の雨宮敬次郎《あめのみやけいじろう》でした。つづいて、それまで馬車鉄道を運行していた東京馬車鉄道が、動力を電気にする動力変更願を内務大臣に提出します。また、上野公園に電車を出展して世間を驚かせた藤岡市助は、雨宮から遅れること四年後の明治二七（一八九四）年に出願しています。ほかにも、小田急（小田原《おだわら》急行鉄道、いまの小田急電鉄）の創業者として知られる利光鶴松《としみつつるまつ》や大師電気鉄道の代表をつとめた立川勇次郎《たちかわゆうじろう》なども電気鉄道を走らせたいと願い出ました。

東京市内における路面電車の出願は群雄割拠《ぐんゆうかっきょ》の様相を呈《てい》し、内務省はどの事業者に許可を与えるのか決定できない状況に陥《おちい》りました。

明治三六（一九〇三）年、ようやく東京で初めての電車が営業運転を開始します。東京馬車鉄道から社名変更した「東京電車鉄道」が品川―新橋間の動力変更を完了させて、電車を走らせたのです。その一カ月後には、藤岡市助が技師をつとめた「東京市街鉄道」が、数寄屋橋《すきやばし》（銀座）―神田橋間で運行を開始します。さらに翌年一二月には、雨宮敬次郎の「東京電気鉄道」（通称〝外濠線《そとぼり》〟）が、土橋《どばし》（いまの新橋と銀座のあいだ）―御茶ノ水《おちゃのみず》橋間で運行を開始しました。

こうして、東京ではわずか一年で三社の鉄道会社が電気鉄道を走らせることになりました。そして、その後も順調に線路を延ばしています。

第二章

22系統

～〝元祖1系統〟ともいうべき路線～

22系統

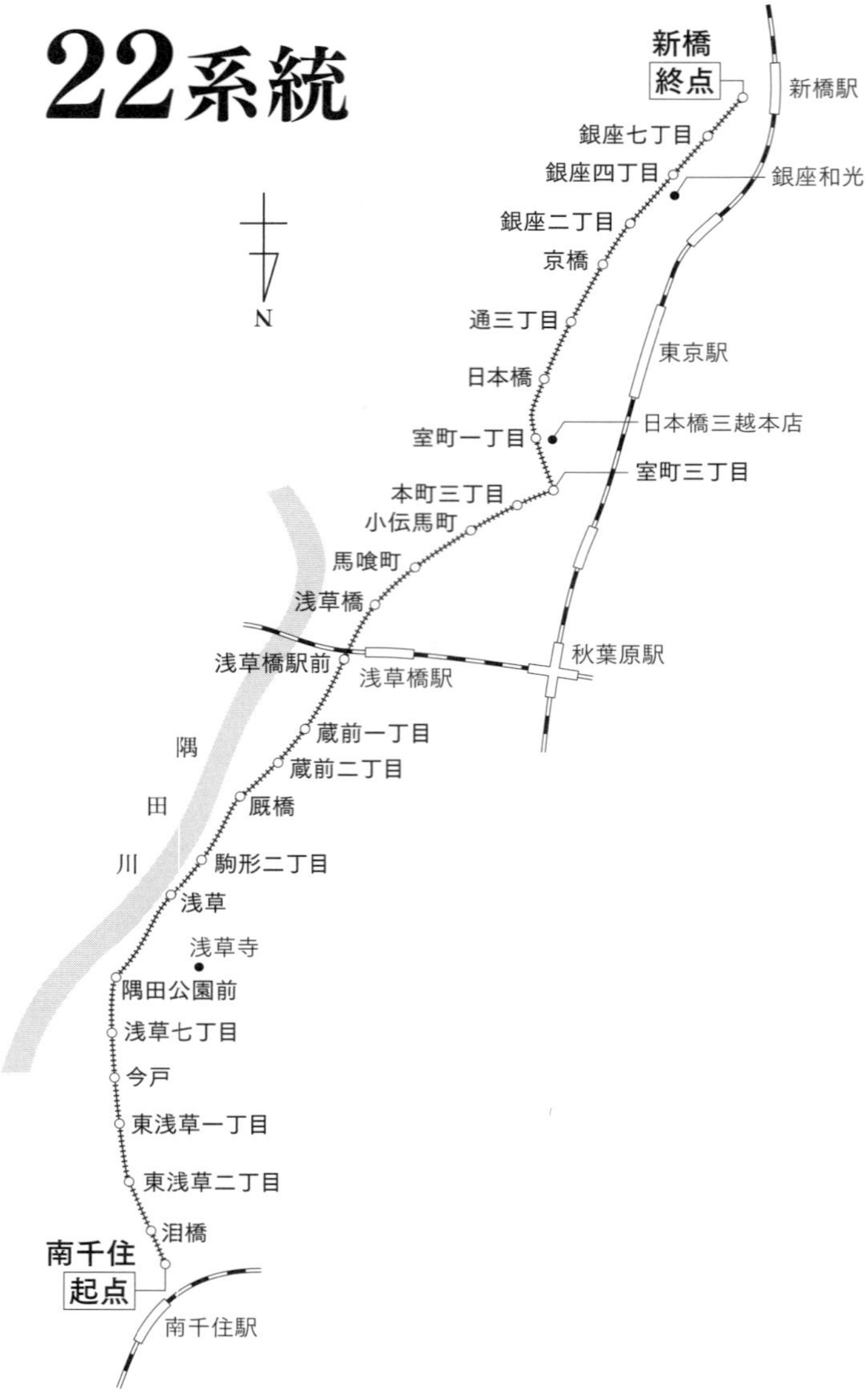
新橋
終点
新橋駅
銀座七丁目
銀座四丁目
銀座和光
銀座二丁目
京橋
N
通三丁目
東京駅
日本橋
日本橋三越本店
室町一丁目
室町三丁目
本町三丁目
小伝馬町
馬喰町
浅草橋
浅草橋駅前
秋葉原駅
浅草橋駅
蔵前一丁目
隅
蔵前二丁目
田
厩橋
川
駒形二丁目
浅草
浅草寺
隅田公園前
浅草七丁目
今戸
東浅草一丁目
東浅草二丁目
泪橋
南千住
起点
南千住駅

三社の合併

明治三七（一九〇四）年までに、東京には三社の電気鉄道が誕生しました。東京初の電車を走らせた「東京電車鉄道」は、もともと東京馬車鉄道を運行していた会社です。ほかの二社とは異なり、すでに線路は敷設・所有していました。その設備を流用して、馬車鉄道から電気鉄道に看板を掛け替えて、再出発します。さらに品川馬車鉄道を買収すると、路線を新橋から品川まで延ばしました。そして、電化工事を終えたところから順次、馬車鉄道を電気鉄道に切り替えたのです。

同じく、東京電車鉄道に対抗するかのように設立された「東京市街鉄道」と「東京電気鉄道」も争うように線路を延ばします。先行者だった東京電車鉄道は、浅草や新橋といった江戸時代から栄える地域に路線を張りめぐらせることができました。一方、新興勢力の東京市街鉄道や東京電気鉄道は、未開の地だった本郷《ほんごう》、そして江戸時代は郊外だった東京の西端地である新宿へと活路を求めて線路を延ばします。

明治三九（一九〇六）年八月末時点で、線路の総延長は、東京電車鉄道が一七キロメートル、東京市街鉄道が三二・八キロメートル、東京電気鉄道が一三・二キロメートル。三社を合計すると、実に六三キロメートルにも及ぶ線路がわずか二年ほどで敷かれたことになります。

こうして、わずかな期間で敷設された長大な電気鉄道の線路は、あっという間に市民生活に欠かせないものとなりました。市民生活に欠かせないゆえに、電気鉄道経営という業種は公共性を帯び、金儲《もう》けを優先することが許されなくなります。しかし、民間企業である以上は利益を追求しなければなりません。そうした板挟《いたばさ》みの状態が起こります。

同じ東京市内を営業エリアにしている三社のパイは限られていました。運賃の値下げ競争で乗客誘致を図っても、企業体力をいたずらに消耗《しょうもう》するだけです。それよりも、お互いに手を結んで利益確保を図る方が企業としては賢い選択でしょう。三社の思惑《おもわく》は一致して合併に至ります。

それまで三社は、各社ともに乗車料金を〝三銭〟にしていました。東京市内に同じ電気鉄道を走らせているとはいえ、三社は別会社です。現在でもJR線から都電荒川線に乗り換えたり、地下鉄から私鉄に乗り換えたりするときには、乗車料金をいったん精算しなければなりません。こうした運賃体系は当たり前になっています。当時も同様に、東京電車鉄道から東京市街鉄道へ、東京市街鉄道から東京電気鉄道に乗り換えるためには、そのたびに乗車賃を支払わなければなりませんでした。

鉄道会社と市民のどちらにもメリットがあることから、明治三九（一九〇六）年九月、三社は統合しました。合併した三社は、新たに「東京鉄道」として発足します。合併したことで、運賃をいちいち精算する必要はなくなりました。ところが東京鉄道は、一乗車の運賃を〝五銭〟に引き上げることを発表したのです。

「東京市電」の誕生

三社鼎立《ていりつ》時代には、ライバル企業との競争は必ず生まれます。他社と差別化を図り、利用者を増やすために運賃の値下げ競争が起きるのは必然です。実際、成田山新勝寺《なりたさんしんしょうじ》（千葉県）の参拝ルートで競合する常磐線《じょうばん》と総武鉄道《そうぶ》（いまのJR総武線）とでは、激しい値下げ競争が繰り広げられていました。ほかにも、東海道本線と関西鉄道《かんさい》（いまのJR関西本線）との間で起きた運賃値下げ競争は有名な語り草になっています。

しかし、三社が合併したことで、東京市内の交通は東京鉄道一社の独占市場になりました。これで、もう運賃を安くする必要もありません。市民は値上げを容認できず、大挙して抗議活動をおこないます。

東京鉄道は市民の不満を鎮《しず》めるために、いったん五銭と発表した値上げを〝四銭〟にとどめることにします。それでも値上げしたことに変わりはありません。市民の不満は、鎮まりませんでした。そして市民は、「鉄道は公共物なのだから、民間企業が経営するのではなく公営化するべきだ」と主張したのです。市民が電気鉄道の公営化を求めた背景には、東京鉄道が誕生する半年前に公布された『鉄道国有法』がありました。

明治政府は、新橋―横浜間は国の力で建設したものの、その後は資金が欠乏《けつぼう》していました。自前の資金で鉄道を建設することが難しい状況に追い込まれた政府は、民間企業に鉄道事業を許可します。こうして第一章でも触れたように、『鉄道国有法』が制定される以前には、日本鉄道をはじめとする私鉄が各地に勃興《ぼっこう》していました。

ところが、日清・日露《にちろ》戦争を経て、軍部が〝鉄道は国有であるべし〟と強く主張したことで、幹線輸送を担っていた私鉄は次々と国有化されます。こうした環境も手伝って、国民の間にも「公共交通」という概念が芽生《めば》えていたのです。

世論の高まりを受け、東京市は重い腰を上げて、電気鉄道の「市営化」を試みます。東京市が電気鉄道をなかなか市営化しようと動かなかったのは、政府が買収資金を出さなかったからだといわれます。すでに長大な路線網を保有する東京鉄道を買収するには、多額の資金が必要でした。東京府も東京市も、市区改正計画に取りかかっていて、電気鉄道買収に財源の余裕はありませんでした。

そこで東京市は、市債を発行することで資金調達し、東京鉄道を買収します。買収資金の原資が市債ということは、要するに将来の負担を市民に転嫁《てんか》したこととなります。それでも市営化によって騒ぎは収まりました。

こうして東京市内で覇《は》を争っていた電気鉄道は、東京鉄道時代を経て、明治四四（一九一一）年、東京市電気局になりました。「東京市電」の誕生です。東京都交通局はこの年を元年とし、平成二三（二〇一一）年を東京都交通局一〇〇周年として記念イベントをおこなっています。

栄《は》えある〝系統番号1〟からの転落

三社の路線が統合された東京市電は、その後も順調に路線を延ばしつづけます。大正二（一九一三）年には、総延長は一五〇キロメートルを超えました。

そこまで路線が延びると、当然ながら繁華街には多くの系統が集中することになります。路線が少ない頃ならば問題は生じなかったでしょうが、複雑に系統が入り交じる地点では、どの電車に乗っていいのか判別できなくなります。乗り間違えなどを防ぐためにも、大正三（一九一四）年に「系統番号」が導入されることになりました。

翌年、東京市電気局から発行された運転系統図には、一から一一までの数字が振られています。何ごとにおいても言えることですが、番号制を導入する場合は、優先順位という概念がつきまといます。一般的には、優先順位の高い方から、一、二、三…と番号が振られます。

東京市電の**1系統**は当然ながら、市電の顔ともなる路線です。当時の**1系統**は、品川駅よりやや南に位置する【八ツ山《やつやま》】（八ツ山橋の手前）を起点にしていました。その次の電停が【品川ステーション前】（のちの【品川駅前】）です。

本来、品川駅と乗り換えが便利な【品川ステーション前】を起点にしてもよさそうなのですが、東京市電はそうしませんでした。それは、将来的に市電を京浜《けいひん》電鉄（いまの京浜急行電鉄、「京急《けいきゅう》」）に乗り入れ、横浜方面につながる計画を立てていたからです。

現在、京急の品川駅はJRと一体化していますが、当時の京浜電鉄の始発駅は品川駅ではなく高輪《たかなわ》駅でした。高輪駅は、品川駅と道路を挟む形で立地しており、さしずめJR上野駅と京成《けいせい》上野駅、JR大阪駅と阪急梅田《はんきゅううめだ》駅のような関係でした。

この高輪駅には、市電のホームが設置されていました。実際に東京市電は、大正一四

（一九二五）年から京浜電鉄への乗り入れを開始します。しかし、市電と京浜電鉄との乗り入れは長くはつづかず、わずか八年間で終止符が打たれました。高輪駅は廃止になり、京浜電鉄は品川駅に乗り入れることになり、現在のようなＪＲと京急とが同居する品川駅ができあがります。

細かい点を除けば、戦前の**1系統**と戦後の**1系統**はほぼ同じルートをたどって【上野駅

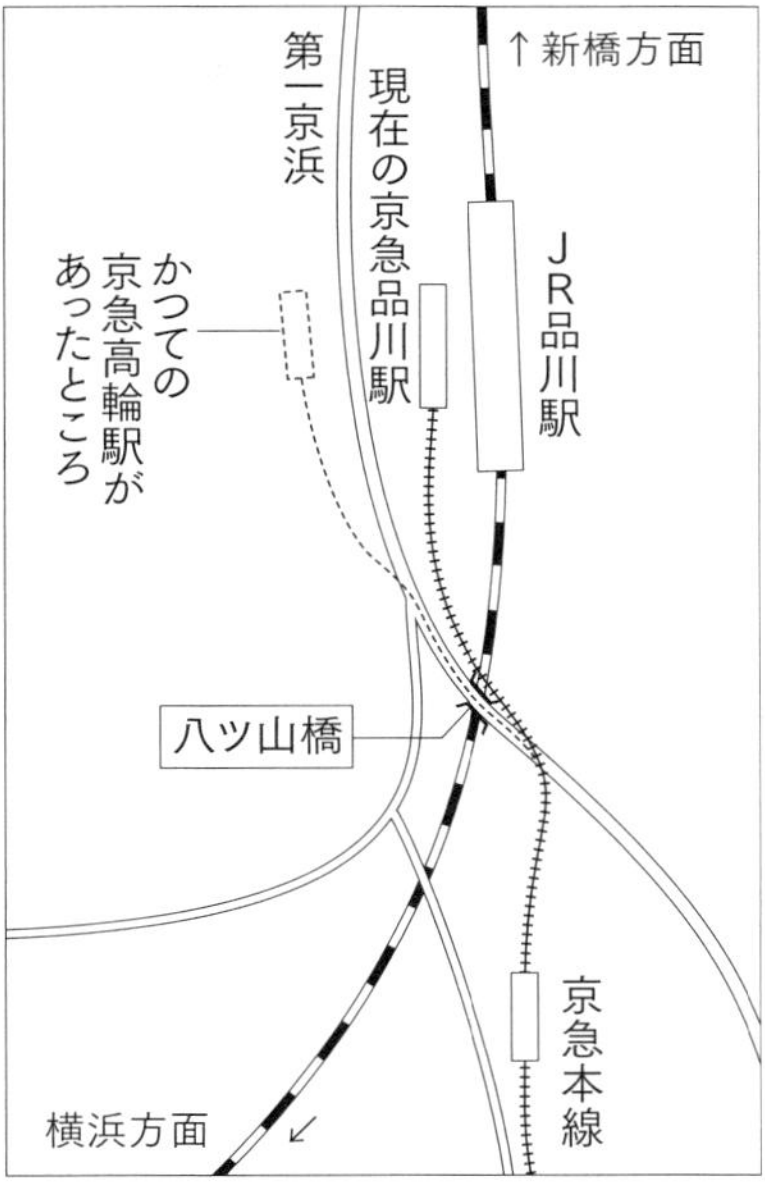

［図2-1］東京市電は京急に乗り入れて横浜方面につながろうとしたが、その関係は長くつづかなかった。京急は結果的に国鉄への接続を優先した形になった

前】に向かいます。しかし、戦前の1系統は【上野駅前】が終点ではありませんでした。【上野駅前】から、さらに隅田川《すみだ》方面へと走っていました。そして、浅草の玄関である【雷門】に到着すると、今度は進路を南に変えて、【蔵前《くらまえ》】【浅草橋】と通過し、【本石町《もといしちょう》】付近で再び1系統の線路と合流し、品川方面へと戻ってきます。ここで出てくる【本石町】は、のちの【室町三丁目】です。こうした〝逆6の字〟を描く奇妙な半循環路線になっていたのは、東京電車鉄道「甲線」の線路をそのまま使っていたからです。

昭和六（一九三一）年、1系統に大きな変化が現われます。それまでの逆6の字運転が解消されるのです。逆6の字のちょうど〝丸〟の部分に該当する【本石町】―【上野駅前】―【浅草】―【本石町】は、【本石町】から右折し【浅草橋】からは隅田川沿いを走って【雷門】に通じる路線に変更されました。

つまり、【本石町】―【上野駅前】―【雷門】の区間が、1系統のルートからはずれたのです。この状態は、戦後の昭和二一年（一九四六）年まで一五年間つづきます。この戦後すぐの系統改正で、1系統は再び【品川駅前】―【上野駅前】に戻されました。

戦後の都電路線図を眺めていると、あることに気づきます。昭和六（一九三一）年に逆6の字運転から一本の路線に姿を変えた、戦前の1系統と、ほとんど同じ区間を走ってい

［図2-2］東京電車鉄道「甲線」を踏襲した1系統は、昭和6年にいったん【上野駅前】をはずれるが、戦後の改正では、一転して【浅草橋】や【雷門】がはずされた

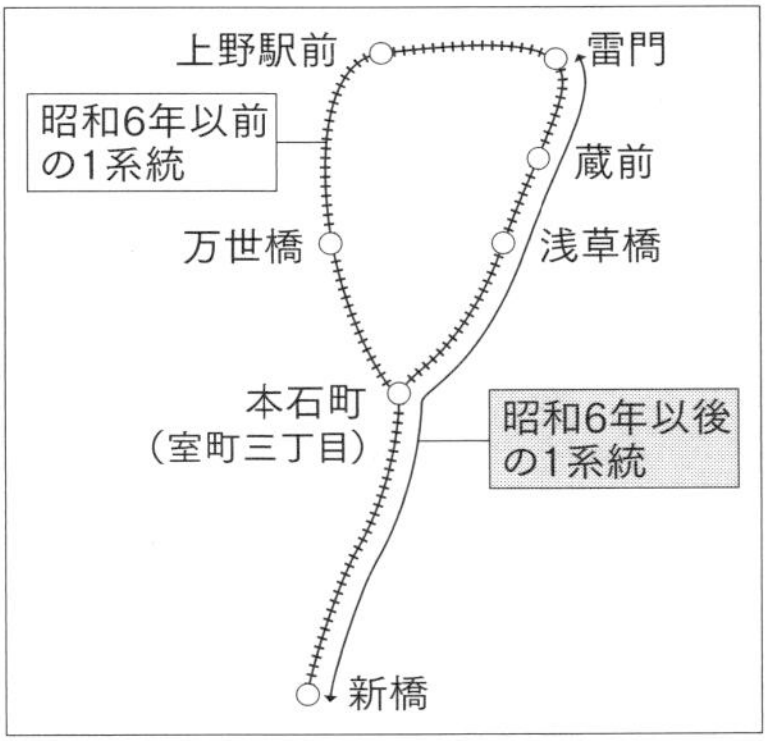

［写真2-1］雷門通りを走る東京鉄道時代の路面電車。右手前の大きな建物の隣に雷門がある。奥にそびえる大屋根は、東京本願寺の本堂

る路線があります。それが【南千住《みなみせんじゅ》】を起点に【新橋】までを結ぶ22系統です。

22系統は、戦前には〝24系統〟として運行され、【南千住】を起点に【芝橋《しばばし》】（いまの芝四丁目交差点あたり。のちの【東京港口】）まで走っていました。戦後、22系統に姿と名前を変えて【銀座四丁目】【浅草】という伝統的な東京の繁華街を走ります。本来なら栄えある〝系統番号1〟を名乗ることのできる格式ある路線でした。それなのに、あまり日の当たらない番号を振られてしまうのです。

〝1〟から〝22〟では、明らかに落ちぶれた感があります。もとは1系統でもあった路線が、なぜ〝22〟という地味な番号を振られてしまったのでしょうか。それは【南千住】を起点にしていることが大きな理由でした。

そもそも四一あった都電の系統番号は、どのように割り振られているのでしょうか。まず、そのシステムから解明していきましょう。

なぜ、1系統が22系統になったのか

東京市電に行き先を示す系統番号が導入されたのは、大正三（一九一四）年です。すでに一日の乗客が一〇〇万人を突破しており、市電が東京を縦横無尽《じゅうおうむじん》に走っていました。

この年、上野恩賜公園では、東京大正博覧会が開催されることになっていました。現在の東京にもいえることですが、都内にある路線すべてを把握している人はかなり少数です。多くの利用者は、自分が通勤や通学で日常的に利用する駅や路線しか把握していません。よっぽど鉄道に詳しくなければ、他の路線のことはわかりません。このことは当時の東京市電でも同じでした。

東京市電気局は、市内外から多く集まる見物客ができるだけスムーズに市電を利用できるにはどうしたらいいのかを考えました。そこで出てきたアイデアが、それまで地名のみで表わしていた行き先表示だけではなく、系統番号を振ることでした。

そこで電気局は、三田出張所発の路線を〝1〟とし、ここから時計回りに、青山《あおやま》出張所を〝2〟、新宿出張所を〝3〟というように、〝8〟までの系統番号を割り振りました。系統番号は翌年までに〝11〟へと増え、さらに大正一一(一九二二)年には〝13〟までとなります。番号が増えると、三田を〝1〟として時計回りに番号が増えていくという法則はいったん崩れます。それでも系統番号の改正はたびたび実施されて、崩れた法則を修正し、改めて〝1〟から順番に系統番号が振られていきます。

昭和二一(一九四六)年、〝最後〟の系統番号改正がおこなわれました。この改正では、

27系統が誕生しました。その後、路線は増えて28系統、29系統が錦糸堀《きんしぼり》、30系統が柳島《やなぎしま》の所属になりました。以降、新設された路線は、機械的に数字を足していく形式をとりました。そのため、31系統は三ノ輪所属、32系統は荒川所属、33系統は広尾《ひろお》所属といったように、系統番号は再び無秩序化したのです。

そして、戦後復興で大きく東京の街が変貌を遂げたこともあり、番号制における優先順位の意図はさらに薄れていきました。第八章でも詳しく触れますが、2系統は【三田】―【東洋《とうよう》大学前】間を走る路線です。ところが、2系統は都電が廃止される直前になると、朝夕のラッシュ時のみの運行になっていました。後発の35系統や37系統と運行区間が重複していたことから、その補完的な役割を担わされることになります。2系統は、立派なシングルナンバーを持つ不遇の路線でした。

これで、戦前の1系統とほとんど同じところを走る路線が、22系統になった理由もおわかりになるでしょう。22系統は東京電車鉄道の「甲線」を継承していますが、【南千住】を起点にしてしまったことで、新たな系統番号の法則に従い、栄《は》えある〝系統番号1〟を受け継ぐことができなかったのです。

22系統は、明治四三（一九一〇）年に【南千住】まで線路が敷設されて全線が開業しています。都電の路線の中でも、かなり早い段階から線路が敷かれている由緒ある路線でした。**22系統**には、【新橋】を出発し【雷門】へと走るという臨時系統も存在しています。この**臨時22系統**は日曜日と祭日など限定的に運行されました。

同じように【三田】を出発して【室町三丁目】を右折し、さらに【駒形《こまがた》二丁目】から枝《えだ》線《せん》をつたって【雷門】に至る、**臨時1系統**もありました。つまり、〝臨時〟を付与された**22系統**と**1系統**とは双子のような関係にある路線だったといえるでしょう。

私は、この**22系統**を〝1〟になれなかった路線と形容しています。しかし、その表現に違和感を覚える読者は、多くおられるかもしれません。品川―新橋―日本橋―上野といった明治以来のメインストリートを走る**1系統**と、途中までは同じ区間を走るとはいえ、**22系統**は東京の北端に近く、どちらかといえば場《ば》末《すえ》感が漂う南千住を発する路線です。比べようもないほど圧倒的に**1系統**の方が格上に感じられます。

ところが、その南千住は、江戸から戦後まで東京の重要地点でした。**22系統**も、長らく東京市電のドル箱路線だったのです。そのことは、東京都交通局が昭和二五（一九五〇）年におこなった系統別輸送人員の調査でも証明されています。これによると、**22系統**は一日に八万九九八八人を輸送し、都電全系統で最高の輸送人員を記録しています。南千住がそこまで重要なエリアだったことを解明するには、江戸初期にまで歴史をさかのぼらなくてはなりません。

南千住を大きく変えた千住大橋《せんじゅおおはし》

荒川区と足立区との区境になっている隅田川に橋が架《か》けられたのは、徳川家康《とくがわいえやす》が国替えで江戸にやってきたことに端《たん》を発します。徳川家康が千住大橋を架《か》けるまで、隅田川は、渡し船を用いるのが一般的でした。橋がなかったのは、架橋によって庶民の往来が便利になる反面、敵に攻め込まれやすくもなるといった軍事的な背景がありました。

千住大橋が建設された当初、橋らしい橋はここにしかありませんでした。そのため、千住大橋は単に〝大橋〟と呼ばれていたのです。大橋が完成したことで、江戸から北へと向かう日光《にっこう》街道の整備が進みます。隅田川北岸の北千住《きたせんじゅ》には、千住宿が形成されました。北千住は、江戸の北の宿場町として不動の地位をものにしました。

一方、その南岸に当たる南千住にも小さな宿場町ができましたが、南千住は隅田川の舟運を活《い》かして物資の中継地点として発展します。明治二〇年（一八八七）前後から、南千住界隈は多くの材木商が店を構えるまでになり、活況を呈していました。

この地域で材木業が栄えた要因として、明治二一（一八八八）年に内務省が『東京市区《しく》改正条例』を公布したことが考えられます。〝市区〟とは東京市の市や区のことではなく、都市という意味です。〝市区改正〟とは、いまで言うところの都市の改造計画とか再開発に当たるものでした。内務省が市区改正に着手すると同時に、東京市内の人口は急増をつづけ、家屋をたくさん必要としたのです。そのため、材木需要も増え、材木商は成長産業になりました。

明治の財界人が着目した南千住

南千住に着目したのは、材木商だけではありませんでした。大倉喜八郎《おおくらきはちろう》や原六郎《はらろくろう》といった明治の財界人たちも、南千住という地に熱い視線を送っていました。

大倉はホテルオークラの創業者として有名ですが、ほかにもサッポロビールや日清《にっしん》製油（いまの日清オイリオ）など多数の企業を設立したほか、鹿鳴館や帝国劇場、大倉商業学校（いまの東京経済大学）などの設立にも関わりました。また原は、第百国立銀行設立を足がかりに財界に進出し、その後は総武鉄道、北越《ほくえつ》鉄道（いまのJR信越《しんえつ》本線）、東武鉄道、九州鉄道など鉄道会社の設立に寄与するなど、鉄道と縁の深い実業家です。

大倉と原は明治の財界五人男と称されるほどの実業家でしたが、そこに〝電車の父〟藤岡市助が加わり、三人が中心になって日本初の電力会社として設立されたのが、上野の博覧会で電車を出展した、あの東京電燈です。

東京電燈は、明治二〇（一八八七）年から送電を開始しました。電気事業は好調なスタートを切り、すぐに需要に追いつかなくなります。浅草に発電所を増設しましたが、それでも電力不足は解消せず、もっと広い地に巨大な発電所を建設する必要に迫られます。

そこで、白羽《しらは》の矢が立てられたのが、郊外地の南千住でした。千住発電所は明治三九（一九〇六）年に発電を開始します。ところが、建設中から東京電燈が発電方法を火力から水力へと方針転換したため、千住発電所の出力は当初計画の九〇〇〇キロワットから四五〇〇キロワットに半減してしまいます。やはり伸びつづける東京市内の電力需要に応えることができず、大正六（一九一七）年には廃止に追い込まれました。

ちなみに、隅田川を挟んだ対岸の北千住にも、大正一五（一九二六）年に発電所が建設されました。こちらは火力でした。北千住に建設された発電所は、南千住にあった発電所と同じ千住発電所と命名されました。北千住の発電所は映画にも登場し、〝お化け煙突〟として全国的に知られています。その〝お化け煙突〟は、昭和三八（一九六三）年に火力発電所の廃止にともない解体されました。

物流拠点・隅田川駅の活況

南千住が栄えるようになったのは、江戸時代からの架橋と街道の整備によるものだけではありません。常磐線の開業も大きなターニングポイントになりました。常磐線南千住駅は、上野を基点とした日本鉄道によって明治二九（一八九六）年に開業し、同年には南千住駅と隣接する場所に隅田川駅も設置されています。

隅田川駅はその名が示すように、隅田川に面した駅です。江戸時代の物流は舟運《しゅううん》が主流でしたが、明治になっても、船による物資輸送は盛んにおこなわれていました。

川に面した広大な貨物ヤードは、舟から鉄道に積み替える作業にとって非常に便利でした。隅田川駅には、北は北海道から南は九州まで多くの貨物が集められて、鉄道によって関東各地に運ばれました。昭和七（一九三二）年には、隅田川駅の貨物取扱量は一二一トン以上を誇り、東京市内の駅では汐留駅を抑えて堂々のトップだったのです。

隅田川駅の重要性を示すエピソードは、太平洋戦争末期にもありました。

日本国内には、戦争で捕えられた俘虜《ふりよ》を収容する施設がいくつかありました。国民でさえ満足に食事が取れなくなるほど戦況が悪化すると、政府は鉱山・土木・港湾・荷役といった作業に俘虜たちの労働力を充てることにします。実際に、俘虜たちが労働作業に従事するようになるのは、昭和一九（一九四四）年からです。この年、隅田川駅の荷物を取り扱うため併設された日本通運の支所内に、東京俘虜収容所第十分所が設置されています。それ以前は、東京・大森《おおもり》に東京俘虜収容所がありました。俘虜たちは、品川付近までトラックで運ばれ、そこから市電に乗って隅田川駅まで通っていました。

東京俘虜収容所第十分所が開設された背景には、俘虜たちの移動の手間を省《はぶ》く目的があったようですが、開設からわずか二カ月で終戦の八月一五日を迎えました。

南千住が文明開化と富国強兵を支える――羅紗《らしや》と煉瓦

舟と鉄道という二つの物流によって栄えることになった南千住には、発電所や貨物駅など、近代国家の建設に不可欠な施設が続々と建設されました。そうなると、国の重要な産業を担う工場も集まってきます。なかでも羅紗《らしや》を製造する千住製絨所《せいじゆうしよ》と煉瓦工場は、特筆すべきものです。

いまでは聞き慣れない言葉ですが、羅紗は毛織物《けおりもの》の一種で、明治期には軍服や制服など

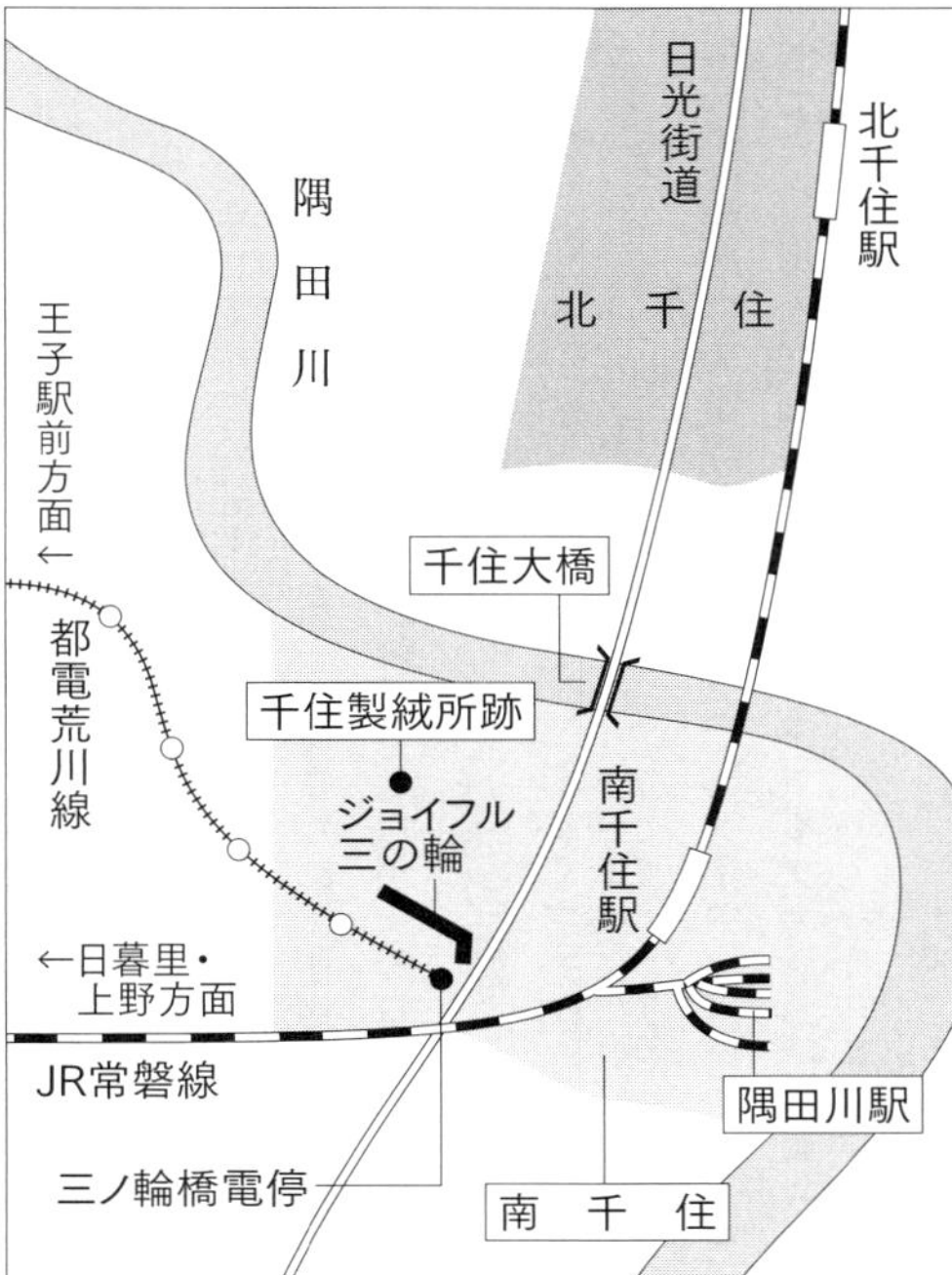

［図 2-3］ 戦前の南千住は栄えていた。三ノ輪橋の電停も隅田川駅も、南千住エリアに属している

に用いられました。羅紗が日本に入ってきたのは戦国時代の頃といわれていますが、当時の日本には、羊を養うノウハウがありませんでした。

江戸後期になると、科学技術や畜産のノウハウが蓄積して各藩が羊の飼育を試みます。また、幕府のかかりつけ医だった渋江《しぶえ》長伯《ちょうはく》は、健康において衣服の重要性に着目し、巣《す》鴨《がも》御《お》薬園《やくえん》で羊の飼育をして羅紗の純国産化を目指しました。

それでも、羊毛の国内生産量はわずかで、そのために羅紗の加工技術も発達しなかったのです。明治になって需要が急拡大した羅紗でしたが、政府は輸入に頼るしかありませんでした。ただし、国産化を諦《あきら》めていたわけではありません。お雇い外国人の力を借りて、千葉県成田市に牧場を開設するなどして、あくまでも国産にこだわります。

明治一二（一八七九）年、明治政府は悲願だった官営の製絨所を南千住に建設します。荒川線の終点【三ノ輪橋】の電停から北に五〇〇メートルほど行ったところにある野球場が、その跡地です。ちなみに【三ノ輪橋】やジョイフル三の輪がある住所は、いまも南千住です。

千住製絨所の初代所長には、ドイツで毛織物の生産技術を学んできた井上省三《いのうえしょうぞう》が就任しました。それは、西洋技術を取り入れた煉瓦造りの瀟洒《しょうしゃ》な建物でした。明治期の荒川区には小さな工場がいくつも点在していましたが、煉瓦はこれらの工場で製造されました。いまでも南千住一帯には煉瓦塀《べい》が残り、当時の面影《おもかげ》を伝えています。

銀座の煉瓦街でも同じことが言えますが、煉瓦で工場を建設するのは防火が目的でした。羅紗工場を火災で焼失しないようにとの配慮は、明治政府にとって羅紗製造がいかに重要であったかを物語っています。

こうして南千住は最新テクノロジーの地となります。しかし、いくら舟運を中心に物流拠点として栄えていても、銀座のように来日した外国人がわざわざ足を運ぶような地域ではありません。政府が東京の道路を整備する必要性に迫られていたのは、外国人が乗る馬車と歩行者の安全を確保することが第一にあったわけですから、南千住界隈の道路改良はまだ必要性に乏しいものでした。

東京に馬車鉄道が走りはじめた明治一五（一八八二）年頃、南千住界隈の道路は電車が運行できるような広さはなかったと思われます。しかし、明治三六（一九〇三）年には、東京一帯に電車鉄道が出現します。その二一年で東京の道は大きく変わりました。二一年間に何が起きたのでしょうか。

荒廃した明治の東京

江戸幕府から政権交代を果たしたばかりの明治の東京では、滞在していた武士が地元に戻り、また武士たちを相手にビジネスをしていた商人たちも顧客がいなくなったことから東京を去りました。

初代・烏丸光徳《からすまるみつえ》から府知事をバトンタッチされた第二代東京府知事の大木喬任《おおきたかとう》は、大幅に人口が減った東京を見て愕然《がくぜん》とします。人口が減っただけではありません。東京の都心部には、空き家がそのまま放置されているのです。信じられないことですが、現在は巨大なビル群が建ち並ぶ霞《かすみ》が関《せき》や永田町《ながたちよう》などの一帯にも、草が生い茂り、夜盗《やとう》が頻繁に出没していました。

首都再建のために大木が最初に着手したのは、主《あるじ》のいない大名屋敷を取り壊し、新たに活用することでした。土地を活用するといっても、政府にそんな人員はいません。そこで大木は、大名屋敷跡を農民に払い下げることにしました。

払い下げ地は、桑畑に開墾《かいこん》されます。のちに大木は、東京のど真ん中を畑にしたことを自嘲気味に話していますが、彼は農業政策を推進することで、殖産《しよくさん》興業を図ろうと考えたのでした。当時、西洋に輸出できる日本製品は生糸《きいと》とお茶ですから、大木の〝桑茶《そうちや》政策〟は国力を高める政策でもありました。この政策は、第四代東京府知事となる由利公正によって終止符が打たれます。

しかし、紀州《きしゅう》藩徳川家の下屋敷があった渋谷区松濤《しょうとう》は、明治九（一八七六）年に旧佐賀藩主の鍋島《なべしま》家に払い下げられて茶園になりました。今日、高級住宅街として知られる松濤は、そのときの茶園の名前を継承したものです。桑茶政策が終了した後でも松濤に茶園がつくられたのは、東京の郊外で土地の価値が低かったからでしょう。

第一章でも述べたように、由利は銀座煉瓦街に取り組んだ中心人物のひとりです。彼が推進した防火政策から、東京の都市化が図られるような機運が出てきます。

そして明治一三（一八八〇）年、第六代東京府知事の松田道之《まつだみちゆき》が、〝東京中央市区画定之《かくてい》問題〟を発表します。これは、東京を近代都市にするべく道路・上下水道・運河・築港などのインフラを整備する計画です。結局のところ〝東京中央市区画定《かくてい》之問題〟は陽の目を見ることなく立ち消えましたが、松田の構想はのちに引き継がれます。

道路が広がる――「東京市区改正計画」

松田が若く急逝《きゅうせい》したために、その跡を継いだ形になった第七代東京府知事・芳川顕正《よしかわあきまさ》は、市街地を綿密に測量・調査しました。その結果を受けて、明治一七（一八八四）年、芳川が内務省に提出した市区改正意見書によって、東京を改造する計画が始まりました。「東京市区改正計画」です。

そこでは、道路が狭くて車馬の通行が不便であるとの理由から、道路、鉄道、運河、橋梁といった交通分野に重点が置かれました。当時、鉄道は開業していたものの、その後の日本の玄関口となる東京駅はまだありません。芳川の市区改正計画で、〝中心駅〟の必要性が改めて説かれるのです。

芳川案を横からサポートしたのは、土木技師の原口要《はらぐちかなめ》でした。日本最初の工学博士として名を残す原口は、アメリカに留学して橋梁技術を学び、芳川の片腕として市区改正計画に携わることになります。

原口は、中央停車場案に反対する渋沢栄一と益田孝《ますだたかし》（三井物産）という大物実業家を目の前にして、「世界の潮流を見ても、都市の中心に駅が存在する」ことを粘り強く主張しました。原口の熱意が勝ち、〝東京駅〟は明治一七（一八八四）年に東京市区改正計画に盛り込まれます。実際に東京駅が開業するのは、大正三（一九一四）年のことですから、計画の議論が始まってから三〇年も後のことでした。

さて、芳川が特に力を入れたのは馬車鉄道です。市区改正計画の中で、彼は四二本の道路をつくろうと考えていました。その案では、一等一類道路は幅一五間、うち歩道は両端に各三間、九間が車道になっていました。そして、中央に複線の馬車鉄道の線路を敷設することが想定されていました。

しかし、市区改正審査会では、馬車鉄道の廃止派が大勢を占めます。益田孝は、特に強硬に反対しました。他の有識者からも、馬車鉄道は不衛生であることが指摘されています。現実的な問題として、馬車鉄道の利用者は日に日に増しており、これらを廃止するのは難しい情勢でした。結局、馬車鉄道は市民のために残すという結論に至ります。

芳川を中心にまとめられた構想は、内務卿の山県有朋《やまがたありとも》によって政府最高機関である太政官に上申されて、あとはゴーサインを待つのみでした。しかし、待てど暮らせど、計画を実行せよという命令が下りません。実は、この時点で、他省でも別の都市計画が練られていたのです。そのために内務省を中心にまとめられていた市区改正にはストップがかけられていました。

ようやく明治二一（一八八八）年になって、『市区改正条例』が発布されました。そこから、道路の拡幅が実行に移されます。紆余《うよ》曲折《きよくせつ》を経て、新橋から南千住までは三等と四等道路が入り混じる状態で工事が始まります。『市区改正条例』では、幹線道路の等級は一等から五等まであり、四等道路の幅員は八間以上、そのうち車馬道五間以上と定められていました。市区改正によって南千住にも幹線道路がつくられ、その道路に東京市電が走ったのです。

なぜ、上野経由ではなく、浅草橋経由なのか

ここまで、当時の東京における【南千住】の重要性を確認してきました。**22系統**は、この【南千住】を起点に、【新橋】を終点にしています。本来であれば【南千住】から南下しながら、【浅草】―【浅草橋】―【室町三丁目】―【日本橋】―【新橋】と追っていくのが筋ですが、ここでは【新橋】方面から逆に経路をたどって、〝元祖1系統〟ともいえる**22系統**をたどっていきたいと思います。

昭和六（一九三一）年の系統改正で、当時の**1系統**が【品川駅前】を出発すると【室町三丁目】を右折して【浅草橋】を通り【雷門】へと向かうルートに変更されたことはすでに述べました。

【雷門】は、実際の門の正面におかれていたわけではなく、長らく隅田川沿いにある電停

でした。それまで、雷門前の電停は【東仲町《ひがしなかちょう》】という名称でした。昭和一五（一九四〇）年に【東仲町】が【雷門】に改称し、それまでの【雷門】は【吾妻橋西《あずまばしにし》】になりました。【吾妻橋西】は戦後に再び改称し、都電の電停に【浅草】の名がようやくお目見えします。現代に生きる私たちからすると、目まぐるしく電停名が変わっているような印象を受けますが、実勢に即して変更していたようです。

戦前の**1系統**は、上野経由ルートではなく浅草橋経由ルートを選択しました。江戸時代より栄えていた浅草に、〝系統番号1〟の線路が通ることは納得できます。しかし、浅草橋はどうでしょうか。

改めて戦後の路線図を見ると、【浅草】で**22系統**と**24系統**が直角に交差しています。**24系統**は、【福神橋《ふくじんばし》】を始点に、隅田川に架かる吾妻橋を渡って、【浅草】【雷門】、そして【上野駅前】を経由して【須田町】に至ります。つまり、**22系統**と**24系統**の線路は、【浅草】でつながっているわけですから、**22系統**は【品川駅前】から【上野駅前】を経由して【浅草】まで走り、そこから進路を北に変えて【南千住】に行くことも物理的には可能でした。【浅草橋】を経由するルートと【上野駅前】を経由するルートを比較したとき、明らかに【上野駅前】の方が繁華で重要なように思えます。

ただし、現在の東京の様子だけを見ても、なぜ東京市電が【浅草橋】経由になったのかを理解することはできません。浅草橋一帯は、江戸時代よりにぎわった、歴史のあるエリアでした。

特に蔵前は、浅草御蔵《おくら》と呼ばれる由緒ある街でした。周辺には米問屋や札《ふだ》差《さし》の店が軒を連ねていました。幕府に仕《つか》えていた御家人《ごけにん》たちは、俸禄米《ほうろくまい》支給日に出仕して受け取った米を周辺の米問屋で換金して生活費を得ていました。ところが、時代が下ると、米の受け取りから換金まで、すべての業務を担当する代行業者が現われます。それが札差です。

札差は当初は単なる代行業者でした。江戸中期になると、幕府の財政が苦しくなります。当然ながら御家人の生活も困窮《こんきゅう》し、札差から借金をする御家人が出てきます。代行

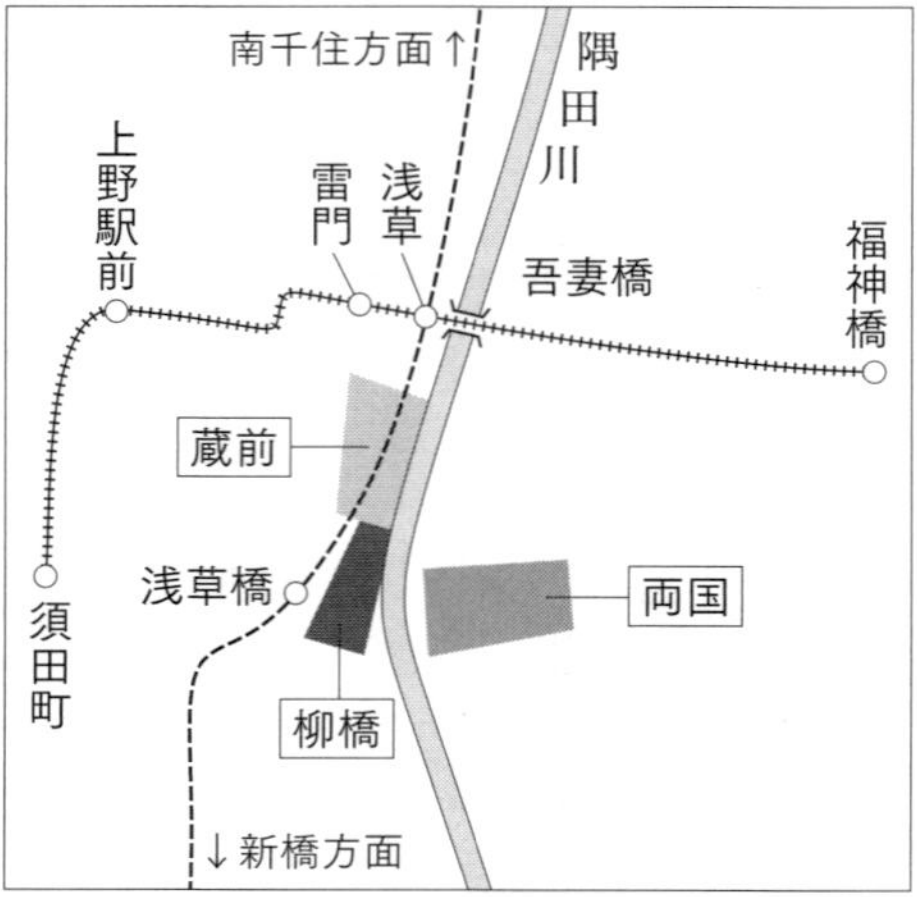

［図 2-4］蔵前、柳橋、浅草橋、両国など、かつての隅田川沿いは、にぎわいを見せていた

業のみならず武士公認の金融業者の役割も与えられた札差は、武士よりも強い立場にのしあがっていきます。札差が隆盛を極められたのは、幕府の御家人あってこそでしたから、明治政府が誕生すると、それらは駆逐されて蔵前の街も活気を失いました。それでも蔵前には、料亭などが軒を連ね、面影を残していました。

料亭が復活させた花火大会

隅田川花火大会は、東京の夏の風物詩として、いまも浅草一帯を中心にたくさんの人出でにぎわいます。その起源は、江戸時代にまでさかのぼります。

当初の花火大会は、花火師が店を構える両国《りょうごく》の川岸でおこなわれていました。両国は、ちょうど浅草橋の東隣に当たる柳橋《やなぎばし》の対岸に位置します。現在、隅田川花火大会の第一会場は浅草付近、第二会場が両国付近になっていますが、発祥から考えれば、第一会場の正統性は両国にあります。

幕末になると、花火大会はいったん開催されなくなりましたが、明治元（一八六八）年に復活します。これは、柳橋料亭組合が協力して「両国花火組合」を設立して資金を集めたからです。柳橋は江戸中期から花街《はなまち》として発展しました。

柳橋は、関東大震災で壊滅的な打撃を受けましたが、それでも、花火大会が中止されることはありませんでした。昭和二〇（一九四五）年三月一〇日の東京大空襲でこの一帯が焼失し、花火大会はしばらく中止に追い込まれます。戦後、GHQが花火大会の開催を禁止したことから、花火大会の再開は昭和二三（一九四八）年まで待たなければなりませんでしたが、ここでも柳橋の料亭組合が多大なる協力をして復活を果たします。

戦前の**1系統**、戦後の**22系統**に、都民のみならず関東からも人が集まる隅田川の花火大会が、彩《いろど》りを添えたことは言うまでもありません。しかし、両国橋周辺の都市化や隅田川水質汚染、防潮堤《ぼうちょうてい》の建設、柳橋三業地《さんぎょうち》（三業地については第九章を参照）の衰退など複合的な要因が重なり、昭和三六（一九六一）年に再び打ち切られてしまいました。

昭和五三（一九七八）年、花火大会はまたしても復活を遂げます。このときに名称が〝両国川開き花火大会〟から〝隅田川花火大会〟にリニューアルし、それが現在にまで至っています。この〝隅田川〟という名称が広く定着したことで、両国や柳橋、蔵前など浅草橋一帯の地名は、隠れた存在になりました。しかし、戦前まで華やかな面影のある街だったのです。

浅草に臨時1系統が残った謎

【浅草橋】【蔵前一丁目】を過ぎた都電22系統は、隅田川西岸をひたすら北上して、【浅草】に到着します。

現在、一般的に浅草と紹介されるのは、浅草寺《せんそうじ》を中心にして浅草六区《ろっく》、雷門、仲見世《なかみせ》一帯の狭いエリアでしょう。しかし、当時の東京市には一五区があり、そのひとつに浅草区がありました。浅草区は昭和二二（一九四七）年に上野を中心とする下谷《したや》区と合併して台《たい》東《とう》区になりますが、それまで〝浅草〟といえば、広く浅草区全域を指す名称でした。戦前に〝浅草〟という名の電停がなかったのには、そうした背景があるからです。

浅草は、江戸時代から町人たちの娯楽地として栄えました。その歴史は江戸時代後期の天保《てんぽう》の改革にまでさかのぼることができます。

当時、江戸幕府は風紀の乱れを懸念《けねん》して、歌舞伎《かぶき》や芝居の上演を許可制にしていました。そして天保の改革で、江戸の中心地から芝居小屋が排除され、中心地からはずれた浅草がその移設先となります。芝居小屋が移ってくると、浅草は多種多様な芸能の場として歩みはじめます。嘉永《かえい》六（一八五三）年には、森田六三郎《もりたろくさぶろう》によって、日本最古の遊園地ともいわれる花屋敷《はなやしき》が開園しました。当時はどちらかといえば植物園に近いような雰囲気でしたが、花屋敷は最先端の遊び場でした。

第一章でも触れたとおり、明治六（一八七三）年に東京府が公園制度をスタートさせると、浅草寺一帯は上野公園と並んで浅草公園として整備されました。浅草寺が公園に指定された頃は、まだ六区一帯には水田が広がっていました。東京府は水田を買収したのち、これを火除《ひよけ》地にします。

すると、明治一四（一八八一）年に、水田地に勧業場を開設したいという商人が現われました。勧業場とは、ひとつの建物内に経営者の異なる売店が並び食料品や日用品を販売する施設です。いわば勧業場は、現代のショッピングモールといえます。

明治一七（一八八四）年には、公園地全体が六区画に分割されます。公園西側は六区に属していたことから、この一帯を浅草六区と呼ぶのは、そのときの名残《なごり》です。

戦後の**1系統**は、**【品川駅前】**—**【上野駅前】**間に変更され、浅草を通らなくなりました。それでも浅草には**臨時1系統**が残りました。**臨時1系統**と**1系統**の路線区間を見比べてみますと、途中から、まったく違うところを走っているので、どうして同じ〝1〟なのか疑問を抱くほどです。しかし、これまで述べてきたようないきさつを知ると納得していただけるのではないでしょうか。

まったく違う場所を走っているけれども、東京都交通局は、かつての栄えある**1系統**の路線に敬意を表したのでしょう。そして、【雷門】を発着する路線に、臨時ではあるけれども〝系統番号1〟を与えた、そんな意図が隠れているような気がしてなりません。

遅れた浅草の都市化——地下鉄と東武《とうぶ》の乗り入れ

大正一二（一九二三）年に起きた関東大震災で、浅草や上野、日本橋、銀座は壊滅的な打撃を受けました。一方、渋谷や田園調布《でんえんちょうふ》などの被害は比較的軽微でした。大震災以降は、西に東京の中心が移っていくことになります。ただし、この兆候は大震災以前からすでに現われていました。大震災がそれを加速させたにすぎません。

日本橋や上野は、市区改正計画で都市改造がおこなわれました。しかし、予算の問題が浮上し、利権が絡《から》むなど大規模な改造ができませんでした。これに代わって、新宿や渋谷といった後発の街が発展を遂げます。新宿や渋谷の発展を後ろ支えしたのは、東京横浜電鉄（いまの東急）や小田原《おだわら》急行鉄道、京王電気軌道といった郊外電車でした。西からの郊外電車が接続したことでアクセス性が向上し、新宿や渋谷経由で通勤する人たちがそこで買い物などをするようになります。

対して、東部の核となる上野や浅草には市電しか走っていません。昭和二（一九二七）年に、やっと地下鉄銀座線の浅草駅が開業しました。さらに、銀座線浅草駅と地下通路でつなげられた〝東武《とうぶ》鉄道の浅草駅〟が開業するのは、それから四年後のことです。

江戸時代から浅草は町人の街としてにぎわっていたはずでした。浅草に鉄道を敷設すれば、たくさんの人が利用したに違いありません。それなのに、昭和になるまで浅草に東部の郊外から入る鉄道の駅はありませんでした。これは、どうしてなのでしょうか。

障害は、隅田川でした。〝新しい浅草駅〟の開業により、東武鉄道はようやく隅田川を渡ることができましたが、それまで東武鉄道は川を渡ることができず、手前で足踏みしていたのです。そのため、〝新しい浅草駅〟ができるまでは、現在のとうきょうスカイツリー駅（その前の業平《なりひら》駅）が〝浅草駅〟を名乗っていました。昭和六（一九三一）年に東武鉄道は悲願だった隅田川西岸へと線路を延ばして浅草雷門駅が開業し、昭和二〇（一九四五）年、浅草駅に改称されました。

現在、東武浅草駅の駅ビルは百貨店の松屋《まつや》がテナントを構えています。東武鉄道が浅草に駅ビルを建設するにあたり、テナントとして支店を出してみないかと松屋に打診したのは東武鉄道社長の根津嘉一郎《ねづかいちろう》でした。根津は東武鉄道のみならず、日本各地の鉄道建設・

経営を手がけ、鉄道事業以外にも、日清製粉やアサヒビール、富国《ふこく》生命などの設立や経営に関わっています。彼はまた、松屋の取締役にも名を連ねていました。

駅と商業施設が一体化した施設〝ターミナル百貨店〟は、当時の東京にはまだ存在していません。

ターミナル百貨店を日本で初めてつくったのは、現在の阪急電鉄です。阪急は、梅田駅と一体化した商業施設の阪急マーケットを大正一四（一九二五）年に開店させると、昭和四（一九二九）年、これを発展させる形で阪急百貨店にしています。

いまでこそ鉄道会社が百貨店事業をおこなうことが当たり前のようになっていますが、それは、当時の感覚ではまだまだ一般的ではありませんでした。ですから、根津は浅草駅に自前の〝東武百貨店〟をつくるのではなく、彼が取締役をしていた松屋という老舗百貨店に声をかけたのです。

それまで銀座や横浜に店を出していた松屋は、浅草という下町への出店を打診され、社内で相当揉《も》めたようですが、東京初のターミナル百貨店という新しい試みを決断します。

浅草は江戸期から町人の街として発展し、日本初の遊園地がオープンした土地でもあります。松屋の経営陣が、浅草進出に際して考案したのが、屋上遊園地でした。昭和三〇年代の高度成長期、百貨店の屋上には必ずと言っていいほど子供が夢中になれる遊戯施設がおかれていました。百貨店の屋上を憩《いこ》いの場にするという試みは、三越が明治四〇（一九〇七）年には始めていましたが、遊戯施設を設《もう》けるという発想はありませんでした。松屋がつくり出した日本初の屋上遊園地は評判を呼び、このアイデアが全国に波及します。

地下鉄が開業し、東武の駅ができ、交通の便が向上したことでターミナル百貨店が進出し、遅れていた都市化の波がようやく浅草にもやってきました。しかし、戦後の焼け野原と化した浅草で、松屋がいち早く営業を再開することができたのは、この地がすでに東京の中心ではなくなっていたために、進駐軍の接収をまぬがれることができたからです。

［写真 2-2］昭和初期、松屋浅草支店の屋上につくられた遊園地は、全国の百貨店の先駆けとなった。空中ゴンドラが見える。写真提供／松屋

戦後の系統改正で、**1系統**は浅草から姿を消します。南千住や浅草、蔵前の衰退と**1系統**から**22系統**へ転落は、けっして無関係ではありませんでした。

第三章　8系統

～東京の都市計画を体現した路線～

8系統

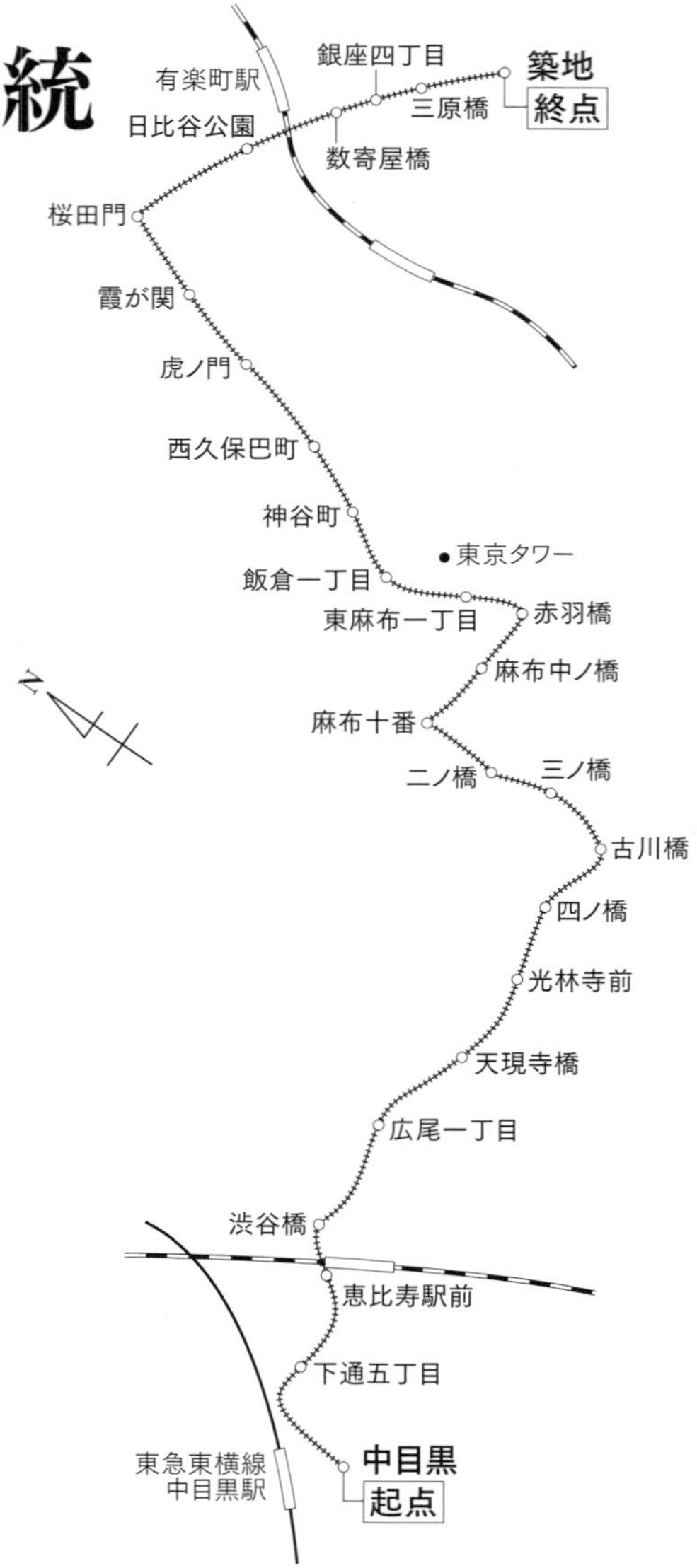

有楽町駅
銀座四丁目
築地
終点
三原橋
日比谷公園
数寄屋橋
桜田門
霞が関
虎ノ門
西久保巴町
神谷町
東京タワー
飯倉一丁目
東麻布一丁目
赤羽橋
麻布中ノ橋
麻布十番
二ノ橋
三ノ橋
古川橋
四ノ橋
光林寺前
天現寺橋
広尾一丁目
渋谷橋
恵比寿駅前
下通五丁目
東急東横線
中目黒駅
中目黒
起点

生糸が生んだ線路

東京の繁華街は、江戸期から栄えた日本橋や銀座から、のちに副都心《ふくとしん》と呼ばれる新宿や渋谷、池袋に移っています。第二章でも触れましたが、明治初期の渋谷は、東京府の桑茶政策の流れを受け、大名屋敷は一時的に茶畑へ転換されました。

そんな渋谷に鉄道の線路がやってきたのは、明治一八（一八八五）年です。当時、東海道本線は新橋―横浜間を結んでいました。鉄道の開業により、たくさんの物品が横浜港に運ばれ、舶来品が日本に入ってきます。一方、日本で生産した製品も容易に外国に輸出できるようになりました。

殖産興業を掲げていた明治政府にとって、輸出を増やして外需を拡大することは至上命題です。日本で外国製品と互角にわたりあえる産品といえば、上州《じようしゆう》（群馬県）で生産される生糸でした。殖産興業の一環として、明治五（一八七二）年に政府は官立の富岡《とみおか》製糸場を設立します。外貨獲得の武器である生糸の大量生産に取りかかったのです。

ところが、上州にはまだ鉄道がありませんでした。各地に鉄道で輸送するにも、はるばる上州から馬車や人力で新橋まで運んでくるのでは、大幅な時間のロスになります。また大量輸送にも向いていません。それまで利用していた舟運は、内陸地の上州では役に立ちません。

そこで政府は、東海道に敷設していた鉄道の線路を北に向ける方針を固めます。しかし、当時の政府に鉄道を敷設する資金力はなく、岩倉具視は日本の鉄道の第一人者である井上勝《いのうえまさる》と共同して、「日本鉄道」を設立します。この日本鉄道は、日本初の私鉄となりますが、無利子での資金提供や官有地の無償貸与など、政府からさまざまな便宜《べんぎ》が図られています。そのため、純粋な私鉄ではなく実質的には半官半民の鉄道会社、いまで言うところの第三セクターのようなものでした。

明治一六（一八八三）年、日本鉄道が上野—熊谷《くまがや》（埼玉県北部）間で開業しました。翌年には、上州の中心である高崎《たかさき》駅まで線路が延伸、現在のJR高崎線に相当する区間が生まれます。しかし、生糸を輸出する港のある横浜と上野の間は、まだつながっていません。上野まで運ばれた生糸は、馬車などにいったん積み替えられて、新橋駅で再び東海道本線に載《の》せられました。

高崎駅から上野駅まで鉄道輸送が可能になったことで、かなり輸送時間が短縮したことは事実です。それでも政府は、上野駅や新橋駅でおこなわれる積み替えのロスをどうにか解消することを検討しなければなりませんでした。しかし、新橋駅と上野駅の間は、江戸時代から市街化していた神田や日本橋といった街が広がっていました。ここに線路を通すのは困難です。

そこで日本鉄道は、明治一八（一八八五）年に赤羽《あかばね》駅から線路を分岐させて、まだ田畑だらけだった東京の西側エリアを通過し、品川駅で東海道本線に乗り入れする連絡線を建設することにしました。現在はＪＲ埼京《さいきょう》線や山手線の西側となっている、この連絡線ができたことで、生糸輸送は格段にスピードアップしました。

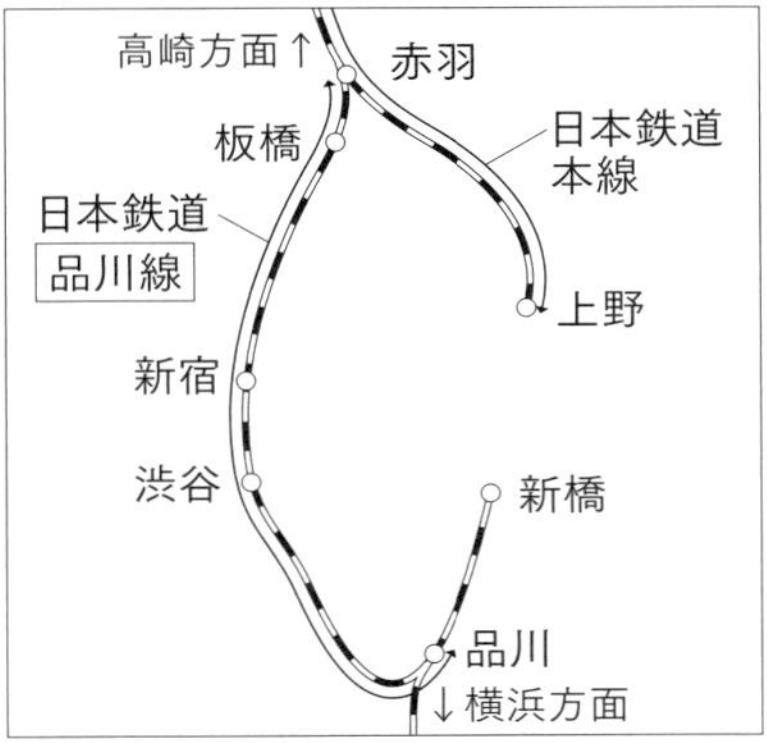

［図 3-1］明治一八年に品川線が通じると、上州と品川・横浜は直結した。しかし、上野―新橋間にまだ線路はない

連絡線には、日本鉄道「品川線」という名前がつけられ、板橋《いたばし》駅や新宿駅などが開設します。このとき、渋谷にも駅ができたのです。

農村地帯だった渋谷に駅が開設されたのには、現在の渋谷駅北側を通る大山《おおやま》街道（のちの国道２４６号）が大きく影響しています。大山街道は相模《さがみ》国の大山阿夫利《あふり》神社への参詣道としてにぎわっていました。大山街道と品川線が交差する場所、それが渋谷だったのです。

しかし、開業当日の渋谷駅は、利用者がゼロというありさまでした。いまでは想像もつかないことですが、駅の周辺に民家などはなく、鉄道を利用してどこかに出かけようなどという人は皆無だったのです。渋谷駅は誰も利用しないような駅から、いまや一日の利用者数が二〇〇万人を超える日本を代表するような巨大な駅へと変貌しました。渋谷駅の成長過程については第五章で詳しく述べますが、本章では、渋谷駅発展の導火線ともいうべき役割を果たした【中目黒《なかめぐろ》】—【築地】を結んだ**8系統**を見ていくことにします。

東京市区改正計画の申し子だった8系統

【中目黒】—【築地】を走る**8系統**は、**14系統**（第七章参照）と並び、異色の存在といえます。なにしろ、東急線や小田急線、京王線などの私鉄が地盤を固める山手線の西側に堂々と線路を延ばしているのです。

どうして**8系統**は、山手線の恵比寿《えびす》駅北側をくぐり抜けて、【中目黒】まで線路を敷いたのでしょうか。歴史を紐解《ひもと》けば、**8系統**は東京市が敷設した路線ではありません。もとは、「玉川電気鉄道《たまがわ》」（玉電《たまでん》）という鉄道会社が敷設した路線です。

玉電は、渋谷と現在の二子玉川《ふたこたまがわ》とを結んでいました。現在はその区間を東急の田園都市線が走っています。田園都市線は、いわば路面電車だった玉電を鉄道線にバージョンアップさせた路線といえるものです。

8系統が登場した経緯を知るには、当時の東京の社会的状況を見ておく必要があります。すこし玉電の歴史をおさらいしてみましょう。

第一章でも触れた銀座煉瓦街の計画により、東京の街は積極的に防火が推進されることになりました。防火政策の中心は建物の不燃化です。江戸時代まで、木造家屋ばかりだった東京は、防火政策でコンクリート製の建物が中心となりました。さらにコンクリート建築の増加に拍車をかけたのが、東京市区改正計画です。計画の大半は、実現しないままに終わりましたが、一部は実現しています。これにより、建物の不燃化をはじめコンクリートの需要が一気に増えました。

そんなコンクリート需要の高まりを察知し、多摩《たま》川の砂利を供給しようとしたのが、世田谷の資本家である渡辺熊之進《わたなべくまのしん》でした。渡辺は地元の政治家のバックアップも取りつけて、それを運搬するための電気鉄道を敷設することを政府に願い出ました。

渡辺は、多摩川に架かる二子橋《ふたごばし》あたりから、官庁が建ち並ぶ霞が関とは目と鼻の先にある三宅坂《みやけざか》付近に至る路線を計画しました。この区間に線路を敷くことができれば、手っ取り早く都心に砂利を届けることができます。

鉄道計画と同時に、渡辺にはもうひとつこだわりがありました。それはこの鉄道を電気鉄道で実現することでした。渡辺が玉電の計画を練っていた当時、東京の中心部ではすでに電気鉄道が走っています。ところが世田谷には、電気鉄道を見たことがない人たちがいっぱいいました。そうした状況下でありながら、渡辺は電気の力にこだわりました。

渡辺の強い信念は結実して、明治四〇（一九〇七）年に玉川電気砂利鉄道は開業を迎えます。当初に申請していた三宅坂までは認められませんでしたが、渋谷―玉川間まで線路を敷くことができたのです。申請していた玉川電気砂利鉄道という社名からは、〝砂利〟がはずれて玉川電気鉄道という名前で発足します。

すこしばかり計画を軌道修正させられましたが、渡辺の狙いはずばり的中して砂利輸送は玉電の主力になります。コンクリート需要が増えつづける大正九（一九二〇）年には、輸送力を増強するために全線を複線化するほど、砂利輸送は活況を呈しました。

このとき玉電は、全区間を独力で敷設するよりも、東京市電が通る区間では、その保有する線路を借りた方が効率的であると判断します。山手線の内側では、自社で線路を敷設せず、運行だけに専念しました。そこで、東京市電に直接乗り入れできるようにするために、軌間を東京市電と同じ一三七二ミリメートルに改軌することになります。東京をくまなくカバーする東京市電の線路を使い、玉電はあらゆるエリアに砂利を輸送することが可能になりました。

当時の世田谷は、軍関係施設が多数立地していましたから、これら関係者が玉電に乗るなど、旅客収入も少なからずありました。それでも、農村だった世田谷では電車に乗って出かける人は少数で、玉電の砂利輸送による収入は、経営を支える大きな柱でした。

しかし、多摩川の河川環境が悪化する問題を懸念する声が出はじめます。その原因として槍玉《やりだま》に挙がったのが砂利採取でした。昭和九（一九三四）年、宿河原《しゆくがわら》付近の砂利採取が禁止され、さらに二年後、二子橋より下流での砂利採取が禁止になり、玉電の砂利輸送も役割を終えました。

奇しくも玉電が砂利輸送を終了した昭和一一（一九三六）年、玉電の社長に東京横浜電鉄の五島慶太《ごとうけいた》が就任します。渡辺は、玉電開業前に工事の遅れの責任を取って辞任していました。これは事実上、玉電が東横の傘下《さんか》に入ったことを意味しました。

世田谷を高級住宅街に変貌させた電気の力

砂利輸送の終了とともに東横に吸収された玉電でしたが、玉電が開業した直後に世田谷を大きく発展させる出来事が起こります。それは電気という新しい文明がもたらしたものでした。

かつて電気の力に着目した渡辺が想定していたように、電車が世田谷を走ることで、世田谷にも電気が供給されることになったのです。まだ、東京でも中心部にしか電気がない状況下でしたから、それは世田谷が他の郊外地に比べ、いち早く〝都市化〟したことを意味します。

文化先進地域と目された世田谷には、大正二(一九一三)年、関東初の住宅分譲地がつくられます。これは玉電の株主でもあった東京信託株式会社が手がけたもので、世田谷は高級住宅街へと変貌しました。

関東大震災後、その高級住宅街化に拍車がかかります。渋沢栄一は、世田谷や目黒一帯の被災状況が軽微だったことに着目し、高級住宅街・田園調布の整備を始めました。

厳密にいえば、田園調布の住所は大田区《おおた》(かつての大森区《おおもり》)内で、東横線の田園調布駅も大田区にあります。しかし実は、駅から徒歩五分も歩かないところに世田谷区との区境があり、世田谷区にも玉川田園調布という町名があります。渋沢は行政区画にこだわらず、東京の南西地域を高級住宅街にしようと考えたのでしょう。田園調布のような住宅街をつくることを、渋沢は生涯最後の事業として取り組みました。渋沢の夢は実を結び、田園調布はいまや日本屈指の高級住宅街になっています。

二つの中目黒駅

８系統の始点となる【中目黒】は、駒沢《こまざわ》通りと山手通りが交差するから少し東に入った地点にありました。ここから山手通りを徒歩三、四分ほど入ったところが、東急東横線中目黒駅です。**８系統**の【中目黒】とは、すこし離れています。どうして、わざわざ離れた場所に電停を設置したのでしょうか。せっかく電停をつくるのなら、東急東横線の中目黒駅に併設すれば、乗り換えが便利ですし、多くの人が利用することにもなり経営的にもプラスのはずです。

玉電の【中目黒】が開設された約半年後に、東横電鉄の中目黒駅が誕生します。現在は渋谷駅と横浜駅とを結んでいる東急東横線ですが、当時はまだ渋谷駅まで線路が到達していません。そのため、玉電が【中目黒】まで線路を延ばした時点で、東横電鉄の中目黒駅は存在しませんでした。つまり、玉電が【中目黒】を東横電鉄の中目黒駅と別の場所に設置したのではなく、実は東横電鉄の中目黒駅が後からやって来たにすぎません。

しかし、東横電鉄の中目黒駅が完成したのは、【中目黒】開設からわずか半年後です。【中目黒】が開設された時点で、すでに東横の工事は始まり、計画も知らされていたでしょう。そうなると、玉電がその事実を知らなかったはずがありません。

玉電が【中目黒】をわざわざ離れた場所につくったのには、理由があるはずです。ひとつの要因として、玉電【中目黒】の目の前にあったアメリカンスクール・イン・ジャパンの存在が考えられます。アメリカンスクール・イン・ジャパンは明治三六（一九〇三）年に築地に設立された学校です。築地に外国人学校がつくられたのは、第一章でも述べたとおり、ここに居留地があったからでしょう。外国人たちは一家で住んでいたわけですから、子供たちを通わせる教育施設が必要でした。

このアメリカンスクール・イン・ジャパンが、芝浦《しばうら》を経て、昭和二（一九二七）年に移転してきたのが、中目黒でした。日本に住む外国人はまだ少なく、その多くは在日公館や貿易会社などで働く人たちです。東京に彼らが通えるような学校は、たくさんはありません。玉電が【中目黒】まで線路を延ばし、なおかつ東横電鉄中目黒駅から離れた場所に電停をつくったのは、まず移設されたアメリカンスクールの通学輸送という意味合いが強かったと考えられます。

しかしここで、玉電の線路を東横電鉄中目黒駅まで引き込むことはできなかったのかという疑問が残ります。

それには、玉電と東横との間の微妙な関係を考える必要がありそうです。玉電と東横は、昭和一一（一九三六）年に合併して同じ会社になります。とはいえ、これはけっして良好な合併ではありませんでした。

玉電と東横は、営業エリアが重複するライバル会社です。鉄道のみならず、百貨店などの事業でも両社はライバル関係でした。玉電は渋谷駅西側に百貨店を計画しますが、これは渋谷駅東側に百貨店を開業させている東横への対抗でもありました。もし玉電百貨店がオープンすることになれば、東横にとって脅威の存在になるでしょう。玉電と東横は、渋谷駅を挟んで西と東でしのぎを削っていました。玉電・東横ともに、お互いの駅を併設すれば、敵を利してしまうと考えたのではないでしょうか。

こうしたいくつかの理由が複合的に絡まった結果、東横と玉電の二つの〝中目黒〟が存在することになりました。東横と玉電はその後に合併し、さらに玉電の【中目黒】は、線路とともに都電へ譲渡されます。

いまや中目黒は、東京有数の人気エリアに成長しました。ただ、【中目黒】のあった地点に立つと、かつて玉電や**8系統**の始点がおかれた場所としては、いかにも中途半端なように感じられます。

実は、この先に駒沢通りを西へ延伸する予定があったのです。昭和一五（一九四〇）年、東京では皇紀二六〇〇年を記念してオリンピックが開催されることになっていました。ところが、日中戦争が勃発して、日本はオリンピックどころではなくなります。メイン会場に予定されていた駒沢公園まで延伸されるはずだった予定も、オリンピックが中止されたことで撤回されました。

昭和三九（一九六四）年の東京オリンピック開催時に、駒沢公園は整備されて、晴れてオリンピック会場として陽《ひ》の目を見ることになりましたが、**8系統**は三年後の昭和四二（一九六七）年に廃止されています。これにともない、【中目黒】も電停の機能を失います。

現在、当時の跡をしのぶものは何も残っていませんが、東京メトロ日比谷線が中目黒駅を起点としているのは、この**8系統**があったからでした。

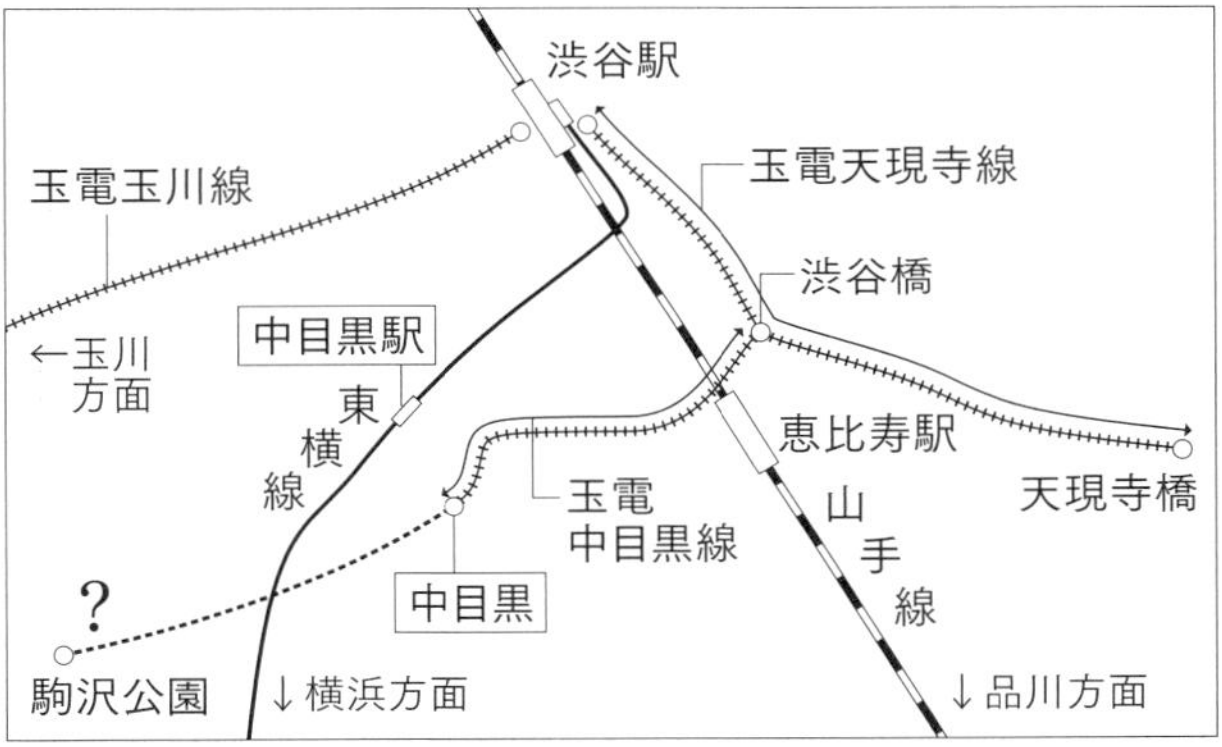

[図 3-2] 離れて設けられた、東横と玉電、〝二つの中目黒〟

[写真3-1] 玉電（都電8系統）の【中目黒】がおかれた駒沢通りより、ビルの谷間にある東横線中目黒駅（前方の高架上）を臨む。けっこう遠い

玉電、山手線の内側へ進出する

8系統の【中目黒】から、話を渋谷へと移します。

渋谷駅周辺がにぎわい始めるのは、大正中期頃です。それ以前の渋谷は、東京一五区内ですらなく、いまだ郊外でした。渋谷が東京市に編入されて、渋谷区になるのは昭和七（一九三二）年です。

ですから、東京の郊外・渋谷町の中心地としてにぎわっていたのは、現在の渋谷駅付近ではありません。恵比寿駅に程近い、明治通りと駒沢通りが交差する渋谷橋《しぶやばし》付近でした。この地点は目黒不動尊《めぐろふどうそん》の参詣道《さんけい》で、多くの人が行き交っていたのです。

明治一八（一八八五）年に開業した渋谷駅も、現在の場所からは南へ寄った場所にありました。渋谷駅が現在地に移転するのは、大正九（一九二〇）年になってからです。旅客も貨物も輸送量が増大し、駅が手狭《てぜま》になったことが理由です。このとき旅客駅を北側の現在地に移転すると同時に、高架線に切り替えられました。これで山手線によって分断させられていた市電と玉電の線路は、物理的に接続することが可能になります。

玉電は、悲願の山手線内側への進出を試みます。渋谷駅の下をくぐり抜けて、明治通りを南下して、渋谷橋交差点に設けられた【ゑびす駅前】へ到達します。それが、大正一一

（一九二二）年のことです。さらに、二年後には【天現寺橋《てんげんじ》】まで延伸して、市電と接続することになりました。

これにより、【渋谷駅前】から【天現寺橋】までの区間は、玉電の「天現寺線」になりました。昭和二（一九二七）年には、【ゑびす駅前】から分岐し、恵比寿駅の下をくぐり抜けて【中目黒】に至る路線を開設します。この「中目黒線」では、恵比寿駅西口に電停が設置されて、新たにこちらが【恵比寿駅前】になりました。そして、旧【ゑびす駅前】は、【渋谷橋】に改称されます。

天現寺橋線によって山手線の内側に進出した玉電でしたが、それからは自社線ではなく東京市電の線路を通じて、東京の中心部である日本橋や銀座を目指しました。しかし、東横の傘下に入ると、昭和一三（一九三八）年には、天現寺線と中目黒線の運行を東京市に委託してしまいます。

委託された中目黒線と天現寺線が正式に都電となったのは、昭和二三（一九四八）年でした。玉電の悲願だった山手線内側への進出は、紆余曲折を経て、都電に組み込まれるという形で幕を降ろしたのです。

麻布御殿《あざぶごてん》と一之橋《いちのはし》

【渋谷橋】を越えた**8系統**は、明治通りをひたすら東へと走ります。この路線は、現在の東京メトロ「日比谷線《ひびやせん》」とほぼ同じところを走っていますが、【広尾一丁目】を過ぎたあたりで、日比谷線の通る路線と分かれます。再び**8系統**と日比谷線とが同じルートをたどるのは、【神谷町《かみやちよう》】あたりからです。

日比谷線からはずれることになった**8系統**のルートには、昭和三〇年代から〝夜の街〟の代名詞にもなった麻布《あざぶ》があります。港区の中央に位置する麻布は、明治一一（一八七八）年に麻布区として誕生し、明治二二（一八八九）年に東京市が発足すると、東京一五区のひとつとなりました。

麻布区が東京市に組み込まれるにあたって、行政と地域住民との間で一悶着《ひともんちやく》起きました。もともと東京市一五区が制定されたとき、その枠組みから麻布広尾町がはずされて南豊島郡《みなみとしま》に属したのです。麻布広尾町の住民たちは、「郡部に編入されたら、郵便の配達が遅れるばかりか、持ち込み税も課せられてしまう」と嘆きました。昭和七（一九三二）年に晴れて東京市内になりますが、それまで麻布広尾町は〝田舎〟を甘受《かんじゆ》しなければなりませんでした。これがいまの渋谷区広尾です。

【広尾一丁目】の次の電停、明治通りと外苑西《がいえんにし》通りが交差する地点が【天現寺橋】です。旧玉電の終点です。明治通りに沿って流れる渋谷川は、この天現寺橋から古川《ふるかわ》と名前を変えます。ここから先、電停は【四ノ橋】【三ノ橋】【二ノ橋】【一ノ橋】と数字のついた橋の名前がつづいていました。

江戸時代、いまの南麻布三丁目に将軍家の別荘地がありました。それは白銀《しろがね》御殿《ごてん》、また麻布御殿と呼ばれましたが、江戸城から御殿へ行くには、どこかで古川を渡らなければなりません。そこで最初に架橋されたのが一之橋《いちのはし》でした。古川は何度もの河川工事で川の流れは変えられていますが、一之橋から始まって、古川沿いには現在も数字のつく橋が並んでいます。ちなみに【一ノ橋】の電停名は、8系統が廃止される直前の昭和四二（一九六七）年六月に【麻布十番《じゅうばん》】へと改称されます。

〝陸の孤島〟となった麻布の都市伝説

戦後にはデベロッパーの開発が進み、この地を都電が縦横無尽に走ることになります。**8系統**のほかにも、**3系統**は【東麻布】、**4系統・5系統・34系統**は【麻布十番】や【麻布中ノ橋】、**6系統・7系統**は【西麻布】といった具合に、東京という街にとって、麻布は〝扇《おうぎ》の要《かなめ》〟のような場所になったのです。ところが都電が次々に廃止されると、長らく麻布には地下鉄の駅が存在せず、一転して〝陸の孤島〟になりました。

現在の麻布には、東京メトロ「南北線」と都営「大江戸線」の二路線が走っています。これら地下鉄の麻布十番駅が開業したのは、平成一二（二〇〇〇）年ですから、長らく麻布に駅はなかったのです。

なぜ、麻布に地下鉄の駅ができなかったのでしょうか。都電8系統とほぼ同じルートを走っている日比谷線さえも、麻布を避けるように大きく迂回《うかい》しています。不思議と言えば不思議です。不可解な状態が憶測を呼び、「本来、日比谷線は麻布を通る予定だったが、地元住民の猛烈な反対によってルート変更することになった」という〝都市伝説〟が生まれるまでになりました。

東京の地下鉄に限らず、この手の話は日本各地に存在します。その多くは、鉄道が走ると煤煙《ばいえん》や騒音で付近の住民が迷惑する、汽車の吐き出す火の粉《こ》が火事を引き起こす、宿場町から宿泊客がいなくなって町が荒廃する、などといった理由から鉄道の敷設に反対したというものです。細部は異なりますが、「反対運動のために駅は別の街につくられることになり、結果として駅のできた街は栄え、おらが村は衰退した」といった、おおむねこんな内容の話が全国に流布しています。麻布に地下鉄駅ができなかった都市伝説もその一種といえます。

しかし、鉄道が反対運動によってルートを変更することなど本当にあったのでしょうか。実のところ、明確に鉄道に反対した史料は残っておらず、住民たちが反対した形跡もありません。鉄道や都市学の研究者たちは、この種の話を根拠のない俗説とし、〝鉄道忌《き》避《ひ》伝説〟と呼ぶようになりました。鉄道忌避伝説は、地元の小学校などで使われる歴史の副読本に書かれている記述が流布し、定着したものだと考えられています。

営団地下鉄の歴史や日比谷線の建築記録を確認しても、麻布の住民たちが駅の設置に反対をしたという記述は、やはり見当たりません。

「通常、社史のような公式記録では、制作者側にとって不都合な事実は記載しないから、揉《も》み消されてしまったのでは」というような〝陰謀説〟を主張される方もいらっしゃいます。

しかし、東京メトロの公式記録や建設史には、有楽町《ゆうらくちょう》線の小竹向原《こたけむかいはら》駅と氷川台《ひかわだい》駅間において地下に線路を敷設するにあたって大きな反対運動があったこと、東西《とうざい》線の九段下《くだんした》でも反対運動によって工事が遅れたことが記載されています。特に半蔵門《はんぞうもん》線の建設に至っては、東西線同様に九段下付近で根強い反対運動がありました。これは、営団地下鉄のオフィシャルな記録である『東京地下鉄道半蔵門線建設史（渋谷〜水天宮）』にも明記されています。

そうしたことを踏まえると、麻布に駅ができなかったことは、偶然に偶然が重なったためといえそうです。

東京天文台がもたらした鉄道の定時運行

また、麻布には、いまや私たちの生活や鉄道運行に欠かせない事象をつかさどる政府機関がありました。それが、東京天文台です。明治時代、天文の観測は軍事に大きな影響を与えることから、国家の所管になっていました。

高層ビルが建ち並ぶいまとなっては、麻布で星空を観測することは難しくなっています。東京天文台は、前身である海軍省の観象台《かんしょう》がこの地にあったことから、ここでずっと観測をつづけてきました。明治期は、海軍省のほかにも内務省や東京帝国大学に天文や暦をつかさどる部局がありました。それらを集約統合したのが東京天文台です。

市区改正などで東京が市街化すると、麻布での天文の観測に不都合が生じるようになりました。そこで、東京天文台は、関東大震災で施設が崩壊したのを機に、大正一三（一九二四）年から、西の郊外地・三鷹《みたか》に新たな場を求めます。

　東京天文台には、気象を観測するだけでなく、もうひとつの重要な役割が課せられていました。それが時間の管理です。第一章でも触れましたが、現代の日本鉄道は一分の狂いもなく運行されています。その正確性は世界でも類を見ないほどです。明治に改暦されたのも、それまでの太陰暦では正確な鉄道運行ができないからでした。

　しかし、いくら改暦が実施されても、庶民に時間の感覚がなければ意味がありません。改暦されたばかりの頃は市民の間に一分という時間感覚が薄く、時計は普及していませんでした。江戸時代、庶民は寺が撞《つ》く鐘《かね》の音によって時刻を把握していました。江戸で時刻を知らせる鐘を撞く役を担ったのは、上野の寛永寺です。

　寛永寺の音を聞いてから、東京の各地域の寺がさらに鐘を撞きます。こうして、江戸中の町の人たちは、かろうじて時間を把握していましたが、この方法では、寛永寺から遠く離れた地域との時差は、想像もつかないほど大きなものだったでしょう。

　明治四（一八七一）年には、旧江戸城本丸跡に設置された大砲を撃《う》つことで、正午を知らせるシステムが始まりました。正午を知らせる大砲は午砲《ごほう》と呼ばれるもので、その音から〝ドン〟という愛称でも親しまれました。

午砲が開始された当初、担当したのは兵部省です。明治五（一八七二）年に兵部省が廃止されると、陸軍省が担当を引き継ぎます。大正一一（一九二二）年、陸軍省は経費削減を理由に午砲から手を引くことを表明しますが、これを東京市が継続します。最終的に午砲が廃止されるのは、七年後の昭和四（一九二九）年でした。

午砲が廃止されると、正午を知らせる合図は、経済的なサイレンに切り替えられます。そのサイレンは東京に三カ所設置されましたが、そのひとつが愛宕山《あたごやま》の日本放送協会（NHK）にありました。

一般家庭における時計普及率が一〇〇パーセント近くになるのは、実に昭和三〇年代の後半になってからです。サイレンに切り替わるまでの七年のあいだ、東京市が予算を組んでまで〝ドン〟を継続させたことは、すでに時間の正確性が市民生活に不可欠なものとなっていた状況を教えてくれます。

それでは、午砲を撃つ兵部省や陸軍省、東京市の職員たちは、どのようにして時間を把握していたのかといえば、東京天文台から電信による連絡を受けていました。つまり、東京天文台がなければ午砲を撃つことができず、市民は時間を把握できませんでした。

鉄道の正確な運行に太陽暦が必要不可欠だったことは、すでに述べましたが、東京天文台の存在がなければ、市民の間に時間という概念が定着することはありませんでした。また、いくら時間を正確に把握できても、それをきちんと守るという概念が生まれなければ意味がありません。そのどちらが欠けても、正確な鉄道運行を実現できなかったのです。

“電波塔の父”内藤多仲《ないとうたちゅう》

【麻布十番】を過ぎると、**８系統**の車窓には、天空にそびえる東京タワーが迫ってきます。昭和三三（一九五八）年に竣工《しゅんこう》した東京タワーは、昭和史には欠かせない東京のシンボルです。

観光名所として、修学旅行の定番にもなっていた東京タワーですが、その役割は首都圏のテレビやラジオの電波を送信する総合電波塔でした。昭和二八（一九五三）年、日本テレビとNHKがテレビ放送を開始すると、昭和三〇（一九五五）年には、ラジオ東京（いまのTBS）がラジオ放送を開始し、さらに、日本教育テレビ（いまのテレビ朝日）、富士テレビ（いまのフジテレビ）が開局を控《ひか》えていました。

当時、テレビ局やラジオ局は、局ごとに各々がアンテナを立てていました。これでは、電波塔が乱立してしまい、都市景観としてよくありません。そんな批判が出たため、電波行政を所管する郵政省が音頭を取って、民間資本によって日本電波塔株式会社が設立されたのです。総合電波塔の建設地には、国の中枢機関が集まっていることや各テレビ局からの距離、地盤、交通渋滞、ゴミ問題などが勘案《かんあん》されたようです。さらに、羽田《はねだ》空港に近く、海外からの観光客を呼び込みやすいという点も有利に働きました。

建設地が決まり、東京タワーの設計は内藤多仲《ないとうたちゅう》が手がけることになりました。内藤は、名古屋のテレビ塔や大阪の二代目通天閣《つうてんかく》を設計した、〝電波塔の父〟ともいわれる人物です。内藤が手掛けた東京タワーは、開業が高度経済成長にさしかかっていた時期とも相まって、東京のシンボルとして神格化されていきました。

明治より、日本が文明国であることを諸外国に示すため、公共建築物にはことさらデザイン性が求められていました。その時代、建築家として不遇を過ごした内藤は、建築意匠ではなく、構造設計に活路を見出します。しかし、当時の東京において、防災といえば防火を意味し、耐震についてはまったく考慮されていませんでした。

関東大震災が起きると、状況は一変します。内藤が専門にしていた構造設計が脚光を浴びたのです。彼はのちに〝耐震構造の父〟とも呼ばれます。日本放送協会がその評判を聞きつけて、ラジオ放送を送信するための電波塔を設計してほしいと依頼してきました。

関東大震災は東京を破壊しただけではなく、全国にさまざまな風説を撒《ま》き散らします。なかには政府が対応しなければならなくなるほどの混乱も起きました。大震災の経験を通じて政府は正確な情報発信の重要性を痛感していました。そこで政府は、ラジオ放送による情報伝達を構想しますが、その開設には電波塔を建設しなければなりません。電波を広い範囲で飛ばすには、電波塔は高台《たかだい》に設置することが条件でした。

こうして、かねてより高台の名所となっていた愛宕山に白羽の矢が立てられました。大正一四（一九二五）年、愛宕山に日本放送協会のラジオ塔が建設されます。四五メートルの高さを誇る鉄塔は、すぐにも名所になりました。

のちにサイレンがおかれることにもなった愛宕山は、日本の通信文化史において、忘れることのできない場所であったことがわかります。

日本放送協会の電波塔を愛宕山につくり、のちに東京タワーも手がけた内藤は、建築界の革命児でしたが、それと同時に、時間と情報という二つの分野でも日本の発展に大きく関わったことになります。

明治国家をつくるための第一歩――霞が関

港区と千代田区の区境でもある【虎《とら》ノ門《もん》】を越えると、8系統は日本の中枢ともいわれる官庁街の霞が関エリアに入ります。〝霞が関〟といえば、官庁街やそこで働く官僚たちを示す暗喩《あんゆ》としても使われるほどですが、当然ながら、江戸時代からこの場所に官庁が立ち並んでいたわけではありません。

江戸から明治に時代が移り、政治体制は大きく変わりました。政治体制が変貌を遂げても、すぐに東京の街が変わるわけではありません。周辺には大名屋敷が点在しており、いまだ明治政府の政務は、これら各々の大名屋敷でそれぞれ執《と》りおこなわれていたのです。大名屋敷は政治の場でありながら、大名やその家臣たちの生活の場でもありましたから、仕事と寝食の場が同一であることで公私の区別がつきにくくなります。近代国家の役所として、このような状況は好ましくなかったようです。

それを改善しようという指摘は、明治三(一八七〇)年頃から挙がりはじめます。明治八(一八七五)年には、工部《こうぶ》省が官庁集中計画をまとめましたが、その計画は、いつの間にか消えてしまいました。官庁街をつくろうという機運が高まるなか、政府は開国時に諸外国と結んだ不平等条約の改正に必死でした。諸外国が不平等条約を改正する条件として突きつけたのは、先進国にふさわしい法の整備でした。

江戸時代の幕藩体制から明治に時代が移った当初、政治体制は奈良時代の太政官制を採用していました。一〇〇〇年も昔のシステムが時代に対応できるわけもなく、明治に入って一〇年も経たないうちに早くも機能不全に陥ったのです。

明治一八（一八八五）年に太政官制が廃止されると、政治体制は内閣府制に移行し、行政を担当する内閣、立法を担当する議会、司法を担当する裁判所という三権分立が進められていきます。そして明治二三（一八九〇）年、帝国議会と裁判所が設立されて、体面上は三権分立が確立しました。

現在、立法機関である国会、行政機関である内閣や各省庁、裁判所の各施設は、いずれも霞が関と永田町に集中しています。では、どのような経緯から、霞が関に国家機関が集中することになったのでしょうか。

井上馨と臨時建築局

第八代東京府知事・芳川顕正《よしかわあきまさ》を中心に、市区改正委員会のメンバーが、侃々諤々《かんかんがくがく》の議論を交わしていた明治一六（一八八三）年頃、お雇い外国人として来日していたイギリス人建築家・ジョサイア・コンドルに設計させた鹿鳴館が、日比谷の一画に落成しました。

鎖国が解けたこともあり、海外から多くの外交官や賓客《ひんきゃく》が訪れるようになりました。外務卿だった井上馨は、彼らをもてなすための鹿鳴館を建造させると、次に取りかかったのが官庁集中計画でした。銀座煉瓦街計画など、都市計画に関心の高かった井上は、日比谷に一大官庁街をつくることを構想しました。

当初、井上は鹿鳴館の設計を担当したコンドルに官庁集中計画も担当させようとしましたが、彼のプランは井上を満足させることができませんでした。井上の外交手腕をサポートした青木周三《あおきしゅうぞう》は、エンデとベックマンをリーダーとする大量のドイツ人を招聘《しょうへい》することを提言します。

誕生したばかりの伊藤博文内閣に、井上は外務大臣で入閣していました。井上は外務の中心として欧化政策を強力に推進する一方で、〝官庁集中〟を実現するために内閣府直属の「臨時建築局」を発足させることを伊藤に求めました。臨時建築局とは、要するに官庁集中計画を担当する特命の部署です。

井上の都市計画に対する執念は伊藤を動かしました。というより、当時の内閣で井上よりも都市計画に関心が高かった人物はいませんでした。臨時建築局総裁には、彼が外務大臣との兼任という形で就任します。そして井上は、警視総監だった三島通庸《みしまみちつね》を副総裁兼任という形で抜擢《ばってき》しました。

東京をめぐる内務省 VS 外務省の対立

井上馨と三島通庸は、銀座煉瓦街計画でタッグを組んだ実績がありました。もちろん井上が三島を起用したのは、それだけの理由ではありません。銀座煉瓦街を建設した後の明治七（一八七四）年、三島は酒田《さかた》県令（のちに山形県の一部）に任命されます。酒田県令に就任した三島は、この地に数多くの西洋風の建築物を建てます。その後、山形県令にスライドしてからも、三島は西洋風建築物を県内いたるところに建てました。

しかし、実際に建設に携わった職人たちは西洋建築を学んでいたわけではありません。これまでの和風建築の技術しか持ち合わせていませんでしたから、三島がつくらせた建築物は、一見すると西洋風で、中身は和風というものでした。そのため、これらの建物は〝擬《ぎ》洋風建築〟と呼ばれています。山形県内にはこうした擬洋風建築がいまでもたくさん残っています。

さらに三島は、公共工事を濫発《らんぱつ》して幅の広い道路を建設したり、病院や学校といった社会に必要なインフラを公共工事という手法で実現したりしました。あまりにも短期間で整備を進めたことから、〝鬼県令〟〝土木県令〟と県民から恐れられたようです。

山形県令の後、三島は福島、栃木の県令を経て内務省に復帰します。内務省は、明治六(一八七三)年に大蔵省から分離する形で発足した省庁です。当時、もっとも強大な権限を有していた省庁は大蔵省だったのですが、あまりにも権限が大きすぎるので、分権させる目的で内務省が設立されたのです。それでも新たにつくられた内務省は、地方行政や警察行政、殖産興業、交通、通信、土木建築といった幅広い分野を所管しました。

ところで、外務大臣である井上が、内務官僚だった三島を抜擢することは、一見すると不思議に思えるかもしれません。しかし、銀座煉瓦街でパートナーを組み、山形県令時に三島が推進した〝西洋化〟は、まさに井上の官庁集中計画の思惑と一致したのでしょう。

一方、内務省では東京府知事の芳川顕正を中心にして東京市区改正計画が練《ね》られています。内務省が進める市区改正、内閣臨時建築局の看板で外務省が進める官庁集中――この二つの計画は、東京というステージで火花を散らしたのです。

ライバル関係にあった外務省の計画に、内務官僚である三島が引き抜かれるとなれば、内務省から怒りの声が出るのは当然です。当時内務大臣だった山県有朋《やまがたありとも》は三島の副総裁への就任に抗議しますが、結局は井上に押し切られました。

さらに、三島が臨時建築局副総裁に就任したことで、内務省が主導した市区改正計画は中断に追い込まれてしまいます。畳《たた》みかけるように、井上は内務省が練り上げた市区改正の実行権限まで、臨時建築局に移譲するように求めました。さすがに、そこまでのゴリ押しを内閣は認めませんでしたが、山県・芳川の内務省と井上・三島の外務省の対立は、鮮明になります。しかし、情勢はすでに井上・三島コンビに傾いていました。内務省陣営は、官庁集中計画が進んでいくのを眺めているしかありませんでした。

井上は、エンデとベックマンが練った計画をもとに、次々と東京の都市改造プランを打ち出します。さらに、エンデとベックマンの先輩格にあたるドイツ人技師・ホープレヒトまで日本に呼ぶ力の入れようでした。

官庁集中計画に傾注し、順調に事を進めていた井上でしたが、転機は突然訪れます。明治一九（一八八六）年に外務大臣として彼の本来の任務だった不平等条約改正の交渉が失敗に終わるのです。世論は井上を追及し、その責任問題にまで発展します。閣僚たちから、井上辞任を求める声が出はじめました。

井上は外務大臣のみならず臨時建築局総裁も辞任させられました。主を失った臨時建築局が存在する理由はなく、官庁集中計画は未完のまま、再び内務省へと引き渡されます。

最終的にエンデとベックマンが練った官庁集中計画の中で実現したものは、司法省（いまの法務省）と裁判所の二つだけでした。それ以外の計画は白紙に戻され、臨時建築局も内務省に移管されて三年後、正式に廃止されます。

それでも、霞が関に日本の国家機関が集中しておかれたのは、井上らの官庁集中計画の賜物《たまもの》であったといえます。

阪神《はんしん》電鉄の〝奇策〟を後押しする

【桜田門】を通過した8系統は、国道二〇号線でもある内堀《うちぼり》通りを大きく東に曲がります。すると、右手に日比谷公園が見えてきます。官庁街の一画にある日比谷公園は、いまも霞が関の官僚のみならず近隣のオフィスで働く人々のオアシスになっています。日比谷公園は、市区改正計画で実現した数少ない功績のひとつでした。

井上が失脚したことで、市区改正計画は内務省の手に戻ってきました。すぐに芳川は、作業を再開させますが、その手始めが市内に公園をつくることでした。

日比谷公園がつくられた場所は、それまで陸軍が所有する日比谷練兵場《れんぺいじょう》として用いられていました。その練兵場を公園にすることが決定されたのは、明治二一（一八八八）年です。これを提案したのは、内務省の古市公威《ふるいちこうい》でした。

古市は内務省の技師として土木を担当していましたが、鉄道にも造詣《ぞうけい》が深く、早くから電気鉄道の有益性を見抜いていた人物です。古市が電気鉄道の将来性を見抜いていたことを示すものとして、彼の逓信《ていしん》省時代のエピソードがあります。

いまや大手私鉄に名を連ねる阪神《はんしん》電鉄は、現在こそ『鉄道事業法』にのっとって運行されていますが、開業当時は『軌道条例』（のちの『軌道法』）による認可を受けていました。法律的な面だけから見れば、阪神は都電と同じように路面電車でした。

阪神電鉄が『軌道条例』による認可を受けた理由には、いくつか考えられます。この鉄道は大阪や神戸などの資本家により設立されますが、当時の大阪と神戸といえば、東京を凌《しの》ぐ大都市であり、ここに敷かれる鉄道は、経営的な観点からも〝稼《かせ》げる〟路線でした。

しかし、大阪―神戸間には、すでに官営の東海道本線が走っていました。この人口が多く、利用者がたくさん見込める区間から得られる利益を政府が独占していたのです。そこに私鉄が割って入ることを政府が簡単に許可するはずがありません。

阪神の初代社長だった外山脩三《とやましゅうぞう》は、『軌道条例』で認可を受けるアイデアを思いつきます。この法令で認可を受けるということは、阪神は路面電車であることを自己申告したようなものでした。いくら東海道本線と同じ大阪―神戸間を並走するとはいえ、路面電車ならライバルにならないと踏んだ政府は、阪神電鉄に敷設の許可を出しました。

すると外山は、『軌道条例』を拡大解釈し、区間の一部のみを併用軌道にして、他は東海道本線と同じような専用軌道で敷設します。そのため、一部の区間のみが道路上に敷設されているだけでした。要するに、電化された一般鉄道が登場したわけです。

当然、阪神のやり方に政府がいい顔をするはずがありません。ところが、管轄《かんかつ》省である逓信省内にあって、これを後押ししたのが古市でした。土木や港湾などの技術や知識に長《た》けていた古市は、電気鉄道が将来的に都市のインフラとして大きな役割を担うことを予見していたのです。阪神の〝奇策〟は、古市公威という理解者を得て認められました。

ちなみに古市は、銀座線を建設した東京地下鉄道が発足した際に、その初代社長に迎え入れられています。地下鉄にも将来性を感じていたのでしょう。古市は銀座線の開業しか見ることができずに没しましたが、現在の東京メトロの隆盛を見ると、その先見性の明るさには驚かされるばかりです。

デビュー作が日比谷公園

市区改正委員会で古市が提案した日比谷公園の話に戻りましょう。井上の官庁集中計画の残滓《ざんし》だった司法省と裁判所だけが練兵場跡地に建てられましたが、それ以外は公園にされることが決まりました。

[写真3-2] 明治末期の日比谷交差点。左手の緑地ができたばかりの日比谷公園。奥にあるのが、エンデとベックマンによる司法省

とはいえ、どのような公園をつくるのかといった設計図は、白紙のままでした。国家的行事を催行するのにふさわしい場を想定していたわけですから、そう簡単には進みません。東京市は、設計者に辰野金吾《たつのきんご》を起用します。数々の功績を残したコンドルの愛弟子でもあった辰野は、日本では西洋建築の第一人者でした。ただ、辰野には造園学の知識がなかったようです。困った辰野は、多摩川の水源調査に従事していた本多《ほんだ》静六《せいろく》にその設計を任せてしまいます。

本多は造園学に詳しく、東北地方の鉄道が暴風雪などで運休してしまう事態を打開する策として、線路脇

に木を植える防雪林の計画を手がけた実績がありました。つまり、木のことなら本多ではないかというだけで、白羽の矢が立ったものと思われます。実際は、本多もまた、公園の設計をした経験がなかったのです。結果として、その造園デビュー作が市区改正計画のシンボルとなる日比谷公園という、幸運が本多にもたらされました。その後、彼は〝公園の父〟といわれるほどの造園学の大家になりました。

明治三六（一九〇三）年にオープンを迎えた日比谷公園は、日露戦争後のポーツマス条約に反対する集会が開催されるなど、東京でも代表的な公共空間として認められます。また、関東大震災では、深川《ふかがわ》区や本所《ほんじょ》区で発生した火災がこの緑地で堰《せ》きとめられるという、防火機能の役割も果たしました。古市らの努力は十分に報われました。

日比谷公園の横を通りすぎると、まもなく都電は山手線のガード下をくぐり抜けます。現在の日比谷線と同じルートをなぞるように、銀座の街を突き抜けて、終点【築地】に到着します。日比谷線はさらに線路が延びていますが、**8系統**はここが終点でした。こうしてたどってみると、**8系統**は、東京の都市計画の歴史を垣間《かいま》見ることのできる路線といえそうです。

第四章

13系統

～新宿に繁栄をもたらした路線～

13系統

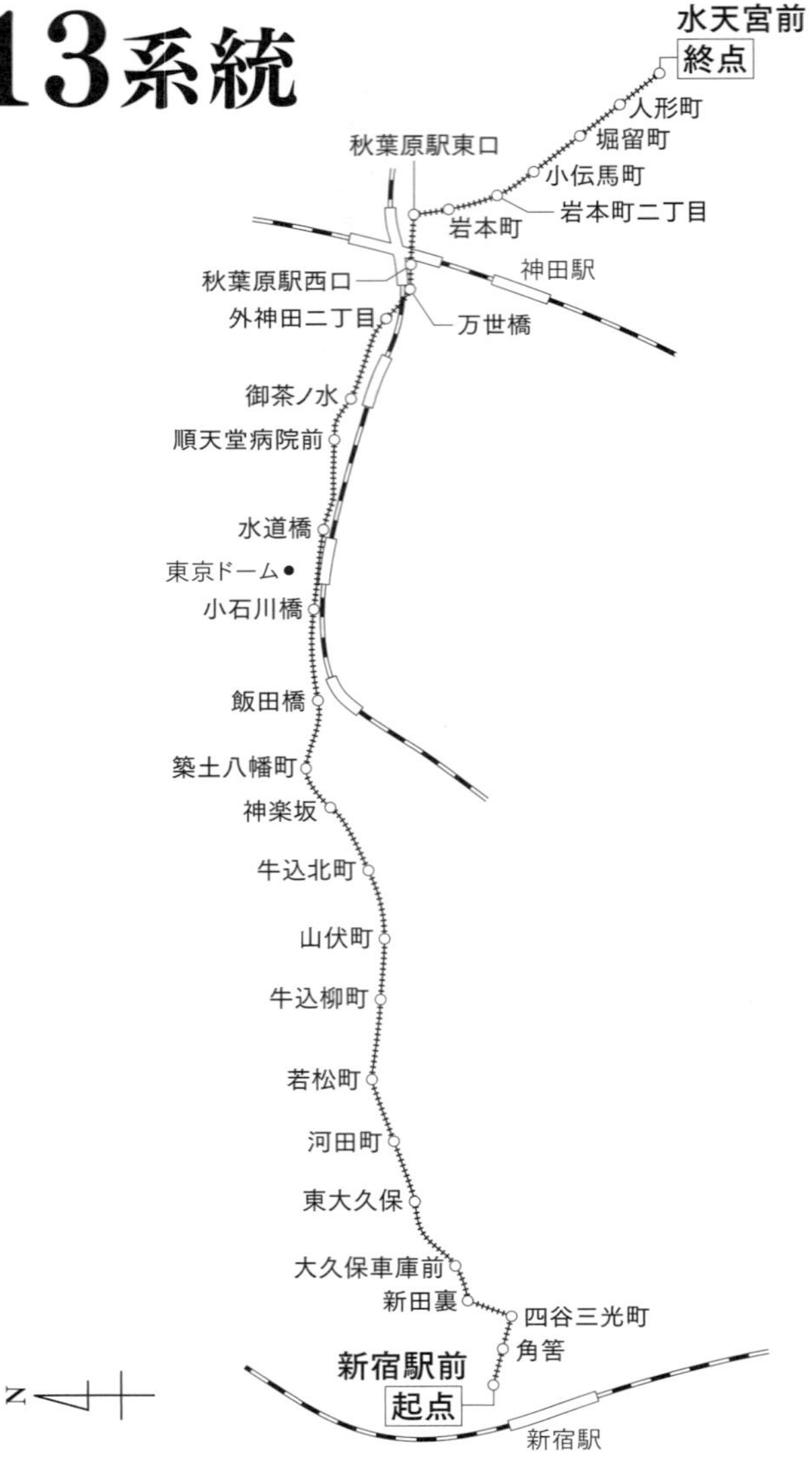

水天宮前
終点
人形町
堀留町
小伝馬町
岩本町二丁目
岩本町
秋葉原駅東口
神田駅
秋葉原駅西口
外神田二丁目
万世橋
御茶ノ水
順天堂病院前
水道橋
東京ドーム
小石川橋
飯田橋
築土八幡町
神楽坂
牛込北町
山伏町
牛込柳町
若松町
河田町
東大久保
大久保車庫前
新田裏
四谷三光町
角筈
新宿駅前
起点
新宿駅
N

郊外から都心へ――電気鉄道が切り開いた街・新宿

明治一八（一八八五）年、日本鉄道品川線の開通と同時に、新宿駅が開業しました。このとき、新宿駅とともに、渋谷駅や板橋駅、目白《めじろ》駅も開業しています。

駅がつくられると、街は発展を始めます。その後の新宿は一貫して東京の一大ターミナル駅として君臨し、駅周辺は日本を代表する繁華街でありつづけました。いまや新宿駅の一日の乗降客数は世界一です。

その新宿駅にアクセスするために設けられた電停が【新宿駅前】です。【新宿駅前】からは、**11系統**、**12系統**、**13系統**の三路線が発着していました。

【新宿駅前】といえば、多くの都民は「靖国《やすくに》通り」にあったと記憶しておられるでしょう。東京市電時代の【新宿駅前】は、より駅に近い「新宿通り」にありました。ところが、道路幅の狭い新宿通りでは、いくつもの都電が走ることは不可能です。増える都電の需要に対して、発着本数を増やさなくてはなりません。道幅の広い靖国通りに新宿の電停を集約統合して一大ターミナルにしたのが、昭和二四（一九四九）年。電停の歴史としてはかなり浅い部類に属します。

新しくつくられた靖国通りの【新宿駅前】からは、**11系統**、**12系統**が発着するようになりました。この時点では、13系統だけが、ひとつ手前の【角筈《つのはず》】から発着していました。13系統も【新宿駅前】から発着するようになるのは、五年後の昭和二九（一九五四）年からです。

現在、〝新宿〟といえば、新宿駅を中心とする広い範囲を指していますが、かつての新宿といえば、内藤《ないとう》新宿を意味しました。一方で新宿駅寄りのエリアは、角筈と呼ばれていました。これが、電停名に残ったわけです。

内藤新宿とは現在の新宿三丁目駅あたり、追分《おいわけ》の東側に伸びるエリアです。一方、新宿駅が立地している場所は、行政区域的には南豊島郡と呼ばれるエリアでした。南豊島郡は明治二九（一八九六）年に東《ひがし》多摩《たま》郡と合併し、豊《とよ》多摩郡になります。まだ新宿駅一帯は東京市には組み込まれていません。新宿駅の住所が、東京三五区内である淀橋《よどばし》区になるのは、昭和七（一九三二）年まで待たなければなりません。

新宿駅が、日本でも有数の繁華街をともなった巨大ターミナル駅に成長した要因は、何だったのでしょうか。その要因はさまざまありますが、そのひとつに東京市電があったことは間違いありません。

新宿に電気鉄道が初めて走ったのは、明治三六（一九〇三）年です。東京市電の前身で

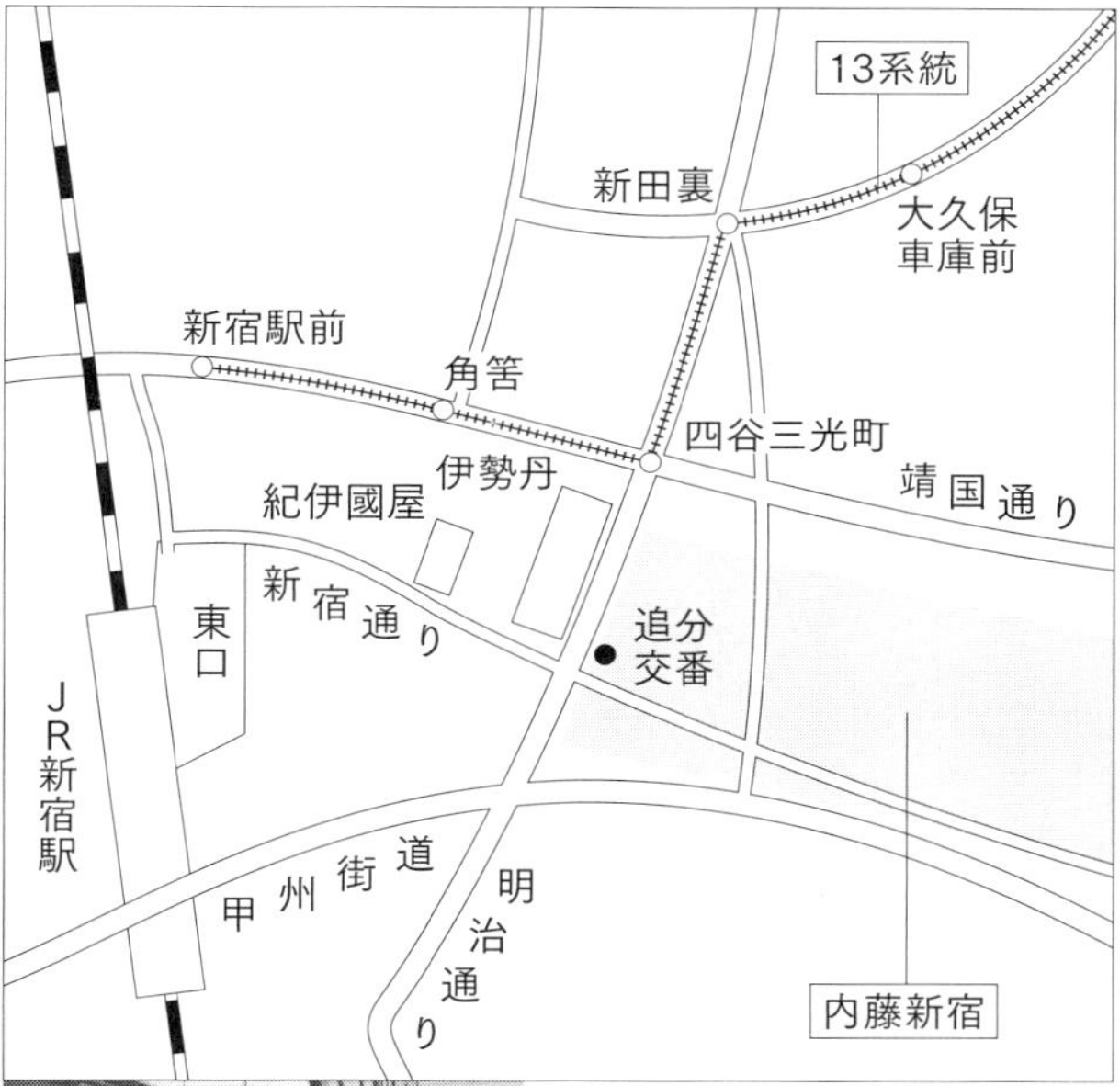

［図 4-1］新宿という場所に対するイメージは、新宿駅によってつくられたといってよい。戦前の追分や内藤新宿、四谷三光町は、四谷区に属していた。一方、駅周辺の住所は、淀橋区角筈だった

［写真 4-1］新宿追分の交差点に立つ交番。新宿警察署ではなく、四谷警察署の所轄である

ある東京市街鉄道（「街鉄」）が、半蔵門から線路を延ばしました。新宿通りに敷設された線路は、半蔵門から四谷《よつや》を抜けて新宿に向かいます。この路線は、戦後に都電**11系統**としてほぼ同じ場所を走っています。

「街鉄」が新宿まで線路を延ばしたとき、駅の最寄りの電停は、現在の紀伊國屋《きのくにや》書店前あたりにおかれていました。また、その車庫は、現在の伊勢丹《いせたん》がある場所につくられます。

明治三九（一九〇六）年、同じく市内に電気鉄道を走らせていた三社が合併することで、新宿という未開の地にまで線路を延ばした街鉄は、短い生涯を終えます。三社が合併して新たに誕生した東京鉄道も五年後の明治四四（一九一一）年には東京市に買収され、東京の市内交通はめまぐるしく変貌していました。

本章では、東京市街鉄道が敷設した**11系統**ではなく、歌舞伎町《かぶきちょう》やゴールデン街といった新宿らしさを放ち続ける街区を走り抜けた**13系統**に沿って見ていくことにします。

新宿東口に集まる商店

街鉄が新宿にまで線路を延ばした明治三六（一九〇六）年、新宿はまだ現在のような大都会ではありません。それでも新宿駅が開設されると、新宿駅の乗降客や駅周辺で働く人たちを相手にする商店が続々とオープンします。
繭《まゆ》商人だった高野吉太郎《たかのきちたろう》は、鉄道で上州から輸送されてくる生糸や絹織物に着目し、新宿駅完成後の新宿東口に仲買店《なかがいてん》を構えました。高野は、駅を利用する乗降客相手の商売として、当時は高級品だったバナナの販売を始めます。この副業が成功すると、高野は新宿東口の草分け商店として繁盛《はんじょう》し、大正期には、フルーツパーラーとして新宿駅前における地位を不動のものにします。

また明治四〇（一九〇七）年には、本郷《ほんごう》でパン屋を営業していた中村屋《なかむらや》が新宿駅東口に出店してきます。中村屋は、日本人にカレーが日常食となる機会を提供しました。

そして、新宿駅東口で忘れてはならないのが、紀伊國屋でしょう。いまや日本を代表する巨大書店ですが、創業当初から本を販売していたわけではありません。新宿駅が開設された当時、駅周辺には鉄道で運搬されてきた材木や石材、薪炭《しんたん》を扱う店がたくさん建ち並んでいました。紀伊國屋もそのひとつで、もとは薪炭を扱う問屋だったのです。紀伊國屋が書店業へと方向転換するのは、昭和二（一九二七）年です。東京の郊外化が進み、通勤するサラリーマンが増えてきた事情が背景にありました。サラリーマンたちが文化や教養を求めるようになったことがきっかけです。

このように多くの店ができるまで、明治初期の新宿は、農場や牧場が広がる一大農村地帯でした。一例として、芥川龍之介《あくたがわりゅうのすけ》の父親は、新宿二丁目付近に巨大な牧場を保有していました。そこで生産された牛乳は味もよく、評判だったようです。

新宿駅が開業したことで、物流拠点化が始まり都市化が進みます。人が増えれば、家畜を飼育する農場や牧場は、衛生環境面から忌避される存在になります。飼育する側にとっても、人や車が行き来するような場所は好ましい環境ではなくなります。畜産農家は、新宿の都市化を機に郊外に移転していきました。

とはいえ、当時の新宿駅の乗降客は、多くて一日五〇人ほどです。ひとりも乗降客がいない日さえあったようです。商業地化が進んだとはいえ、まだ新宿は東京の片隅でしかありません。それでも、畜産農家を移転させてしまうほどの力があったのです。

郊外を都心に変えた市電

徳川家康が江戸に幕府を開いて以降、江戸の町は急速に発展します。それは新宿も同様です。

話はいきなり変わりますが、江戸時代までの〝江戸〟は、どこまでの範囲を示していたか、ご存じですか。幕府は、江戸中期頃に〝朱引《しゅび》き〟と呼ばれる境界線を引き、町の範囲を指定しています。朱引きの範囲は、現在の東京と比べてずっと狭いエリアです。北は千住大橋、飛鳥山《あすかやま》、板橋あたり、東は荒川まで、南は品川の御殿山《ごてんやま》あたり、西は中野《なかの》あたりまででした。

幕府がわざわざ江戸の範囲を指定する必要があったのは、統治する範囲を決めることで、その中で町奉行《ぶぎょう》所などの管轄を明確にし、各部署を組織化する必要があったからでしょう。

第一章でも触れましたが、江戸から明治にかけて、東京は常に火事に悩まされていました。この地の為政者は、まず防火対策を講じなければなりません。本郷三丁目の交差点付近までは、延焼しやすい茅葺《かやぶき》屋根が禁止されました。〝本郷も　かねやすまでは　江戸のうち〟と歌われたのは、そのためです。かねやすとは、本郷三丁目の交差点にあった雑貨店で、江戸時代に練《ね》り歯磨《はみが》き粉《こ》を売り出して繁盛しました。

江戸から東京に変わり、町は拡大していきます。その一助を担ったのが電気鉄道です。江戸時代まで身分の高い人間は、馬や駕籠による移動が許されましたが、市民の移動手段は徒歩しかありません。移動手段がないのですから、その生活スタイルは自然と職住近接になります。

いまでは鉄道網のさらなる整備によって通勤圏は拡大し、神奈川県や埼玉県、千葉県から通勤する人たちは珍しくなくなりました。同様に、明治期には電気鉄道が登場して〝通勤〟という新しい生活スタイルが生まれたのです。これまでは新宿から江戸城まで一日かけて移動していたのが、電気鉄道に乗れば短時間で移動できます。新宿や渋谷はもちろん、もっと遠くから通勤することも可能です。

電気鉄道は東京の郊外だった地を、都心に変えます。移動時間が短くなったことで、市民の生活は大きく変わりました。繁華街の需要もまた、日本橋や神田から、新宿や渋谷などにシフトしたのです。

関東大震災が新宿に与えたインパクト

新宿駅東方に広がる農場や牧場が移転した後、その跡地に誘致されたのは遊郭《ゆうかく》でした。ところが、皇室の御料地《ごりょうち》である新宿御苑《ぎょえん》のすぐ近くに遊郭があることは風紀上問題があるとして、遊郭はすぐに移転させられてしまいます。

そんな新宿を大きく変貌させる出来事が起きます。大正一二（一九二三）年に東京を襲った関東大震災は、その後の都市行政・都市防災に多くの教訓をもたらした災害でした。首都・東京が壊滅したことで、市民は流言蜚語《りゅうげんひご》に右往左往させられることになります。当然ながら、行政も機能不全に陥りました。

通勤という生活スタイルが現われはじめたとはいえ、多くの人たちは自営業者です。つまり、住居が仕事場でもありました。住処《すみか》を失うことは仕事を失うことと同義でした。倒壊もしくは火災による焼失で家屋を失った市民たちは、行き場を失います。そこで政府は、田舎に帰る場所のある市民の汽車の運賃を無料にするなどして、積極的な〝帰郷〟を奨励したほどでした。

大震災で建物の倒壊被害が大きかったのは、深川区・本所区・浅草区です。新宿駅周辺でも、伊勢丹の場所にあった東京市電の車庫が被災しています。新宿に大震災の被害がなかったわけではありませんが、日本橋や神田、銀座といった江戸時代からつづいた繁華街は、家屋どうしの距離が近く、道幅も狭かったことで、地震のみならず火事などの災害が起きればひとたまりもない状況でした。

新宿は郊外でありながら、日本橋や銀座などへのアクセスは、すでに整備されていました。また、貨物列車が多く発着する新宿駅は、新たな物流拠点でした。人の流れと物の流れが集中する交通至便の街として、関東大震災の混乱が収まると、大型商業施設が続々と移転してきます。それまで神田に本店を構えていた伊勢丹も、昭和八（一九三三）年から、いまの新宿東口に移転しました。

関東大震災を機に、新宿は物流拠点から商業地としての道を歩みはじめることになります。街鉄の線路が明治三六年（一九〇三）年に延びてきたことで、新宿から江戸以来の市街地に簡単にアクセスできるようになったことが、大きなメリットでした。商売の拠点が離れても、それまでの取引先と断絶する必要がないからです。

新しい東京の中心として歩みはじめた新宿からは、さらに西の郊外へと線路を延ばす私鉄が続々と開業します。こうした私鉄が三多摩からたくさんの通勤や通学の人たちを運び、中央へ向かう路面電車へと乗り換える中継地点として、新宿は押しも押されもせぬ日本一の繁華街になるのです。

私鉄が切り開いた一大ターミナル

ですから、関東大震災以降に日本橋や神田から移転してきた商業施設が、新宿に着目した理由は、街鉄が敷いた線路の利便だけではありません。この地が東京郊外に広がりつつあった、新たな購買層を抱えていたからです。

現在、新宿にターミナルを置いている私鉄には、小田急、京王、西武があります。新宿駅がターミナルとして発展するようになったのは、明治二二（一八八九）年に「甲武《こうぶ》鉄道」が新宿―立川《たちかわ》間を開業させたことが始まりです。

通勤や通学で多くの人が利用するＪＲ中央線は、明治三九（一九〇六）年に『鉄道国有法』が公布されて国に買収されるまで、この甲武鉄道という私鉄でした。甲武鉄道は、名前が示すように甲州《こうしゅう》（山梨県）と武蔵《むさし》を結ぶことを目的とした鉄道でしたが、市《いち》ヶ《が》谷《や》など市街へと向かう路線を優先したので、結果的に甲州まで延びることはありませんでした。

しかし、甲武鉄道の開業で新宿駅は拡張します。駅舎も巨大になり、南北に二つのホームがつくられました。南側が甲州口ホーム、北側が青梅《おうめ》口ホームと呼びわけられ、甲武鉄道の電車は、この両方のホームに停車して客を乗降させています。当時の甲武鉄道の電車は、一両編成でしたから、二〇〇メートルという短い間隔で二つのホームを設置できたのです。

甲武鉄道が新宿駅に乗り入れるようになって、すこしずつ新宿駅周辺が市街化しますが、それでもまだ東京の片隅というイメージは払拭《ふっしょく》できていません。大きなターニングポイントは、大正四（一九一五）年に「京王電気軌道」が四谷《よつや》新宿駅を開業させたことでした。

駅が設置されたのは、追分でした。京王は、新しく伸びてきた新宿駅付近よりも、江戸時代から宿場町として繁栄してきた場所に駅をつくった方が、まだまだ利用があるだろうと踏んだのです。

京王電気軌道は、のちに京王電鉄となり、新宿から遠く八王子《はちおうじ》や高尾《たかお》などを結ぶ通勤路線ですが、当時は道路の上をトコトコ走る路面電車でした。

甲州街道は、新宿駅南口でＪＲの線路とオーバークロスしています。路面電車だった京王も、四谷新宿駅を出発すると、この甲州街道を走り、跨線橋《こせんきょう》で新宿駅の上を越えて西へとつながっていました。ところが、戦争時に変電所が被災し、電力不足に陥ります。そのため京王の車両は、新宿駅の跨線橋を上り下りすることができなくなり、やむなく跨線橋を廃止し、新宿駅の西側に発着場を移すことになりました。これがいまの京王新宿駅で

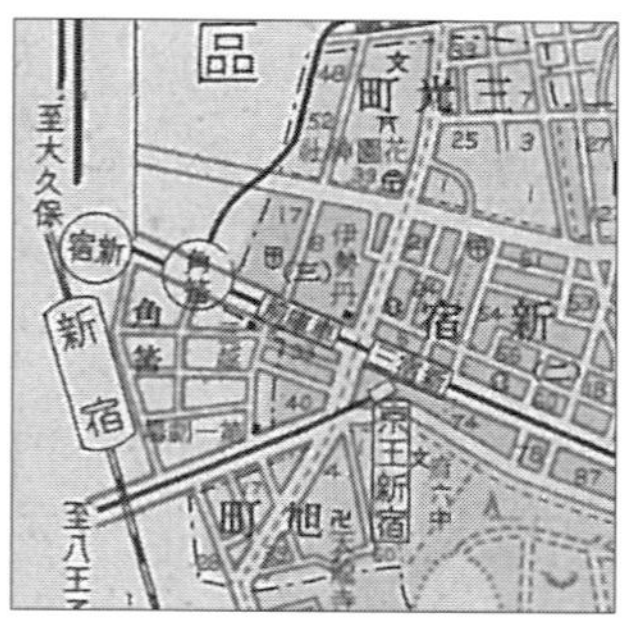

［図 4-2］昭和一五年頃の四谷区新宿。京王新宿駅は、現在のJR 新宿駅西口ではなく、東側に入り込んだところにあった。その跡地には、京王所有のビルが建っている。

す。

昭和二（一九二七）年には、小田原急行鉄道が新宿―小田原間で開業します。当初、小田急は新宿ではなく永田町付近に起点駅を設ける予定でしたが、さまざまな理由で計画を変更しました。さらに昭和二七（一九五二）年には、西武鉄道が西武新宿まで線路を延ばし、これにより、新宿駅は一大ターミナル駅となりました。

内藤《ないとう》新宿で繁栄した新宿追分

京王が、追分に駅をつくったのは、ここが江戸期から栄える内藤《ないとう》新宿の西端に当たる場所だったからに他なりません。すこし新宿追分の話をしておきましょう。

現在の追分付近には、都営地下鉄新宿線や東京メトロ丸ノ内線、副都心《ふくとしん》線が通る新宿三丁目駅が開設されています。

都電全盛期、その新宿三丁目駅よりもすこし北側に【四谷三光町《さんこうちょう》】という電停がありました（図4－1参照）。【新宿駅前】を発着する都電は、【四谷三光町】を通って、各方面に向かいます。靖国通りと明治通りが交差する地点ですから、ここが交通の要衝《ようしょう》であることは一目瞭然《いちもくりょうぜん》です。しかし、この地点が〝新宿〟ではなく、〝四谷〟と冠されるのは現代の感覚なら奇異に感じられることでしょう。

実は、戦前まで新宿駅東側から四ツ谷駅までの一帯は東京市四谷区でした。四谷区、牛《うし》込《ごめ》区、淀橋区の三区が合併して新宿区が誕生するのは、昭和二二（一九四七）年になってからです。いまでは〝新宿区の四谷〟なので、両者の立場は逆転してしまったわけです。

そして、〝新宿〟という地名にも紆余曲折がありました。その由来になった内藤新宿は、日本橋を出発して最初に到着する甲州街道の宿場町です。高遠《たかとお》藩（いまの長野県）内藤家の中屋敷跡地だった内藤に宿場町が開設されたのは、元禄一一年（一六九八）年でした。

それまで、甲州街道で江戸から至近の宿場町は高井戸《たかいど》宿にありましたが、高井戸宿から日本橋までは距離があり、情報伝達や物流に支障があったため、宿場町の新設が出願されます。このとき内藤新宿の開発を願い出たのは、地元の町人ではなく、浅草の住人でした。幕府も民間資金で宿場町が開設できるなら好都合と考え、すぐに許可は下りました。

もともと追分には、非公式ながら宿場が存在しており、新しい宿場町は、かつての宿場町と区別するために〝新宿〟と名づけられました。風俗の乱れを取り締まる徳川吉宗《よしむね》の方針もあって、いったん廃止に追い込まれますが、宿場町がなくなると不便を感じ再開されます。

江戸幕府から明治政府へと政権交代をしたのちでも、宿場町はそれなりのにぎわいを見せていました。ところが電気鉄道という文明の利器が現われると、内藤新宿の地位は凋落《ちょうらく》します。東京市電の要衝である【四谷三光町】は、内藤新宿の西北端です。決して内藤新宿の中心ではありません。つまり、東京市電は内藤新宿の重心を〝ズラした〟のです。

こうして内藤新宿は単なる通過点に成り下がり、新宿駅の拠点性が高まると、集客力を失った内藤新宿や四谷の名声は追いやられることになります。現代人が【四谷三光町】という電停名に違和感を抱くのは当たり前なのかもしれません。鉄道の力が最終的には地名も区名も変えたことを考えると、その影響力の大きさがわかります。

専用軌道と併用軌道

さて、【四谷三光町】を出た13系統は、明治通りを北に向かい、【新田裏《しんでんうら》】のある新宿六丁目の交差点から東へ入り、新宿文化センターの前を通り抜けます。新宿文化センターは、かつて都電大久保《おおくぼ》車庫があったところです。【東大久保】がおかれた抜弁天《ぬけべんてん》の交差点に出ると、そこから【飯田橋《いいだばし》】まで都営地下鉄大江戸線の線路とほぼ同じところを走ります。

昭和二三（一九四八）年まで、**13系統**は【四谷三光町】から明治通りの上を走行するルートではなく、「専用軌道」を走っていました。新宿区役所前の【角筈】から【新田裏】へと直接抜ける区間です。

現在、専用軌道区間だった場所は、遊歩道〝四季の路《みち》〟として整備されています。実際に〝四季の路〟を歩いてみると、こんな狭い道に都電の線路が複線で敷設されていたことに驚かされます。

専用軌道とは、文字どおり路面電車だけが走行できる空間を意味する鉄道用語です。都電に限らず、路面電車は『軌道法』によって原則として道路の上に線路を敷設する決まりになっています。一方、自動車と路面電車とが道路を共存して走る区間は、併用軌道区間と呼ばれます。

明治期は道路の整備が進んでいないこともあり、路面電車の線路を敷設するのは、わりと自由にできたようです。しかし関東大震災以降は、路面電車よりも道路が重要な都市インフラになります。さらに戦後、道路が都市計画の中心になると、〝古くて不便〟とみなされた路面電車は隅に追いやられ、路面電車の線路計画は後回しにされました。むしろ路面電車の線路が、道路計画に左右されるようになります。

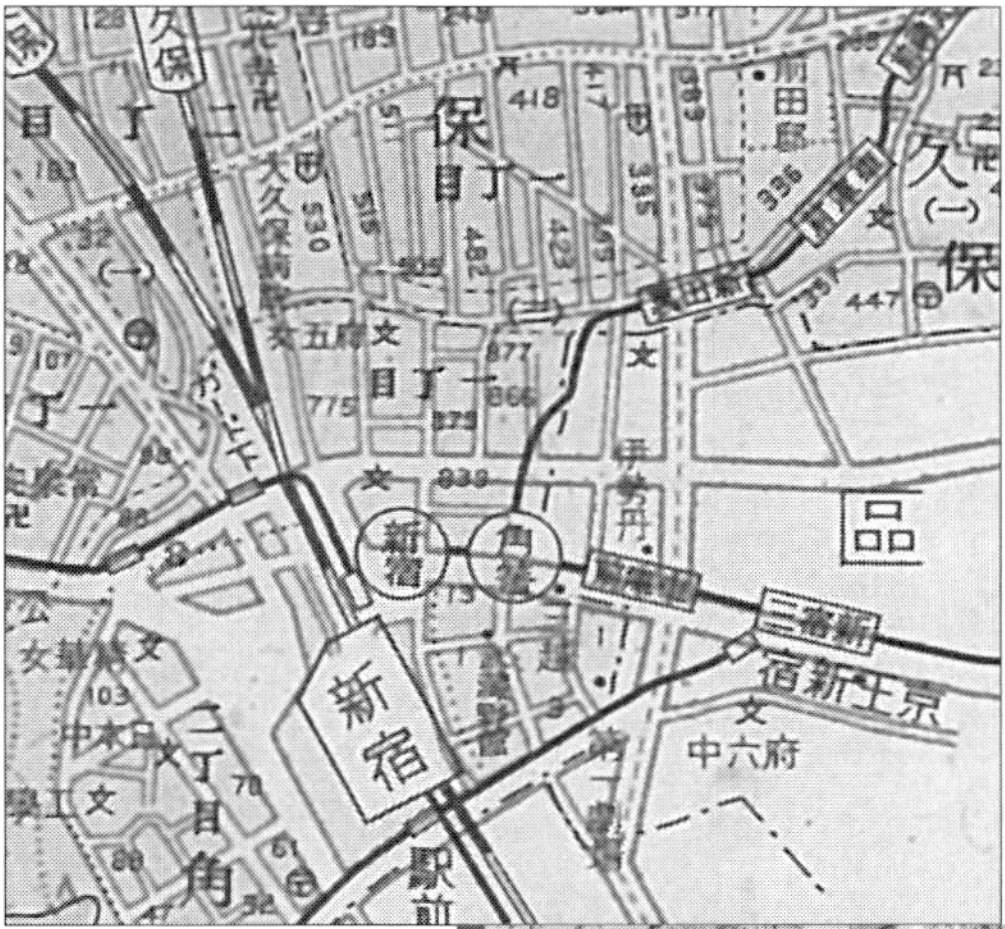

[図 4-3] 昭和一五年頃の淀橋区角筈。13系統は、のちの【四谷三光町】経由の路線ではなく、【角筈】から靖国通りを北にそれ、専用軌道を走っている

[写真 4-2] 13系統の専用軌道跡である〝四季の路〟。ビルの合間を狭い緑地がつづいている

［写真 4-3］ かつての大久保車庫。いまは跡地に新宿文化センターが建つ。写真提供／東京都交通局

［写真 4-4］ 大久保車庫前から抜弁天へと向かう道。どことなく都電路線跡の風情を残している

〝四季の路〟となる専用軌道区間は、昭和二三（一九四八）年に13系統が明治通り経由になったことから、本線として使用されることはなくなりました。本線として使用されなくなっても、大久保車庫に回送するための専用線として残されましたが、客を乗せた都電がこの細い専用軌道を走る光景は、戦後早々に失われていたのです。

回送線は、昭和四五（一九七〇）年に13系統が廃止されると同時に役目を終え、昭和四九（一九七四）年に遊歩道へリニューアルされました。現在、〝四季の路〟の脇には、小さな飲み屋が軒を連ねるゴールデン街が形成されています。アングラ文化を生み出し、昭和を想起させるゴールデン街の情景と相まって、13系統が走った回送線跡は、いまでも都電ファンに高い人気を誇っています。

戦後の混乱が生み出した歌舞伎町とゴールデン街

もうすこし新宿にとどまり、新宿を語る上で避けて通れない歌舞伎町とゴールデン街の形成過程を見ていきましょう。

敗戦直後、焦土《しょうど》と化した新宿駅前にはたちまちにして夜店が出現します。この夜店は次第に闇市《やみいち》へと形態を変えました。食糧難だったことから、警察や行政も闇市の存在に目をつぶるしかありませんでした。

しかし、昭和二四（一九四九）年、食糧問題が解決に向かうと、GHQの方針もあって闇市の取り締まりが強化されることになりました。無法地帯だった新宿駅東西で闇市を開いていた業者のうち、龍宮《りゅうぐう》マートを経営していた和田組《わだぐみ》が青線《あおせん》地帯の花園《はなぞの》街に移転してきます。これがゴールデン街の始まりです。

政府が風俗営業を公認したエリアを赤線と呼ぶのに対して、青線は非公認地域です。非公認ではありますが、決して非合法というわけではありませんでした。もともと風俗営業を取り締まる法律は戦前からありました。昭和二二（一九四七）年末、民主国家を目指した日本は、戦前に施行されていた法律を失効させます。新しい法律は翌年三月から施行しますが、そのとき風俗営業の監督官庁は、警察一極集中から厚生省、通産省（いまの経済産業省）などに分散されることになりました。規制する法律が存在しない空白期間があったこと、所管する省庁が一時なかったことなどから、対応は後手に回り、非公認の青線地帯が成立してしまったのです。

一方、明治まで肥前大村藩《ひぜんおおむら》（長崎県）の別邸があった歌舞伎町は、ゴールデン街とは違った道を歩みます。昭和二〇（一九四五）年に疎開先から戻った鈴木喜兵衛《すずききへえ》は、復興を目的とした新しい街づくりを始めます。鈴木は地権者を訪ね歩き、大規模施設を建てるための協力を要請しました。

鈴木は歌舞伎町を近代的な商店街を織り交ぜたアミューズメントセンターにしようと考えていました。歌舞伎町の町名は、鈴木が〝健全な娯楽センター〟にするべく、歌舞伎を上演できる劇場を建設する構想があったことの名残です。この構想を相談された東京都市計画課課長の石川栄耀《いしかわひであき》が、その名づけ親でした。

しかし、鈴木が夢見た歌舞伎劇場の建設は、戦後の混乱期、預金封鎖や財産税などの関係で遅々として進みません。そうこうしているうちに、大規模施設の建設が規制されてしまい、計画は宙に浮きました。そして、昭和三三（一九五八）年には『売春防止法』が施行されて廃業に追い込まれた新宿二丁目（内藤新宿）の風俗店関係者が歌舞伎町に流れ込んでくるのです。こうして歌舞伎の上演を目指していた街は、日本有数の歓楽街へと成長してしまいました。

やたら路面電車と縁のある夏目漱石《なつめそうせき》

新宿のにぎわいから離れると、**13系統**は【河田町《かわだちょう》】【若松町《わかまつちょう》】と東へ走ります。

ちょうど【若松町】の電停があったところから北に坂を下ると、東京メトロ東西線の早《わ》稲田《せだ》駅があります。その早稲田駅の南側には、喜久井町《きくいちょう》という地名が広がっています。喜久井町は、夏目漱石《なつめそうせき》とゆかりの深い街です。喜久井の由来は、夏目家の家紋である〝井桁に菊〟からきています。さらに、【若松町】から東西線早稲田駅に至る坂道は、夏目坂という名前が付けられています。

夏目漱石は、明治の文豪の中でも、もっとも路面電車を愛した人物でした。代表作『坊っちゃん』の主人公は、東京から松山《まつやま》へと英語の教師として赴任《ふにん》しています。そのとき、坊っちゃんを出迎えたのは松山の街を疾駆《しっく》するマッチ箱のような汽車でした。温泉を好んだ坊っちゃんは、この汽車に乗って道後《どうご》温泉にもたびたび足を運んだようです。

松山の中学校教師を辞めた〝坊っちゃん〟が、東京に戻って再就職するのが東京市街鉄道、つまり街鉄でした。松山では数学を教えていましたから、理数系の知識は人並みはずれていたのでしょう。

当時の街鉄は、市ヶ谷や飯田橋方面に線路を敷いており、漱石の生家があった早稲田や、イギリス留学から戻った後に住処を構えた文京区向丘《むこうがおか》に近い本郷にも電停を設置していました。漱石にとって東京の路面電車といえば、この街鉄でした。帰京した〝坊っちゃん〟が、ここを再就職先に選んだのは当然の成りゆきだったのかもしれません。

明治二九（一八九六）年、漱石自身は熊本の第五高等学校の英語教師に赴任します。漱石が当地に赴任したとき、路面電車はまだ走っていませんでした。漱石が去った後、明治四〇（一九〇七）年に熊本軽便《けいべん》鉄道が開業し、大正一三（一九二四）年、熊本市電が開業します。大正五（一九一六）年に没した漱石は、熊本の街を路面電車が走る姿を目にしていません。しかし、上熊本駅前には彼の銅像が建立されており、路面電車との深いつながりを感じることができます。

甲武鉄道は、なぜ都心に進出できたのか

【若松町】【牛込柳町《うしごめやなぎちょう》】といった夏目漱石とゆかりの深いエリアを抜けると、13系統は神楽坂《かぐらざか》界隈に入ります。花街としてにぎわった神楽坂は、現在でも古風な街並みが随所で見られる散策スポットとして人気です。神楽坂を抜けた13系統は、【飯田橋】に至ります。

飯田橋には、JR飯田橋駅がありますが、この地にいまの中央・総武線を通したのは、甲武鉄道です。しかし、明治二二（一八八九）年に新宿駅から西への路線を開通させた当時の甲武鉄道は、新宿駅からさらに都心へ進む際には、自前の線路がありませんでした。

いったん山手線の前身である日本鉄道に乗り入れて品川駅まで行き、新橋駅へは官営の東海道本線に乗り入れていました。

そのため、独自のダイヤを編成することができず、乗り継ぎは不便でした。そうしたことから、甲武鉄道は自社線で都心を目指すことにします。まず、靖国通りからまっすぐ市ヶ谷を経て神田三崎町《みさきちょう》に至るルートが検討されましたが、これだと新宿駅でスイッチバック（車両の行き先を変える作業）をしなければなりません。

結局、新宿駅から南下して新宿御料地（新宿御苑）の南側を迂回し、青山練兵場《れんぺいじょう》（いまの明治神宮外苑）の北側を通り抜けて飯田町《いいだまち》に至るルートに落ちつきます。とはいえ、こちらのルートにも、新宿御料地や青山練兵場、赤坂《あかさか》御用地などといった特別な施設がありますから、一筋縄《ひとすじなわ》では実現しそうもない状態でした。

特に陸軍が管理している青山練兵場は、明治二一（一八八八）年に日比谷から移転してきたばかりです。鉄道線路を敷設するために再度移転することは、陸軍のプライドからも容認できません。しかも、甲武鉄道は官営ではなく、私鉄です。陸軍としては移転どころか、練兵場脇に線路を通されることさえ我慢できなかったかもしれません。

ところが、陸軍の有力者だった川上操六《かわかみそうろく》は甲武鉄道の構想に協力的でした。川上はこれを軍事輸送に活用することを考えていたのです。のちに『日本軍事鉄道論』という本を出すほど、陸軍内でも稀有《けう》な人物といえるほど鉄道に通じていた川上は、練兵場脇に線路を通すことに理解を示したばかりではありません。四ツ谷駅から市ケ谷駅を経て、飯田橋駅までの線路は、外濠と崖の間に敷設されていますが、この方法を助言したのも彼でした。

川上は、西南《せいなん》戦争のとき、鉄道を使って軍事移動が可能になったことを実体験していました。戦争勃発時、まだ東海道本線の一部しか開業していなかったものの、大量の兵士を予定より早く九州まで派遣することができました。この作戦行動によって、西郷《さいごう》軍は応戦する準備が整えられず、政府軍が勝利した一因になったといわれています。

鉄道の重要性を熟知していた川上は、全国津々浦々に線路を敷設することでいざ戦争というときにすぐさま出兵ができると考えていたのです。

鉄道貨物でにぎわった飯田橋《いいだばし》

甲武鉄道が新宿から都心に向けて線路を延ばし、明治二七（一八九四）年に飯田町駅は開業します。現在も、東京メトロ東西線や有楽町線、南北線、都営地下鉄大江戸線をはじめ、中央・総武線の乗換駅になっている飯田橋駅は、鉄道交通の要衝です。

ただし、このとき甲武鉄道が開業したのは飯田橋駅ではなく飯田町駅でした。その場所も、現在の飯田橋駅がある位置ではなく、もうすこし水道橋《すいどうばし》駅寄りでした。飯田町駅が廃止された後の同地にはJR貨物の本社があります。飯田町駅がこの地に建てられたのは、神田川と日本橋川が合流し、舟運に恵まれていたことが理由だったようです。

路面電車の電停は、すでに東京都心部にありました。しかし、甲武鉄道のような長距離列車が発着する〝鉄道〟の駅はありませんでした。そのため、飯田町駅は多くの人たちに利用され、甲武鉄道は飯田町駅―新宿駅間を三〇分間隔で運行していたほどです。

それでも、増える乗客を運びきれず、甲武鉄道は運転本数を増やそうとしていました。当時の甲武鉄道は蒸気機関車だったので、飯田町駅で先頭車両をいったん切り離し、進行方向に付け替える作業が必要でした。そうした事情から運転間隔をこれ以上に詰められませんが、前後に運転席がある電車を導入すればロスタイムを短縮できます。

そこで、利用客の多い飯田町―中野間のみを電化し、明治三七（一九〇四）年から電車を走らせます。こうして甲武鉄道では、〝近距離列車は電車、長距離列車は汽車〟という棲《す》み分けが生まれました。

ようやく飯田町駅までたどり着いた甲武鉄道でしたが、飯田橋付近を走る路面電車は一路線しかありませんでした。飯田町駅の立地は一等地でも、乗り継ぎの便はよくなかったのです。そこで、新しいターミナル駅を求めて、東へと線路を延ばす計画を立てます。その工事中に甲武鉄道は国有化されてしまうのですが、跡を継いだ中央線は、大正八（一九一九）年に東京駅まで開通しました。

東京駅まで開通して便利になった中央線は、混雑することになりました。そのため旅客と貨物の扱いを分離することが検討されます。関東大震災の復興を契機に、新宿―飯田町間は複々線化され、さらに旅客分離されました。旅客は新たに飯田橋駅、貨物は飯田町駅が担当することになりました。飯田橋駅開業後も、長距離列車のみは飯田町駅から発着していましたが、昭和八（一九三三）年に貨物専用駅になります。貨物専用駅になった飯田町駅は都心の貨物ターミナル駅として、平成九（一九九七）年に廃止されるまで、長らく日本の物流を支えました。

現在、御茶ノ水―三鷹間は中央線と総武線の列車が並行して走り、一般的に中央・総武線という名称で呼ばれています。中央線は快速、総武線は各駅停車といった形で役割分担していますが、その源流は、長距離用の蒸気機関車と短距離用の電車を併用運転させるという、甲武鉄道の先進的な取り組みにあったといえるでしょう。

不遇の万世橋駅《まんせいばし》

【飯田橋】を通過した13系統は、【小石川橋《こいしかわばし》】【水道橋】と進みます。電停名に橋が多いことからも、神田川に沿って線路が敷設されていることがわかります。そして、御茶ノ水駅との乗り換えができる電停【御茶ノ水】の次の次が、【万世橋《まんせいばし》】です。

甲武鉄道が飯田町駅に替わるターミナル駅予定地として目をつけたのが、この万世橋でした。いまや万世橋と聞いても、秋葉原の入り口にある橋としか浮かばないほどです。しかし戦前の万世橋は、まさに交通の要衝でした。

万世橋駅が開業したのは、明治四五（一九一二）年です。東京市が市内を走る電気鉄道を買収して市営化する直前の明治四四（一九一一）年路線図を見ると、万世橋一帯にはすでに網の目のように電気鉄道がめぐらされていることがわかります。また万世橋駅は、北へ向かう乗合馬車の溜《た》まり場にもなっていました。

交通の要衝に建設された万世橋駅は、国家の威信をかけた建築物でもありました。当時、まだ東京駅は開業していません。都心のターミナル駅は、ちょうどパリ市のように、行き先方面ごとにバラバラに建設され、それぞれが役割分担をしていたのです。

最初に開業したのは、本州を西へ向かうことになる東海道本線の新橋駅です。北へ向か

[写真 4-5] 東京駅と〝ウリ二つ〟だった万世橋駅。日露戦争の旅順港封鎖作戦で、取り残された部下を助けようとして戦死した〝軍神〟広瀬中佐の銅像が立っている。

[写真 4-6] 万世橋駅前は、交通の要衝らしく路面電車がひっきりなしに往来していた

う上野駅は、日本鉄道が建設しました。そして新たに、関東を西へ向かう万世橋駅が建設されました。万世橋駅が建設された当時、すでに東京市区改正計画がまとまり、交通体系の整備が始まっていたこともあって、都心のターミナル駅についても検討されました。それで、東京駅と万世橋駅の二つが、ターミナル駅にふさわしいとして重点的に整備する方針が示されます。

一方の東京駅は、大正三（一九一四）年の開業以降、現在まで日本の表玄関として不動の地位を築いています。ところが万世橋駅は、明治政府や東京府の期待とは裏腹に姿を消し、いまや歴史からも埋没しつつあります。歴史だけ見れば、万世橋駅は東京駅より先輩であり格上でした。

政府が力を注いだだけあって、かつての万世橋駅は赤煉瓦造りの壮大で瀟洒な駅舎でした。万世橋駅の設計を担当した辰野金吾は、その後に東京駅の設計も担当しています。万世橋駅は現存していないため、その姿は絵葉書でしか見ることができませんが、万世橋駅と東京駅は、〝ウリ二つ〟です。

東京駅や万世橋駅が、堂々とした駅舎として設計・建設された背景には、日本がこれほど立派な建築物をつくる技術があるということを諸外国に見せつけるという意味がありました。万世橋駅周辺は、明治期から電気鉄道が行き交う交通の要衝だったことで、外国人を含む多くの人が往来します。中央線に乗車しない市民でも駅舎を目にします。東京の新名所になった万世橋駅は、単なる駅機能のみならず、国威発揚《こくいはつよう》を視覚的に印象づける場としても機能していました。

しかし、万世橋駅の隆盛は長くはつづきません。すでに、東京市区改正の中には、環状線の計画が盛り込まれています。つまり、東京をぐるりと一周する山手線の構想が練られていたのです。万世橋駅は地理的にも中途半端な位置にありました。大正八（一九一九）年には万世橋駅と神田駅とが線路でつながり、大正一四（一九二五）年、ついに山手線の環状運転が始まります。それにともない、御茶ノ水駅と秋葉原駅が線路でつながると、万世橋駅の存在意義はすっかり薄れていました。

国家の威信を諸外国に見せつけるための万世橋駅が、凋落してしまった理由はほかにもあります。その駅舎は、大正一二（一九二三）年の関東大震災による倒壊はまぬがれたものの、その直後に起こった火事で焼失しました。震災復興計画では、昭和通りと靖国通りがつくられることになり、駅の場所がすこしだけ移動されます。再建した万世橋駅へとつながる道路は裏通りになり、市電の電停も移設しました。こうして万世橋駅前から市電が消え、もはや交通の要衝ではなくなりました。

昭和一八（一九四三）年、燃料不足に悩まされた日本は、不要不急《ふようふきゆう》の路線や駅を次々と廃止することで燃料や電力の節約につとめます。このときに、栄光の万世橋駅も〝不要不急の駅〟という烙印《らくいん》を押されることになり、営業休止に追い込まれたのです。

交通博物館の思想

東京駅と並ぶ二大ターミナルとなるはずだった万世橋駅は、その後は博物館としての運命をたどります。平成一九（二〇〇七）年、埼玉県さいたま市に鉄道博物館としてリニューアル移転するまで、交通博物館は旧万世橋駅の駅舎と跡地を利用していました。

交通博物館は、大正一〇（一九二一）年に鉄道博物館という名称で東京駅北側に誕生しました。鉄道博物館を構想したのは、南満州《みなみまんしゅう》鉄道総裁や初代鉄道院総裁を歴任した後藤《ごとう》新平《しんぺい》です。震災復興を手がけた功績などで知られる後藤は、鉄道にも造詣が深く、早くから鉄道の広軌化を主張していたひとりでした。彼の構想は、昭和三九（一九六四）年に東海道新幹線が開業することで、ようやく陽の目を見ます。

後藤はまた、鉄道の発達を記録するとともに研究する機関として、鉄道博物館の構想を持っていました。そして、鉄道関連物を公開・展示することで、鉄道の力を広く市民に伝え、啓発する役割も果たそうと考えていました。

ところが発案者だった後藤は、内閣が倒れたことで鉄道院総裁を辞任してしまいます。後藤が去ったのち、鉄道博物館構想は宙に浮いたままになりました。それが再始動するのは、大正八（一九一九）年です。きっかけは京都帝国大学教授をつとめ、鉄道院の総裁官房研究所所長に那波光雄《なわみつお》が着任したことでした。那波は科学知識普及の一環として、鉄道博物館の建設を主張し、翌年にはオープンに漕ぎつけます。当時の鉄道博物館は敷地が狭いこともあり、展示物が思うように公開できなかったようです。そのため、完全公開という形にはならず、半公開になりました。

鉄道博物館は予想外の反響を呼びます。鉄道省は拡張移転を考え、新たな鉄道博物館の地として四ツ谷駅付近が浮上しました。ところが、移転計画が実行に移される目前で関東大震災が起きるのです。震災で展示物は焼失。移転計画も中断されます。復興が一段落した昭和三（一九二八）年、ペンディングされていた鉄道博物館の移転計画が動き出します。しかし、当時の鉄道大臣は緊縮財政を理由にクビを縦に振りません。

そこで、利用客が減って駅機能が縮小させられていた万世橋駅内に移転したのです。駅舎を再活用することで費用を最小限に抑えることもできました。

那波と並び、交通博物館に貢献した人物がもうひとりいます。それが山下興家《やましたおきいえ》です。東京帝国大学で工学を学んだ山下は、卒業と同時に南満州鉄道に入社しますが、そのときイギリスに留学し、見学した科学博物館が彼の心を大きく動かしました。ロンドンの科学博物館では、ボタン操作で陳列物を動かせる仕組みになっていました。

遊びながら学べる博物館に感動した山下は、帰国してからも〝動く博物館〟の構想を温めつづけました。そして、埼玉の大宮《おおみや》工場長に就任すると、ここの倉庫を利用して鉄道車両や機械類などを展示したミニ博物館を一般公開します。ミニ博物館では、子供たちが機器を手に取り動かすことで、〝遊びながら学ぶ〟という思想が徹底されていました。

鉄道博物館の復興計画を知った山下は、ミニ博物館の展示品を新しくオープンする交通博物館のために提供します。その際に山下は、「展示品をできるだけ可動式とすること、観覧客には大いに手を触れさせること」を条件としました。彼の思想は、交通博物館に受け継がれました。

戦後になって、東京大空襲で被災した鉄道博物館を再建するに当たり、日本交通公社が支援の手を差しのべます。昭和二一（一九四六）年、交通博物館として再オープンを果たすと、小中学校の社会科見学の定番となり、科学技術や交通ルールを学ぶ教育の場となりました。国家が鉄道普及・啓発のためにつくった博物館は、国鉄へと引き継がれ、さらにJR東日本へと移管されます。山下興家がミニ博物館をつくった大宮の地に移転するまで、交通博物館は万世橋のシンボル的存在になっていました。

変わらぬ問屋街の吸引力

13系統は【万世橋】【秋葉原駅西口】を経て、山手線の高架線をくぐっていきます。【岩本町《いわもとちょう》】を過ぎたあたりから、街は様相を変化させます。【小伝馬町《こでんまちょう》】や【堀留町《ほりどめちょう》】の電停がある一帯は、問屋街として発展した横山町《よこやまちょう》や馬喰町《ばくろちょう》に近く、いまでも多くの繊維問屋が軒を連ねています。

横山町と馬喰町が、問屋街としての歩みを始めるのは江戸時代からです。まず鰹節《かつおぶし》問屋が店を開き、それに呼応するようにロウソク屋、刀屋などさまざまな業種の問屋が商売をしていました。これらの町内は、もともと徳川家康が江戸に入る際に町割りをして関西商人を住まわせたところです。江戸初期の頃はまだ場末でしたが、隅田川や神田川に囲まれ、東京と北関東・東北方面とを結ぶ日光街道や水戸《みと》街道といった主要街道が街を貫いていたことで、舟運と陸運双方の恩恵を受けて次第に発展しました。

しかし、江戸時代に町割りされた横山町や馬喰町は、当然ながら自動車の走行が念頭に入っていません。明治になっても、この地の道路幅員は狭いままでした。道路というよりは通路に近いもので、さらに通路には溝が多く、住人たちは上から板を張ってやっとの思いで通行していたようです。

明治一五（一八八二）年に東京で初めて馬車鉄道が営業を開始した際、その線路が横山町と馬喰町を通っていますから、このとき、すでに一大商業地になり、道路もあるていど整備されていたのでしょう。また、仕入れのために全国各地から商人が集まったこともあり、旅館が多く建てられるようになりました。

そんな一大問屋街も、戦争で焼け野原になりましたが、戦後は、日本全国から小売店の店主たちがこぞって、名の知れた横山町と馬喰町を目指します。古くからの問屋街は驚異的なスピードで復興を果たしました。

問屋街を抜けた**13系統**は、**【水天宮《すいてんぐう》前】**で終点です。この系統を西から順に見ていくと、明治から昭和初期にかけての都市の興亡、栄枯盛衰《えいこせいすい》が如実に表われていることが見てとれるのではないでしょうか。

第五章

10系統

〜時代の波に翻弄《ほんろう》された路線〜

10系統

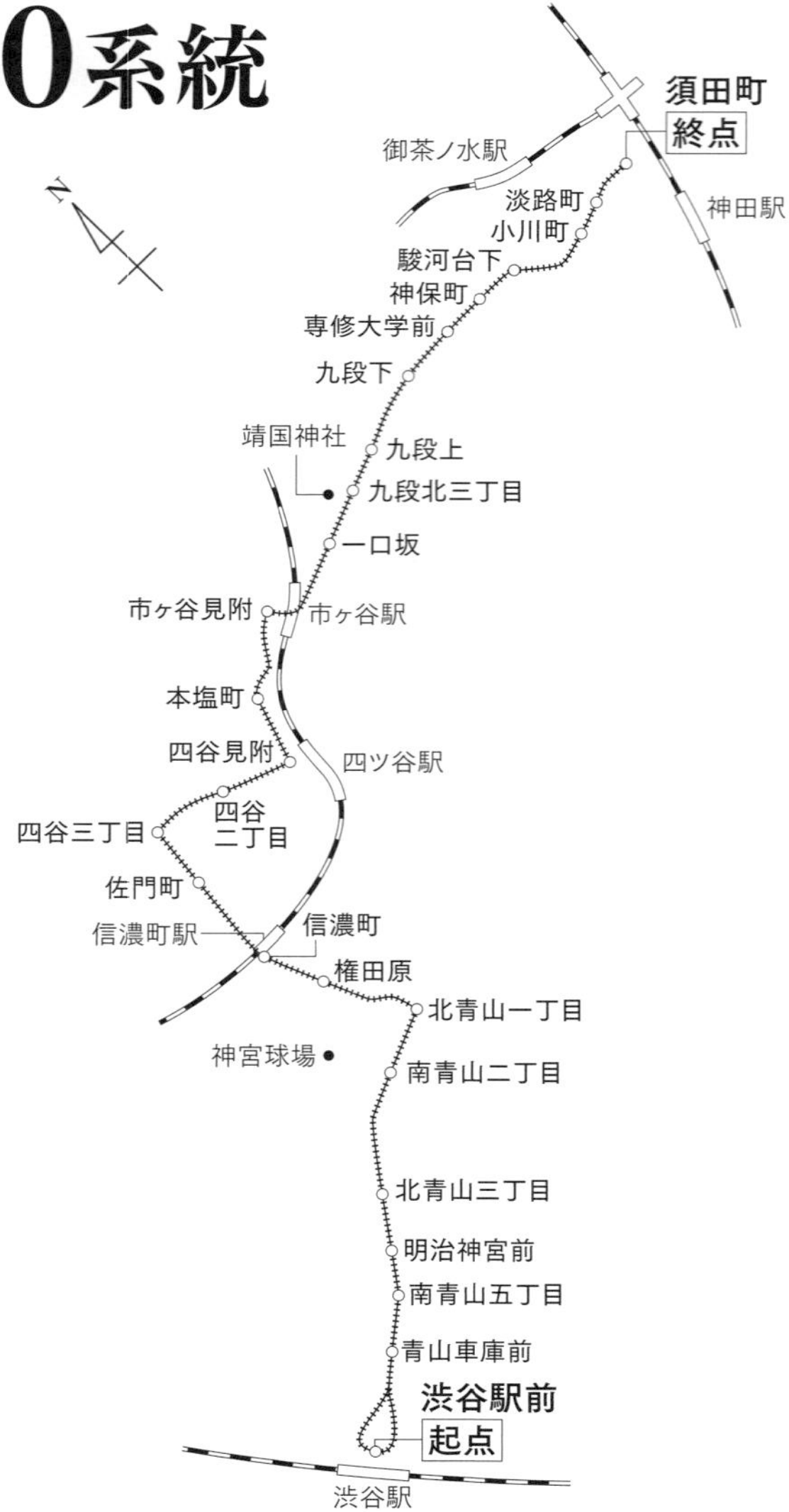
N
須田町
終点
御茶ノ水駅
神田駅
淡路町
小川町
駿河台下
神保町
専修大学前
九段下
靖国神社
九段上
九段北三丁目
一口坂
市ヶ谷見附
市ヶ谷駅
本塩町
四谷見附
四ツ谷駅
四谷
二丁目
四谷三丁目
佐門町
信濃町駅
信濃町
権田原
北青山一丁目
神宮球場
南青山二丁目
北青山三丁目
明治神宮前
南青山五丁目
青山車庫前
渋谷駅前
起点
渋谷駅

東京の中心軸が西へと動く

第三章でも触れたとおり、すでに「玉電」は、明治四〇（一九〇七）年、いまの二子玉川から渋谷へと結ぶ路線を開業させています。そのとき、いまの山手線渋谷駅もありましたが、渋谷の街に繁栄をもたらしたのは、玉電でした。玉電が渋谷駅西口に発着することで、その西口から道玄坂《どうげんざか》にかけて繁華街が広がっていきます。

新宿が繁華街として発展をスタートさせると、東京の中心軸は西へと移っていきます。新宿の街に電気鉄道がやってきたのは、渋谷より早く、明治三六（一九〇三）年です。

渋谷駅前に、都電の前身である東京市電の線路が延びてくるのは、大正一二（一九二三）年の春になってからでした。渋谷駅東口から宮益坂《みやますざか》を上がったところにあった青山車庫までは、明治四四（一九一一）年に開通していましたから、一〇年以上も経過して、ようやく渋谷駅までの線路が敷設されたのです。渋谷駅まで東京市電の線路が達しても、その電停は【中《なか》渋谷】という、なんとも中途半端な名称になっていました。

電停の位置も当初は駅の東側にありました。大正一二（一九二三）年のうちにハチ公口《こうぐち》側に移されると、電停名は【渋谷（玉電前）】と改称されます。長らくハチ公口にあった電停が東口に再び移設されるのは、のちに述べるように昭和三二（一九五七）年です。

渋谷駅まで市電が延びた年の九月一日、関東大震災が起きます。住宅が密集する東部では火災による死傷者が多く出ましたが、日比谷公園や皇居のお濠《ほり》によって火の手は止まり、そのため、麻布や赤坂といったエリアの被害は軽微でした。ましてや渋谷以西の地は、まだ市街地化されていなかったことで、限定的な被害にとどまりました。

本章では、【渋谷駅前】を起点に【須田町】まで走った**10系統**をたどりながら、渋谷の街が新宿におくれを取りながらも、大正期から昭和にかけて繁華街として発展してきた過程を見ていくことにしましょう。

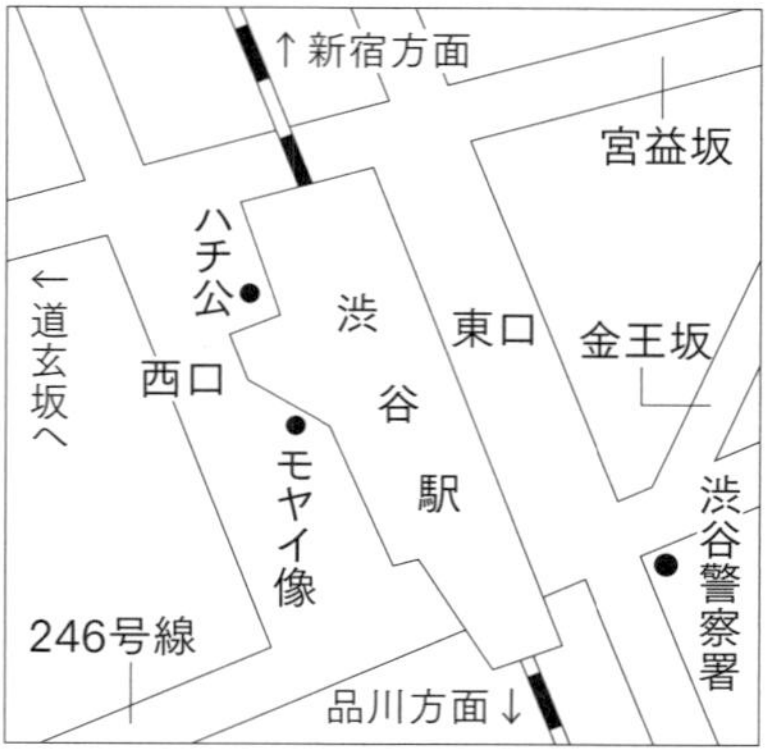

［図 5-1］ 現在の JR 山手線渋谷駅周辺

西部に勢力を広げる五島慶太

現在の渋谷では、新しい文化が早いサイクルで生まれては廃《すた》れ、また生みだされ、世界的な流行発信地の地位を得るまでに至りました。この変貌に貢献したのは、まず玉電であり、つづいて、それを引き継いだ「東横」でしょう。渋谷は、この街を自社の核として位置づけていった東急による都市開発が大きく影響しています。のちに東急グループの総帥として政財界に大きな影響力を持つ五島慶太を抜きにして、渋谷の繁栄を語ることはできません。

五島は、実業界に転じるまで鉄道院の役人をしていていました。官を辞して私鉄経営に身を投じるのは、武蔵電気鉄道の郷誠之助《ごうせいのすけ》にヘッドハンティングされたからです。武蔵電気鉄道は、西武鉄道の前身である武蔵野鉄道と名前が似ていますが別会社です。現在の東急に連なる武蔵電気鉄道は、会社は設立されたものの線路を敷設することなく、大正一三(一九二四)年、東京横浜電鉄に改組しています。

ちょうどこの頃、渋沢栄一が、田園都市計画を進めていました。渋沢の田園都市に傾ける情熱は、ひとかたならぬものがありました。息子を海外視察に派遣させる一方で、財界にも広く協力を呼びかけます。また、地主たちにも協力してもらうために頭を下げて回ります。政財界の大物である渋沢に頭を下げられたら、首を横に振れる人はいません。

順調に土地の買収が進むなか、田園都市計画にはひとつの欠点がありました。それは、職場への通勤、いわば足の確保です。当時、まだ都心のオフィスに通勤する人はそれほど多くありませんでした。まだ多くの人が、家内制手工業的な稼業を営み、そのかたわら畑を耕していたような時代です。しかし、渋沢が想定していた住宅街の購入者層は、そういった人たちではなく、都心に通勤するビジネスマンでした。郊外の住宅地に家を購入しても、通勤手段がなければ生活が成り立ちません。

関西では、小林一三《こばやしいちぞう》率いる阪急電鉄が、いち早く住宅分譲地を造成していました。小林は住宅街をつくったのち、そこに鉄道を敷設するという手法で沿線を開発していきます。この手法は成功し、ほかの私鉄も追随します。阪急という一私鉄が、鉄道のビジネスモデルを構築したのでした。

渋沢も、田園調布を造成するにあたり、小林の手法を取り入れることにしました。ところが、住宅街に近接して鉄道を敷設しようにも、彼が集めたブレインに鉄道経営者はいません。そこで、渋沢は小林にも協力を呼びかけますが、小林は自分の活動地盤が関西であることを理由に、顧問という立場での協力にとどめました。

このような経緯で、渋沢の田園都市株式会社に鉄道部門が発足します。さらに、小林は鉄道敷設権を持っているだけの武蔵電気鉄道を買収する提案をします。武蔵電気鉄道を合併すれば、鉄道の敷設免許だけではなく、鉄道経営のノウハウをもった人間まで手に入れることができました。

武蔵電気鉄道は経営が苦しく、政財界に太いパイプをもつ渋沢が面倒を見てくれるというのは願ってもいない申し出でした。両社の思惑は一致し、合併話はすぐにまとまります。この吸収合併で、武蔵電気鉄道に在籍していた五島慶太は、田園都市株式会社の鉄道部門に移籍します。田園都市会社の鉄道部門は、合併と同時に目黒蒲田《めぐろかまた》電鉄として再出発し、武蔵電気鉄道は東京横浜電鉄と改称しました。

昭和に入る頃には、田園調布の都市開発や住宅分譲に一定のメドがつきます。存在意義を失った田園都市株式会社は、昭和三（一九二八）年、その子会社で、五島が経営陣に名を連ねていた目黒蒲田電鉄に合併されてしまいます。

子会社が親会社を吸収してしまうことは、それほど珍しいケースではありません。しかし、この五島の行為は、自分を抜擢してくれた恩人の渋沢をないがしろにした印象が強く残りました。後世、〝強盗慶太〟と実業界で恐れられた、その片鱗《へんりん》をこの頃から見せはじめていたのです。

昭和一一（一九三六）年、五島は目黒蒲田電鉄と東京横浜電鉄両社の社長に就任します。昭和一三（一九三八）年には、渋谷駅をターミナルとして世田谷方面に線路を延ばしていた玉川電気鉄道を飲み込み、また江ノ島電気鉄道も手中に収めます。こうして五島は、鉄道というインフラを武器に経済界の大きな存在になりました。

街の発展によって、電停が東口に移動する

五島の鉄道に対する執念によって誕生した東京急行電鉄（「東急」）は、日本でも有数の私鉄となりました。「東急」の牙城となる渋谷駅には、昭和八（一九三三）年、東横百貨店がオープンします。渋谷駅は大正期から発展する兆《きざ》しを見せていましたが、関東大震災以降は世田谷や目黒などが新興住宅街として発展して人口が急増し、それらの人々で渋谷がにぎわいます

昭和三二（一九五七）年、青山通りから来る都電の電停は、渋谷駅のハチ公口から東口に移設されました。このとき、【渋谷駅前】を発着する市電は、以前から東口発着だった**34系統**に、新しく**6**、**9**、**10系統**が加わり、四系統もありました。ただ、渋谷の繁華街が形成されていたのは、西口から道玄坂にかけてでしたから、かつての【渋谷（玉電前）】の方がずっと便利なはずでした。

それにもかかわらず、東口へと電停が移された理由は、大正から昭和初期にかけて、渋

谷の街があまりにも発展してしまい、キャパシティーオーバーになったことが原因にありました。

もともと、渋谷の中心地は崖と崖とに挟まれた〝擂鉢状《すりばち》〟の地形です。擂鉢の底には、渋谷川が流れていました。渋谷駅は、渋谷川を暗渠《あんきょ》にした上に建てられています。擂鉢の底に当たる土地の面積は小さく、その狭い地域に人や自動車、市電が集中します。

しかも、都電の折り返し地点だったハチ公口のあたりは特に狭隘《きょうあい》でした。宮益坂から下ってきた都電が、渋谷駅の手前で数珠《じゅず》つなぎになるという状態が慢性化していたのです。この問題は、すでに昭和初期から行政の検討課題でしたが、結局は終戦時まで放置されていました。乗客も、電停が近づけば近づくほど、いっこうに進まない都電にイライラしたことでしょう。

この問題を解消する方策として、東京都交通局は、宮益坂を下りてきたところに降車専用の臨時電停を設置するというアイデアを検討します。しかし宮益坂下は、自動車の往来の激しい明治通りとの交差点です。こんな場所で降車させたら交通トラブルを引き起こし、よけいに渋滞が深刻化するという反対があり、この計画は頓挫《とんざ》しました。

また、昭和一二（一九三七）年時点では、線路をハチ公口から延伸して、現在のモヤイ像前のあたりに発着線を設置するとともに、多くの電車が発着できるように線路を増やす計画が立てられていました。さらに、発着線を〝ループ線〟構造にして、車両がスムーズに方向転換できるように配慮するというものです。

渋谷駅西口の電停を改良する計画は実現しませんでしたが、戦後復興が一段落した昭和三二（一九五七）年、今度は東口に電停が移設されることになった際、先に立てられた計画の一部が活かされました。

それは、東口に下りてくる二つの坂―宮益坂と金王坂《こんのうざか》―を活用して、ループ線構造を実現するアイデアでした。【青山車庫前】から【渋谷駅前】に向かう都電は、宮益坂ではなく青山通り上にある金王坂を下り、渋谷警察署前を右折して東口に入ります。そして、【渋谷駅前】で乗客を乗せると、今度は宮益坂を上っていくのです。二つの坂を下り専用と上り専用とに分担させることで、【渋谷駅前】では運転士が前方から後方に席を移動する手間がなくなり、発着がスムーズになりました。

都電の発着がスムーズになったことで、渋谷は都電の一大ターミナルとしての体裁を整えます。また、このループ線構造の区間が珍しいということで、都電ファンからは名所として親しまれるようになりました。

［写真 5-1］青山側から見た宮益坂（右）と金王坂（左）

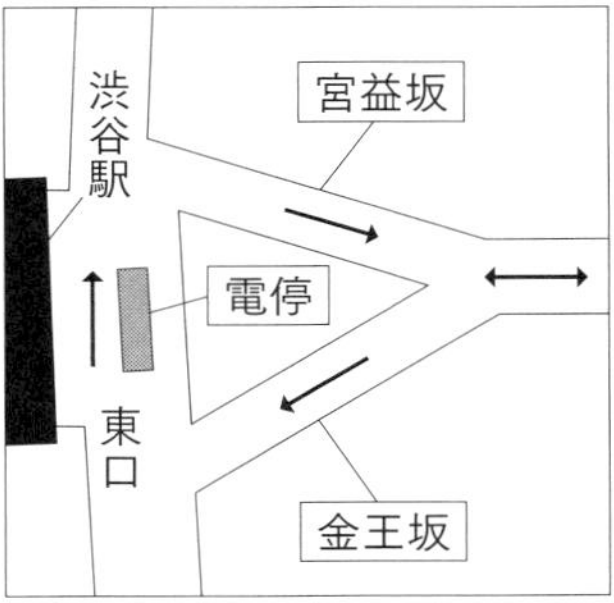

［図 5-2］宮益坂と金王坂を下りと上りに役割分担することで、都電の運行は大きく改善された

［写真5-2］昭和30年代、渋谷駅東口にあった電停。ループ線構造によって、すべての車両は、奥から入り手前に向かって発進する。写真提供／東京都

“強盗慶太”が仕掛けた地下鉄戦争

現在の東京メトロ銀座線が走る新橋駅から上野駅までのルートは、都電1系統のそれをそっくりトレースしたものです。この区間の地下鉄を開業させた早川徳次は、新橋から南、さらに品川方面へと線路を建設するつもりでした。

つまり、早川の目論見《もくろみ》では、地下鉄銀座線は1系統をそっくりそのまま代替する交通機関になる予定だったのです。ところが、彼の地下鉄が新橋駅まで開業した昭和九（一九三四）年、五島慶太が常務取締役をつとめる「東京高速鉄道」が発足すると、状況は一変します。

東京高速鉄道は、渋谷駅から新橋駅までの地下鉄路線として計画され、新橋駅から先は、早川がつくった地下鉄にドッキングして、上野駅や浅草駅まで乗り入れる計画を立てていたのです。早川はあくまで品川方面に線路を延ばすことを主張し、五島と手を結ぶつもりはありません。

新興の繁華街である渋谷をバックに勢力を拡大させてきた五島にとって、浅草や上野、銀座や日本橋といった、古くからの繁華街にアクセスできる地下鉄は、喉《のど》から手が出るほど欲しかった路線です。早川と繰り返し交渉を重ねた五島は、それが決裂すると、今度は早川の東京地下鉄道の株式を買収するという強引な手段に打って出ます。

これまでにも、五島はいくつもの鉄道会社の株式を強引に買収してきました。しかし、それらの鉄道は、山手線の外側に路線を走らせているものばかりでした。早川の東京地下鉄道は山手線の内側を走り、しかも当時のドル箱路線です。この買収騒ぎは、新聞にも〝地下鉄戦争〟と報じられます。

二人の争いはこじれて、早川の東京地下鉄道、五島の東京高速鉄道と、二つの新橋駅が壁を隔《へだ》ててつくられました。しかし、早川の粘りむなしく、昭和一四（一九三九）年には東京地下鉄道と東京高速鉄道の線路はつながり、相互乗り入れが開始されます。こうして銀座線は、浅草、上野、神田、日本橋、新橋を経て、渋谷に到達するルートになりました。早川は東京地下鉄道の経営からの退陣を余儀《よぎ》なくされます。

そのわずか三年後の昭和一七（一九四二）年、五島が東京の地下鉄を掌握したのも束《つか》の間、『陸上交通事業調整法』が施行されて、東京の地下鉄は、「営団」による一元管理が決まります。営団は鉄道省が所管する特殊法人です。五島は理事のひとりとして営団内にとどまりましたが、その発言力は小さいものでした。帝都の交通の覇権を握ろうとした五島の野望は、国家の力によって挫《くじ》かれたのです。

一方、地下鉄こそ自分の意のままにはなりませんでしたが、同じ『陸上交通事業調整法』によって、東横、京急、京王、小田急といった私鉄はひとつの会社に統合され、東京急行電鉄が誕生します。そのトップに五島が座り、地下鉄では手にできなかった野望を満たすことに成功しました。

このときに誕生した東急は、戦時統制の〝落とし子〟ともいえる巨大鉄道会社です。昭和二三（一九四八）年、五島の公職追放や労働組合対策などがきっかけとなって小田急や京王、京急だった路線は独立することになり、東急は規模を縮小しましたが、それでも渋谷を拠点に一大王国を築いています。

明治神宮前《めいじじんぐうまえ》と表参道《おもてさんどう》

【渋谷駅前】のループ線から出発した**10系統**は、宮益坂を上ると【青山車庫前】に到着します。さらに、青山通りを東へと走り【南青山五丁目】を過ぎると、次の電停は、【明治《めいじ》神宮前《じんぐうまえ》】です。

現在、東京メトロ千代田線の明治神宮前駅は、山手線原宿《はらじゅく》駅と隣接する場所にあり、その乗換駅になっています。この地下鉄の明治神宮前駅は、平成二二（二〇一〇）年から原宿という駅名が併記されるようになりました。

　原宿は、都民にとって親しみのある名称ですが、地名としては、昭和四〇（一九六五）年の『住居表示法』で消失しています。また、原宿駅前から発着する都電の電停もなかったため、山手線だけが頑なに〝原宿〟を使いつづけてきたことになります。それでも、原宿の一般的認知度がいまもって高いことを考えると、山手線の影響力がいかに絶大であったかがわかります。

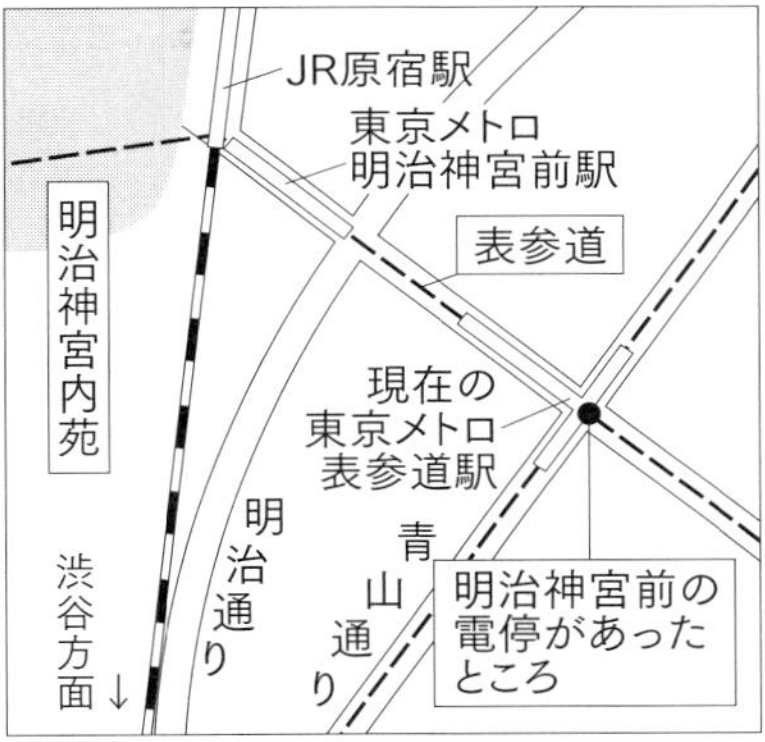

［図5-3］かつては、表参道の手前が「明治神宮前」だった

　10系統の【明治神宮前】は、その千代田線明治神宮前駅ではなく、現在の表参道《おもてさんどう》駅と同じ場所にありました。

　表参道は、いまでこそ青山通りと明治通りをつなぐ短い道路ですが、もとは明治神宮内《ない》苑《えん》に至るメインの参道です。【明治神宮前】は、明治神宮の入り口におかれた電停でした。

　その〝明治神宮前〟も、東京メトロ千代田

線の開通により、約一キロメートル西北へ移動したことになります。現在の表参道駅の立地に〝明治神宮前〟を感じられる人は、ほとんどいないのではないでしょうか。ショッピングついででもなければ、参拝者は、明治神宮前駅か小田急線参宮橋《さんぐうばし》駅、JR原宿駅を利用するはずです。

さらに、オリンピック東京大会を開催するにあたり、都市改造が東京の各所でおこなわれました。青山通りは都市改造で拡幅されて、明治神宮や原宿駅へと至る表参道も、もはや〝参道〟としての意味は消えつつありました。それでも沿道には、積み上げられた石垣がわずかに残り、昔日《せきじつ》を思わせます。

オリンピックで曲げられた線路

【明治神宮前】を後にした**10系統**は、【北青山一丁目】の交差点から一転、北へと進路を変えて、【信濃町《しなのまち》】【四谷三丁目】へと走ります。ここから【四谷見附《みつけ》】【市ヶ谷見附】を経て、靖国通りに入っていきます。

【北青山一丁目】から【九段上】までは、昭和三八(一九六三)年にルート変更された新しい区間です。それまでの**10系統**は【北青山一丁目】で北に向かわず、そのまま青山通りを直進するルートでした。三宅坂の交差点で内堀通りを北上すると、靖国通り沿いの【九段上】に到着し、そこから【神保町】【須田町】へと向かっていきました。

昭和三八（一九六三）年といえば、東京の道路には自動車が溢れ、都電が邪魔物扱いされはじめた頃です。東京オリンピックを目前にして、そのメインスタジアムとなる国立競技場、東京体育館などが立地する明治公園、日本武道館のある北の丸公園にアクセスするには、青山通りと内堀通りは欠かせない道路でした。また、各競技場と駒沢オリンピック公園や選手村となった代々木《よよぎ》公園を結ぶ道路としても、都心を貫く青山通りと内堀通りは重要でした。

東京オリンピックのメインストリートをノロノロと路面電車が走っていては、渋滞悪化の原因となると判断されました。【北青山一丁目】より先の**10系統**の区間は廃止させられることになりましたが、いまだ都電利用者は少なくなく、完全な廃止ではなく移設という暫定《ざんてい》的な措置《そち》になります。

【渋谷駅前】を始点に青山通りを東進する**9系統**にも同じ現象が起きています。**9系統**は、三宅坂の交差点までは**10系統**と同じ青山通りを走り、ここから**10系統**と逆方向の南へと進路を変えていました。**9系統**は【虎ノ門】―【桜田門】―【築地】と官庁街を貫いて走る路線でしたが、やはりオリンピック関連の措置で【北青山一丁目】から南下し、【六本木《ろっぽんぎ》】から六本木通りを東進するルートに変更されたのでした。

オリンピックがつくった道路の名前

東京オリンピックは、都電のみならず交通体系を大きく変えるイベントでもありました。道路整備は、青山通りや内堀通りのみならず、各所でおこなわれました。

昭和三四（一九五九）年にオリンピックの開催が決定してからは、首都高速道路公団が設立されて、羽田と都心を結ぶ一号線や新宿と都心を結ぶ四号線が急ピッチで建設されます。オリンピックには、海外から多くの人がやって来ます。たくさんの訪日外国人をスムーズに都心に運ぶことは、政府や東京都にとって至上命題でした。そのため、空港から都心に至る一号線は特に力を入れて建設されました。

さて、ここまで私は何の断りもなく〝青山通り〟とか〝内堀通り〟という名称で書き進めてきました。しかし、これらの道路の通称が正式に定着したのは、実はこのオリンピックがきっかけです。それまで東京の道路の正式な名称としては、いわゆる江戸以来の街道名を除いて、放射四号線や補助一五五線といった堅苦しい行政上のものしかありませんでした。

観光客どころか都民にとってもわかりづらいものでしたが、とはいえ、まだ自動車はいまほど普及していませんでしたので、その道路を使うのは地元民だけです。道路に名前がついていなくても、それほど大きな不便は感じなかったようです。

東京都は、昭和三六（一九六一）年に東京都通称道路名設定審議会を立ち上げます。この審議会では、計四四本の幹線道路と準幹線道路に〝通称名〟をつける作業が進められます。それによって、青山通りや内堀通りの他にも、明治通り、靖国通り、環七《かんなな》通りといった通称が正式に定められ、道路標識にも表示されることになりました。このとき、いまある東京の道路名の多くが定着したのです。

靖国は、いつから桜の名所となったか

10系統は【九段上】から元のルートに戻ります。【九段上】の左手には、桜の名所としても有名な靖国神社があります。しかし、ここに創建当初から桜の木があったわけではありません。
明治二（一八六九）年、明治維新の混乱がおさまりつつあり、政府は国内安静を取り戻

すことに躍起《やっき》になります。政府の重鎮、木戸孝允《きどたかよし》は、国に尽力した英霊を祀《まつ》るため東京招魂社《しょうこんしゃ》の創建を提案しました。当時、その建設候補地だったのは、上野寛永寺の境内でした。第一章でも触れましたが、寛永寺は幕府に味方した彰義隊が立てこもった地で、政府が封鎖していたこともあり、木戸は上野に東京招魂社を建立することを諦《あきら》めます。

木戸が次なる候補地として選んだのが九段でした。彼の邸宅は、現在の靖国神社のすぐ隣にありました。この提案に反対はほとんどなく、東京招魂社は創建されます。

もうひとり、東京招魂社計画を練った人物として大村益次郎《おおむらますじろう》が知られています。大村は、江戸時代に同地が軍事演習場に使用されていたことから、東京招魂社の境内を練兵場にも使えるようなスペースにしようと考えていました。大村の練兵場構想は実現せず、東京招魂社は、明治天皇の命によって明治一二（一八七九）年に靖国神社へと改称して現在に至っています。

靖国神社の境内には、東京都における桜の開花日を決定する〝標準木〟が植えられています。標準木に指定されている三本の桜は、いずれも〝ソメイヨシノ〟です。いまや日本を代表する花といえば桜であり、桜といえばソメイヨシノを指すというのが国民の一般的な認識になりました。

ところが、〝桜＝ソメイヨシノ〟という概念は、一〇〇年に満たない歴史の中で定着したものです。桜が日本人の心の花となっていく過程には、戦時中の軍歌「同期《どうき》の桜」や靖国神社に植えられた桜が大きな役割を果たしました。

その靖国神社の桜を最初に境内に植樹したのは、東京招魂社の発案者でもある木戸だったといわれています。木戸の邸宅は、靖国神社のすぐ隣にありましたが、別邸は染井《そめい》にありました。染井は、現在の東京都豊島区駒込《こまごめ》です。諸説ありますが、ソメイヨシノは江戸時代に染井の植木職人によって開発された新品種とする説が有力です。おそらく木戸は、自身の別邸近くに咲いていたソメイヨシノの美しさに魅了されて、それを東京招魂社の境内でも再現しようと考えたのでしょう。

日本には、古来より桜を観賞するというレジャーはありました。享保《きょうほう》の改革で質素倹約につとめた徳川吉宗は、あまりの倹約ぶりに町民の楽しみがなくなることを危惧《きぐ》し、飛鳥山や品川御殿山、隅田川に桜を植樹したのが、江戸の花見の始まりとされています。現在でも、飛鳥山は花見のシーズンに多くの人出でにぎわう名所ですが、吉宗治世時の桜はもちろんソメイヨシノではありません。山桜や八重桜が多くを占めていました。

靖国神社にソメイヨシノを植えた木戸は、明治一〇（一八七七）年に没します。ソメイヨシノは、植えられてから花を咲かせるまでに二〇年の歳月が必要です。彼が靖国のソメイヨシが花を咲かせている風景を目にすることはありませんでした。

大正時代になると、この桜は、靖国通りを走る路面電車の車窓からもよく眺められたようです。やがて沿線の名所となり、〝これが本当の花電車〟と好評を得ました。

靖国から発した〝桜革命〟は、ソメイヨシノの名声を全国に広めただけにとどまりません。それは、なにより日本の伝統文化を想起させる花としてイメージされるようになり、また鉄道文化にも大きな影響を与えたのです。

明治五（一八七二）年、新橋―横浜間で初運行された鉄道は、その後も順調に線路を延ばしました。昭和に入ると、鉄道は特別な乗り物ではなくなり、一般庶民も利用するようになります。日本で初めて特急列車が運行されたのは、明治四五（一九一二）年です。新橋駅から、日本の大動脈ともいえる東海道本線と山陽本線を通って、本州の西端、下関《しものせき》駅まで走るダイヤが組まれました。

昭和四（一九二九）年、鉄道省は、鉄道に対して国民に親しみを抱いてもらうことを狙って特急列車に愛称をつけることを決めます。広く愛称を公募した反響は大きく、五六〇〇通の応募があったようです。その第一位は一〇〇七票で〝富士〟、第二位は八八二票で

〝燕《つばめ》〟、三位は八三四票を獲得した〝桜〟でした。その一〇位までに花の名前は〝桜〟しかありません。他は鳥の名前や旧国名です。選考の結果、鉄道省は〝富士〟と〝桜〟を特急列車の愛称名に採用しました。

坂の町・東京を代表する九段

靖国通りを東へと走る10系統は、【九段上】から【九段下】へと長く急な坂道を下ることになります。路面電車のみならず、鉄道は勾配《こうばい》に弱い交通機関です。急勾配は上るのがたいへんと誤解されがちですが、鉄道が勾配に弱いのは、何と言っても下りです。下りの際に車輪が滑《すべ》ることで、車両はコントロールを失い、運転士の意のままに動かせなくなります。

九段は〝坂上・坂下〟と表現されるように、江戸時代から急な坂道の地として知られ、荷車を引く人たちにとって難所になっていました。そのため、九段坂下には荷車を押して賃金を得る労働者がたむろしていたほどです。現在もけっして緩《ゆる》い坂ではありませんが、かつてはもっと急でした。

当然ながら、電車がここを走ることは容易なことではありませんでした。明治三七（一

［写真 5-3］九段下から上ってくる路面電車。右の濠は牛ヶ淵。東京鉄道時代に濠ばたの坂を開削し、線路を敷いた

［図5-4］九段坂の上下に設けられた電停。この間を当初、乗客は下車して歩いていた。

九〇四）年、東京市街鉄道が【小川町】―【九段下】を開通させますが、そのとき九段の坂上と坂下には別々に電停がつくられ、その間で乗客はいったん下車し徒歩で連絡していました。

そんな不便が解消されたのは、三社合併して東京鉄道になった明治四〇（一九〇七）年です。傾斜のきつい九段坂の南側、お濠の脇に、斜面を削って緩やかな勾配にした坂がつくられ、その上に線路を敷設したのです。この緩やかな坂は、電車専用だったことから、徒歩の人たちは相変わらず急坂を上り下りしなければなりませんでした。道路全体を緩やかな傾斜に改修するには、費用も時間もかかります。とりあえず電車の専用軌道だけを確保することになりました。

こうして急勾配の九段坂を電車が運行できるようになりました。その後、道路全体が緩やかになるような工事が施されていますが、それでも九段坂が東京を代表する急勾配であることは変わっていません。

学生が生んだ古書店街

九段坂を下った**10系統**は、【神保町】に到着します。この界隈には多くの古書店が並び、いまや〝神保町〟は古書店街の代名詞にもなっていますが、この姿になったのは、明治初期になって周辺に大学が相次いで開学したことが背景にありました。

明治一〇（一八七七）年に、東京大学の前身である官立東京大学が本郷に開学すると、神保町付近では、明治一三（一八八〇）年に専修《せんしゅう》学校、明治一四（一八八一）には明治法律学校と東京法学校、明治一八（一八八五）年には英吉利《いぎりす》法律学校、明治二二（一八八九）年には日本法律学校などが相次いで開学します。これらは現在、それぞれ専修大学、明治大学、法政大学、中央大学、日本大学になっています。

この時期、大学の開学が相次いだ背景には、諸外国との関係がありました。鎖国を解いた日本は、外から入ってくる文明や文化に驚きます。政府はお雇い外国人に高い給料を支払ってまで、近代化を急ぎます。

しかし、いつまでも高い給料を支払っているわけにはいきません。自国民の知識と教養を磨き人材育成をすることが国是《こくぜ》になります。神保町付近に開学した学校のほとんどは、政府高官の助力を得ています。明治法律学校はのちに総理大臣をつとめることになる西園《さいおん》寺公望《じきんもち》が、日本法律学校には司法大臣をつとめる山田顕義《やまだあきよし》や金子堅太郎《かねこけんたろう》などが設立に関わっています。政府の中枢をなす高官たちが学校設立に関わっていることからも、人材育成のための教育機関設立は時代の要請でもあったことがわかります。

これらの大学に通う学生たちが神保町界隈に溢れると、学生たちが教科書とする法律書を販売する書店も同時に増えていきました。学生街とともに書店街が形成され、時代とともに古書店街へと変貌します。

神保町からすこし行くと、ほかにも東京電機大学や東京医科歯科大学、共立《きようりつ》女子大学などが立地していました。渋谷から神保町に直通する**10系統**は、最盛期には学生たち〝御《ご》用達《ようたし》〟の路線でした。**【神保町】**を通る路線は**10系統**のほか、**2**、**12**、**15**、**17**、**18**、**35**と計七系統もありました。しかし、通学の足がわりだったこれらの系統は、昭和四〇年代に入ると次々と廃止されてしまいます。最後まで残っていた**12系統**が昭和四五（一九七〇）年に廃止されると、神保町から都電は姿を消しました。

神保町に地下鉄が姿を現わすのは、都営地下鉄三田線が開業する昭和四七（一九七二）年です。都電が廃止されてから二年後のことでした。わずか二年間ではありましたが、多くの学生が闊歩《かつぽ》する街は、一時的に〝鉄道空白地帯〟になったのです。しかも、都営三田線は東京を南北に貫く地下鉄であり、渋谷や新宿にはアクセスしていません。これが開業したところで、学生にとって神保町が不便な地だったことは想像に難くありません。

さて、【神保町】を通りすぎた**10系統**は、スキー用品店や楽器店が軒を連ねる【小川町《おがわまち》】【淡路町《あわじちょう》】と抜けて、中央線のガード手前の【須田町】で終点となります。神保町と同じく、須田町は交通の要衝でもありました。最盛期には一〇系統もの都電が、須田町交差点を行き来する光景を見ることができました。都電ファンにとってみれば、この一角でカメラを構えていれば都電の四分の一の系統を撮影することができるため、絶好の撮影ポイントとなっていました。

〝川の手〟と呼ばれた都電地帯

10系統は【須田町】で終点となりますが、線路はその先にもつながっています。ここから先は、【四谷三丁目】から合流した**12系統**、【小川町】から合流した**25系統**、【須田町】を始点とする**29系統**が発着していました。

この三系統は、いずれも東京二三区の東部の足として活躍しました。このうち**29系統**は、**15系統**と同じく元城東《じょうとう》電気軌道でもあります。城東電気軌道は、大正六（一九一七）年に【錦糸町《きんしちょう》】—【小松川《こまつがわ》】間を開業させ、錦糸町や亀戸《かめいど》を基軸に路線網を広げていましたが、昭和一七（一九四二）年、東京市電に統合されます。

　現在では、ＪＲ総武線の錦糸町駅があることから、この周辺は〝錦糸町〟と呼ばれます。しかし、都電全盛期は錦糸町というよりも都電の車庫の名前にもなっていた〝錦糸《きんし》堀《ぼり》〟と呼ばれることが一般的でした。この一帯は、昭和初期から、阪急の小林一三が江東《こうとう》楽天地《らくてんち》を造成したことが契機となって、にぎわいを見せるようになりました。深川区や城東区、本所区には町工場が多く、そうした工場で働く職人たちが夜に繰り出す街になったのです。そのため、〝西の有楽町、東の錦糸町〟と並び称されるようになりました。

　山の手にも下町にも属さない、この一帯はいつの間にか〝川の手〟と称されるようになります。そのネーミングは、江戸時代から運河が縦横無尽に築かれたことが由来になっています。墨田区や江東区などは、かつて都電が唯一の足ともいわれていた地域です。昭和四七（一九七二）年まで、【錦糸町駅前】―【都庁前】間の**28系統**、【錦糸堀車庫】―【日本橋】間の**38系統**、【福神橋】―【月島《つきしま》】間の**23系統**は、〝川の手〟住民の生活に欠かせない公共交通機関でした。

　東京の東部は長らく、都電を中心に独自の都市が形成されていきます。この地域と東京駅などの中心地を結ぶ勝鬨橋《かちどきばし》は、皇紀二六〇〇年、月島をメイン会場にして開催される東京万博へのアクセスを担うため架橋されることになった記念建造物でもあります。国家の威信を賭けた勝鬨橋建設は、昭和八（一九三三）から昭和一五（一九四〇）年まで、実に七年もの歳月をかけ、最新の技術を盛り込んだ工事がおこなわれました。

しかし、勝鬨橋に市電の線路は敷設されませんでした。そうした事情もあり、勝鬨橋を境にして、東京の東側はいったん〝切り離された世界〟になるのです。都電が勝鬨橋を渡って銀座や日比谷まで走るようになるのは、戦後の昭和二二（一九四七）年になってからです。

都電の廃止が東京の東部地域を衰退に追い込む力は絶大でした。現在、それらは東京メトロ東西線や都営地下鉄大江戸線に代替されています。また、地下鉄が走っていない区間は、都バスで補完されています。それでも、この地域の交通の便はよくなく、特に南北をつなぐ移動手段が乏しいことが指摘されています。

こうした交通の不便を解消しようとする動きが新たに起こっています。江東区は亀戸駅から南へと延びるJR貨物線に注目し、この線路を活用してLRTの運行を検討しています。LRTについては、第六章で詳しく述べますが、この区間には、都有地が多くあることから用地買収のハードルは低く、また区民もLRT建設におおむね賛成しています。実現にむけて目立った動きはまだありませんが、その計画からは目が離せません。

江東区にとって、都電はなくてはならない公共交通機関でした。そのため、錦糸町を中心に都電が残りました。生き残った**荒川線**を除けば、江東区は最後まで都電が残ったエリアです。

都電が廃止された後、線路のあった跡地の一部は、緑道公園に整備されました。緑道公園には、軌道が都電の車輪がモニュメントとして展示されているほか、線路が残されている区間もありますが、公園化されたことで、当時の面影は見る影もありません。緑道公園は鉄道遺産的なものではなく、すでに地域住民の憩いの場になっています。ときおり都電ファンが訪れているようですが、一抹《いちまつ》の寂しさを感じます。江東区から都電が消えて、すでに四〇年以上が経過していますから、その記憶が薄れてしまうことは避けられないのなのかもしれません。

［写真5-4］〝川の手〟の都電跡を保存する緑地公園。ここを29系統と38系統が通っていた

第六章　17系統

～池袋を発着した唯一の路線～

17系統

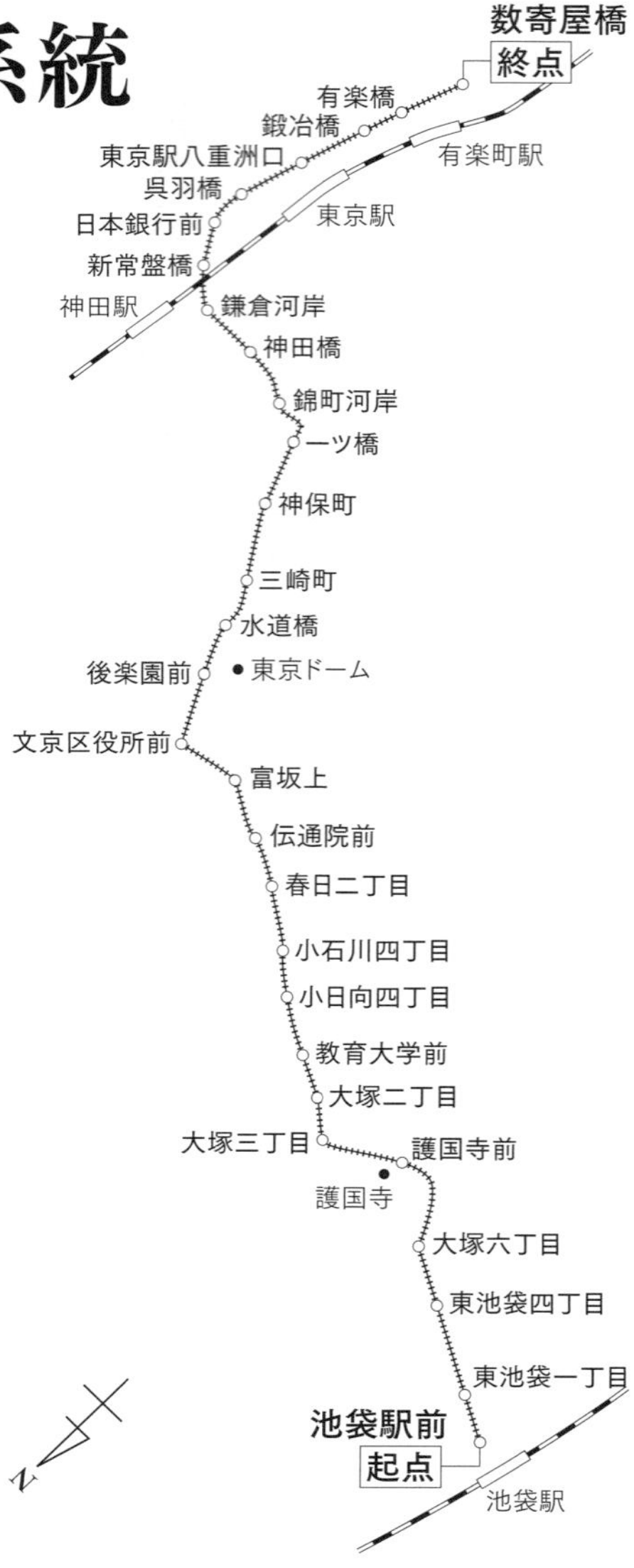
数寄屋橋
終点
有楽橋
鍛冶橋
東京駅八重洲口
呉羽橋
日本銀行前
新常盤橋
有楽町駅
東京駅
神田駅
鎌倉河岸
神田橋
錦町河岸
一ツ橋
神保町
三崎町
水道橋
後楽園前
東京ドーム
文京区役所前
富坂上
伝通院前
春日二丁目
小石川四丁目
小日向四丁目
教育大学前
大塚二丁目
大塚三丁目
護国寺前
護国寺
大塚六丁目
東池袋四丁目
東池袋一丁目
池袋駅前
起点
池袋駅
N

昭和に花開いた池袋

池袋駅東口に都電の前身である東京市電が発着するようになったのは、昭和一四（一九三九）年です。日中《にっちゅう》戦争でガソリン不足が深刻化し、自動車が思うように走れなくなったことから建設されることになりました。いまや新宿や渋谷と並んで副都心として発展をつづける池袋ですが、都市化が始まるのは、かなり遅いことがわかります。

日本鉄道が明治一八（一八八五）年に品川線を開通させた際、新宿駅や渋谷駅と同時に開業したのは板橋駅です。二週間後には、目黒駅と目白駅が開業しました。しかし、このとき池袋に駅は設置されませんでした。おくれを取ること一八年。明治三六（一九〇三）年に、やっと池袋駅が開業しますが、その背景には特殊な事情があります。

日本鉄道は、本線と品川線とを結ぶために田端《たばた》駅から「豊島《としま》線」という支線を延ばしますが、その豊島線と品川線とがドッキングする地点がただ池袋だったからです。線路をつなげた当初、池袋に多くの需要を見込んでいたわけではありませんでした。

それどころか、日本鉄道の当初の計画では、田端から延びてきた豊島線は、池袋の南に位置する目白駅で品川線と接続することになっていました。豊島線には、その途中に巣鴨駅と大塚《おおつか》駅の設置を想定していましたが、計画どおりに線路を延ばすと警視庁監獄《かんごく》・巣鴨支署に突きあたってしまいます。

いまはサンシャインシティが建つ場所にあった巣鴨支署は、明治二八（一八九五）年に明治政府が国家の総力を挙げて開いた重要施設です。近代国家を目指した政府は、諸外国に向けて人権意識の高い国であることをアピールする必要がありました。受刑者の取り扱いは、その国の人権意識を測るバロメーターだったのです。巣鴨支署は、敷地面積四万八〇〇〇坪という日本最大の近代的刑務所として整備されました。その鳴り物入りの監獄を取り壊して、豊島線を敷設するわけにはいきません。

そこで迂回《うかい》ルートが検討され、豊島線の線路は池袋で品川線に接続することになりました。また、目白駅は大きな駅が設置できないような地形的条件が不利に働いたようです。

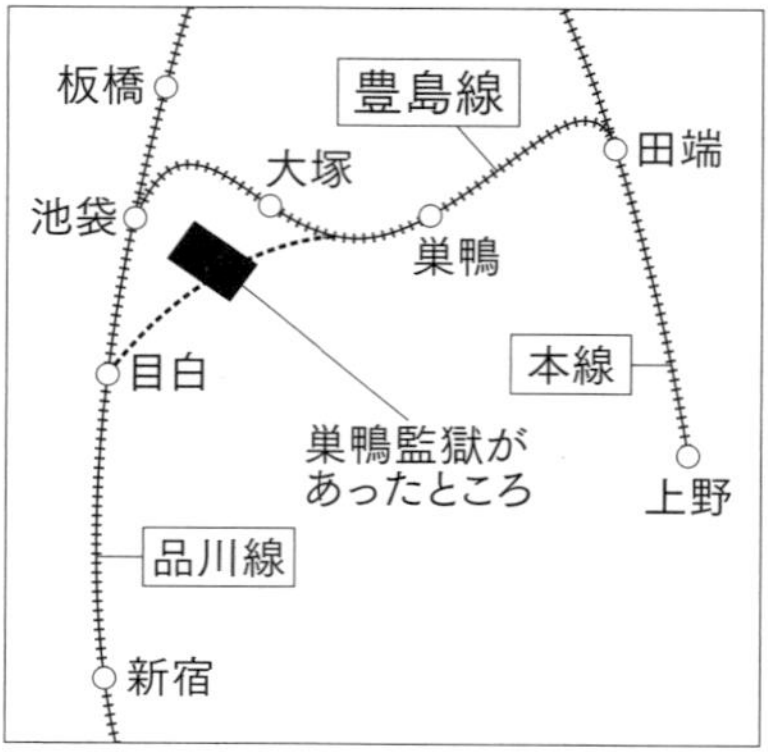

［図6-1］豊島線の登場によって、池袋駅が誕生する。巣鴨監獄が障害になって、目白駅につなぐことができなかった

その後、池袋駅は山手線の主要駅となり、埼京線や湘南《しょうなん》新宿ラインといった通勤列車ま

でもが停車するようになって街は大発展を遂げました。

〝東が西武で西東武〟の謎

日本鉄道豊島線は〝偶然の産物〟によって池袋駅発着となりましたが、池袋の幸運はまだつづきます。大正三（一九一四）年に東上《とうじょう》鉄道、翌年には武蔵野鉄道が、それぞれ池袋駅まで線路を延ばします。東上鉄道は現在の東武東上本線の前身、武蔵野鉄道は西武鉄道池袋本線の前身です。

家電量販店ビックカメラのテーマソングで〝東が西武で、西東武〟と歌われるように、池袋駅には、東口に西武鉄道池袋線が、西口に東武鉄道東上本線がそれぞれ発着していいます。この不思議な位置関係は、特殊な事情で起きた〝珍現象〟でした。もともと二社とも池袋駅を起点にする考えがなかったのに、諸般の事情によって池袋駅発着になってしまいました。

豊島線が建設された際、池袋駅と田端駅の間に、大塚駅と巣鴨駅が新規に開業します。大塚駅には「王子《おうじ》電気軌道」（第九章参照）が通っていました。この「王電《おうでん》」が大塚に電車を走らせていた理由は、ここが三業地《さんぎょうち》としてにぎわっていたからです。三業地とは、料理屋・芸妓《げいぎ》屋・待合《まちあい》の三業種が揃ったエリアのことです。これについては、第九章で詳しく述べます。

武蔵野鉄道もまた、その大塚や巣鴨を起点駅にしようと考えたようですが、建設資金が不足したこと、東京府から指示されたことなどから、池袋駅起点に計画変更しました。

東上鉄道や武蔵野鉄道などが集結したことで、池袋駅はしだいに繁華街として発展しますが、ここで風雲急《ふううんきゅう》を告《つ》げる出来事が起こります。〝西東武〟の東上鉄道が経営難に陥るのです。池袋にとっても、東上鉄道が潰《つぶ》れてしまえば片翼をもがれるようなものです。

東上鉄道の経営陣は、東武鉄道の創業者である根津嘉一郎に助けを求めました。根津は、東武鉄道の一部に組み込むことで、東上鉄道を助け出しました。こうして、東武鉄道東上本線が誕生します。

当初の東上鉄道は、東京と上州とを結ぶ路線として計画されていました。東京の〝東〟と上州の〝上〟をとり、〝東上〟としましたが、残念なことに東上本線は上州まで到達していません。余談ですが、〝東上線〟というのは通称で、正式名称はいまも〝東上本線〟です。

東武鉄道東上本線、西武鉄道池袋線はどんどん郊外に延びました。戦後、両線の沿線は人口が急増して東京のベッドタウンとなります。しかし、池袋の繁華街の発展の歩みは渋谷駅や新宿駅より遅かったことから、都電は臨時系統を除けば一路線しかありません。そのため、池袋から都心に向かう交通機関の整備は、東京都にとって焦眉《しょうび》の急でした。

幸か不幸か、池袋は都電が発展していなかったことで、戦後になって最初の地下鉄がつくられることになりました。昭和二九（一九五四）年、丸ノ内線は池袋―御茶ノ水間の部分開業を果たしますが、これにより戦前にできた〝銀座線〟と合わせて二路線となったことで、それぞれ名称をつけて呼び分ける必要が出てきました。

当初、丸ノ内線は御茶ノ水駅から先は神田駅方面へ延びる予定でしたが、東京駅の丸の内側方面へルート変更されました。そのため、東京に二番目に誕生した地下鉄は「丸ノ内線」という名称が与えられ、東京で最初に開業した路線が「銀座線」になったのです。

池袋のＬＲＴ計画は進むか

【池袋駅前】を出発した17系統は、グリーン大通りをひたすら東へと向かいます。現在、グリーン大通りには豊島区がＬＲＴを敷設する構想を発表しています。ＬＲＴは、〝ライト・レール・トランジット〟の略称で、直訳すれば〝軽軌鉄道〟です。近年、新型路面電車システムとして期待されるLRTの導入計画が、日本各地で検討されています。

その先駆けとなったのは、平成一八（二〇〇六）年に開業した富山ライトレールです。富山ライトレールは、JR西日本が走らせていた富山港線、約八・〇キロメートルの路線を路面電車に転換したものです。これが求められた背景は、なんと言っても高齢化社会の到来でした。富山市では、富山駅と中心市街地とが離れていたこともあり、もともとその間を埋める交通手段として路面電車が運行されていました。富山ライトレールも路面電車のため、構造が簡素です。下車したらすぐ目の前に商店がありますし、家の玄関から乗り場までの距離が短いことで利用するハードルが低くなります。

富山市は、富山ライトレールへの移行に際して電停の数を増やしました。また、これを機に一五分に一本まで増発します。頻繁に運行することで、〝待たずに乗れる〟という便利さを強調したのです。これが買い物や通勤・通学などの需要を掘り起こします。さらに、終電を二三時台にまで繰り下げて利用者拡大を図りました。

この取り組みが注目を集め、現在、LRTの導入を検討している地方自治体は、全国で五〇以上の数になります。その中でも先頭ランナーとして走っているのは、栃木県宇都宮市と大阪府堺《さかい》市です。一方、富山ライトレールの開業より以前の平成一七（二〇〇五）年から、豊島区は池袋東口を起点にしたＬＲＴ計画を発表していました。もちろん、富山ライトレールの計画はそれ以前から進んでいましたから、池袋のＬＲＴ計画が富山より先だったというわけではありません。

池袋のＬＲＴのイメージ図には、近未来型の〝低床車〟が走っているイラストが描かれています。池袋東口から延びるグリーン大通りに路面電車が走るということは、時を経て**17系統**がよみがえるということでもあります。

豊島区が構想しているＬＲＴ計画では、三ルートが検討されており、そのひとつでは、**【都電雑司ヶ谷】**から都電荒川線と相互乗り入れすることも視野に入れています。しかし、豊島区が描く路面電車は、近年もてはやされて各地で導入が相次いでいる低床車です。荒川線は現在、この低床車を用いずに、ホームを嵩《かさ》上げする方法でバリアフリー化を実現しています。豊島区の低床車と相互乗り入れをするには、荒川線全電停のプラットフォームの高さを変更しなければならず、同時に車両も入れ替えなければなりません。

そうしたことを考えると、豊島区が低床車にこだわるかぎり、池袋を走るＬＲＴが都電荒川線と相互乗り入れするのは難しいでしょう。

むしろ豊島区としては、池袋という街に近未来的な路面電車が走ることで、池袋のシンボル的な存在にするという思惑が強いように感じます。つまり、公共交通機関というよりも観光資源的な要素が強いといえるかもしれません。

寺の名称が駅名になるということ

グリーン大通りを東進してきた**17系統**は、のちに**荒川線**の一部となる**32系統**と交差して、不忍《しのばず》通りを左折します。そこに【護国寺前《ごこくじまえ》】があります。護国寺を建立したのは、徳川家光《いえみつ》の側室であり、綱吉《つなよし》の母となる桂昌院《けいしょういん》です。そうした由緒があるので、護国寺は江戸幕府の手厚い庇護《ひご》下にありました。江戸に立地する数多い寺の中でも、上野の寛永寺や芝《しば》の増上寺《ぞうじょうじ》などと並ぶような特別扱いを受けてきたのです。

明治維新で徳川幕府がなくなると、その庇護下にあった社寺は廃れていきました。護国寺も例外ではなく、生き残りを賭けて、陸軍墓地の用途に活路を求めました。

ところで護国寺には、明治天皇の皇子である稚瑞照彦尊《わかみつてるひこのみこと》が祀られています。明治になり京都から東京へと移ってきた天皇は、この初の皇子を死産で亡くします。皇族関係者の墓所はそれまで京都に設けられていましたが、遠く離れた地に我が子を葬《ほうむ》るのは、とてもつらいことだったのでしょう。東京府下で広大な敷地をもっていた護国寺に埋葬されることになりました。

これを機に護国寺は寺格が急上昇します。なにより都心にあるという立地的に恵まれていたことも要因でした。さらに、明治二四（一八九一）年には三条実美を埋葬します。三条は、明治政府で太政大臣をつとめ、イギリス公使・パークスと鉄道建設についても意見を交わし合い、新橋―横浜間の鉄道建設の立役者でもありました。その功から国葬をもって送られました。

稚瑞照彦尊や三条が埋葬されたことで、護国寺は明治政府と結びつくことに成功します。大正一一（一九二二）には、元老の山県有朋が、その後も大隈重信、日本大学を創立者した山田顕義など、政財界問わず明治史を彩った人たちが埋葬されていきますが、もはや明治政府とうまく結びついたというレベルではありません。江戸時代の隆盛を凌ぐほどの栄華を極めたと言っていいでしょう。

〝護国寺〟は一般的には、東京メトロ有楽町線の駅名として知られています。乗降しない利用者にも、寺の名が駅名として自然に刷りこまれます。そうしたことから、現代に生きる私たちは、地下鉄の駅名に採用されたことから護国寺が有名になったと考えがちです。はたしてそうでしょうか。

地下鉄護国寺駅のある住所は、文京区大塚五丁目（戦前は小石川区大塚坂下町）です。また門前は、〝音羽《おとわ》〟と呼ばれる地域でもありました。そもそも駅名は地域を代表する施設の名称ですから、まず地名なり町名なりが候補となり、それよりも広く定着し地域を代表するような施設があれば、その名称を採用するのが基本です。同駅は〝音羽駅〟となってもおかしくありませんでした。

護国寺は、明治政府と結びつくことで最初の危機を乗り切りましたが、大正に入った頃から再び財政が逼迫《ひっぱく》する兆《きざ》しを見せはじめます。何ごとも組織の運営にはお金がかかるものですが、宗教法人とはいえ財政とは無縁ではいられません。有楽町線が開業したのは昭和四九（一九七四）年ですから、そこまで護国寺はどのようにして生き延びてきたのでしょうか。

財政危機に瀕《ひん》した護国寺の再建を託されたのが、三越百貨店の初代支配人をつとめた高橋義雄（箒庵《そうあん》）でした。財界に顔が利く高橋は、まず三井財閥の大物たちへ護国寺に墓地をつくるよう働きかけます。護国寺に墓をつくれば、それだけ檀家がお布施をしてくれます。三井物産を興し政界にも影響力のある益田孝（鈍翁《どんおう》）を手始めに、大倉財閥の総帥だった大倉喜八郎や安田《やすだ》財閥の創始者である安田善次郎《ぜんじろう》といった、三井以外の有力財界人の墓を次々に誘致しました。

また、高橋は無類の茶道好きでした。明治時代、財界人のたしなみは茶道でした。箒庵や鈍翁というのは、茶人としての雅号《がごう》です。高橋は財界人の墓を護国寺に誘致する一方で、茶室や茶道具、美術品などを寄進するように声をかけます。財界における顔の広さは人並はずれていて、横浜正金銀行頭取をつとめた原六郎《はらろくろう》などからも寄進を集めました。

護国寺を東京における〝茶道の聖地〟化するという高橋のプロジェクトは順調に進み、現在でも茶道をたしなむ愛好者が集う場になっています。地下鉄の名前に採用されるほどの知名を得たのは、この茶道の影響が大きいでしょう。

一方、護国寺よりも六年早く、寺の名前が地下鉄の駅名になった例がありました。都営浅草線にある泉岳寺《せんがくじ》駅です。泉岳寺という地名はありませんから、この駅名が純粋に泉岳寺から借名したことは明らかです。

駅名に名前を貸した格好になった泉岳寺でしたが、思わぬ事態が起きます。平成五（一九九三）年、その泉岳寺が『不正競争防止法』を持ち出し、東京都営地下鉄の運営主体である東京都を訴えたのです。駅に忘れ物をした乗客が、問い合わせの電話を泉岳寺の方にしてくるため、寺務に支障が出るというのが提訴理由でした。泉岳寺の訴えは、裁判所に却下されます。

たしかに、駅名が〝泉岳寺〟ではなく、〝泉岳寺前〟であれば、こんな問題は起こらなかったでしょう。都電では、泉岳寺前や護国寺前の他にも、伝通院《でんずういん》前、鬼子母神《きしぼじん》前、神田明神《みようじん》前、明治神宮前、豊川稲荷《とよかわいなり》前、後楽園前、上野動物園前、慶應義塾前、専修大学前、議事堂前、都庁前というように、寺社をはじめとする、さまざまな施設から電停名を借用していました。しかし、いずれも〝～前〟となっています。

環状《かんじよう》三号線の〝残り香〟

【護国寺前】から春日《かすが》通りを走って、【教育大学前】【小日向《こひなた》四丁目】【小石川《こいしかわ》四丁目】と17系統は走ります。【小石川四丁目】の北東側には、かなり幅広の並木道が五〇〇メートルほど延びています。この並木道には〝播磨坂《はりまざか》〟という名称がつけられていますが、忽然《こつぜん》と目の前に現われるので、「どうして、こんなところに大きな道路をつくる必要が……」と不思議な感覚に襲われます。

どうしてこんな道路がつくられたのでしょうか。その謎を解くカギは、関東大震災からの復興事業にあります。この復興事業を指揮したのは、大正一二（一九二三）年、第二次山本権兵衛《やまもとごんのひょうえ》内閣で内務大臣兼帝都復興院総裁に就任した後藤新平です。当時の東京府は、芳川顕正知事が主導した市区改正計画や井上馨臨時建築局総裁が計画した官庁集中計画が一段落していました。東京を近代国家にふさわしい首都とするべく都市改造への情熱を燃やす政治家はすでに少数でした。

しかし、後藤は違いました。彼は、台湾や満州において都市経営の実績を評価され、第二次山本内閣で登用されることになります。その手腕を活かす素地は法律面でも整っていました。大正八（一九一九）年には『都市計画法』が制定され、かねてから都市計画の重要性を認識していた後藤にとって、この法律が大きな後ろ盾になったのです。彼は帝都復興院総裁につくと、東京をよみがえらせる計画として、東京の外縁部をぐるりと回る環《かん》状《じょう》一号線から環状八号線までを計画します。

環状七号線や環状八号線は大震災から一〇〇年が経過した現在でも未完成ながら、その機能は大きな役割を果たしています。道路に詳しい方なら、環状六号線が山手通り、環状五号線が明治通り、環状四号線が不忍通りであることをご存じでしょう。また、環状一号線は内堀通り、環状二号線はいまだ工事が進められている未完成の道路です。

環状二号線は戦後六〇年間にわたって工事が凍結されていましたが、平成一五（二〇〇三）年から再開されて、すこしずつ延びているところです。新聞やテレビは、部分開通のたびに〝マッカーサー道路が延伸開通〟と報じますが、この〝マッカーサー道路〟という名称は、後述のとおり明らかに誤まったものです。いずれにせよ、環状道路の話題は明るいといえます。

ところが、〝環状三号線〟と聞いて、すぐにイメージできる人は少ないでしょう。それは、この道路がほとんどつくられることなく現在に至っているからです。現在に至ると書きましたが、おそらく環状三号線は今後も計画が進むことはありません。【小石川四丁目】の電停から北東に延びる五〇〇メートルの播磨坂は、わずかにつくられた環状三号線の〝残り香〟なのです。

環状三号線がたった五〇〇メートルしかつくられなかった理由は、大震災の復興事業計画が、予算の関係上、途中で大幅に縮小させられたからでした。

後藤は、〝復旧〟ではなく〝復興〟をするべきだと主張します。つまり、元に戻すのではなく、新しくつくりかえるという意気込みを示しました。東京を新しく建設するための予算に、当時の金額で五〇億円が計上されます。後藤は後世のことまで頭に入れて都市計画を断行するつもりでしたが、五〇億という法外な金額は受けいれられません。予算は段階を経て削減され、約五億七〇〇〇万円まで縮小しました。環状三号線はその影響を受けて、ほとんど手つかずのまま幻と消えました。

環状三号線が再び表舞台に姿を現わすのは、戦後になってからです。焼け野原と化した東京の街を再建させるべく、戦災復興院が立ちあげられます。初代総裁は阪急の小林一三でした。

小林は、「戦災復興事業は、地方自治の観点から都道府県市町村が主体的に実施する」という理念を掲げます。彼の考えに基づいて、戦災復興のハンドルは東京都に預けられました。ここで手腕を発揮したのが、東京都職員の石川栄耀でした。あの新宿歌舞伎町の建設に関わった石川です。戦災復興に際して、石川は東京の過大化を抑制する必要性を認識していました。東京都心部を復興させると同時に、いかに衛星都市をつくるかにも腐心《ふしん》します。その後に訪れるであろう東京の飽和《ほうわ》を予期し、地方分権を可能にする都市計画を練ったのです。

都心部に過度な集中を生まない環状道路は、そうした考えから生まれました。それは、石川の地方分権を具現化するに必要なインフラでもありました。ところがＧＨＱは、立派な道路は敗戦国に馴染《なじ》まないと難色を示します。ですから、環状道路が〝マッカーサー道路〟ではありえません。環状道路の計画はまたしても棚上げされます。

小石川一帯の復興事業が認められたことで、いち早く環状三号線の工事は着手されましたが、工事中に東京都の方針が転換したため、結局のところ、わずか五〇〇メートルしかできませんでした。環状四号線である不忍通りには、半環状線のような20系統が走っています。もし、環状三号線が計画どおり完成していれば、20系統と同じように環状三号線にも都電が敷設されていたのかもしれません。

陸軍用地から野球の殿堂へ

【文京区役所前】を右折した17系統は、【後楽園前】【水道橋】を走ります。

後楽園は水戸藩徳川家の上屋敷があった場所です。この屋敷跡は、明治政府の兵部省の用地になります。陸軍は兵器を製造する東京砲兵工廠《ほうへいこうしょう》を建てますが、その東京砲兵工廠も関東大震災で被災しました。資金的な問題から陸軍は再建を諦め、福岡県小倉《こくら》にあった兵器工場に移転・集約されます。

昭和一〇（一九三五）年頃、そのまま空き地になっていた場所に野球場建設の話が持ち上がります。これが、東京ドームの前身である後楽園球場です。大名屋敷から軍工場、そして野球場。その変遷を追いかけると、各時代の社会情勢が見えてくるようです。

この地に野球場を建設しようとする動きが出た前年、アメリカから来日したメジャーリーグオールスターチームと対戦するために大日本東京野球倶楽部《くらぶ》が産声《うぶごえ》をあげました。大日本東京野球倶楽部は、読売ジャイアンツの前身です。

いまや球界の盟主を自称する読売ジャイアンツですが、その前身である大日本東京野球倶楽部が日本初のプロ野球チームだったわけではありません。大正九（一九二〇）年には、すでに河野安通志《こうのあつし》や押川清《おしかわきよし》などによってプロ野球チームが結成されています。ところが、当時はまだプロスポーツという文化がなく、ちょうど普及活動をしていた矢先に運悪く関東大震災が起きて、チームは解散してしまいます。

プロ野球チームを創設しようという動きが再び出てくるのは、大正一三（一九二四）年でした。阪急の小林一三が、鉄道利用客を掘り起こす目的でプロ野球チームによる試合開催をブチ上げます。小林が構想したプロ野球リーグは、昭和金融恐慌などのあおりから昭和四（一九二九）年に消滅します。そして、〝三度目の挑戦〟を成功させたのが、読売新聞社オーナー・正力松太郎《しょうりきまつたろう》でした。このとき正力が結成した大日本東京野球倶楽部は、新聞の拡販材料として利用される一方で、社会的文化事業ともいうべきメジャーリーグの招聘《しょうへい》を実現しました。

ただし、プロ野球が創設された当時は、ホームスタジアムを所有するという概念が希薄でした。読売ジャイアンツも、球場建設や管理に費用がかかることを懸念して所有しませんでした。ホームスタジアムを所有したのは、阪急や阪神といった鉄道会社を母体とするチームです。これら鉄道系のチームは、自社の鉄道利用客を増やす道具として発足していますから、自社の沿線にその本拠地となるスタジアムがなければ意味がありません。

読売ジャイアンツは本拠地を持たない方針で発足しましたが、後楽園球場を本拠地にしたプロ野球チームがなかったわけではありません。河野安通志はプロ野球熱が高まってきたことを察知し、再びプロ野球チームを結成します。それが後楽園球場をホームスタジアムにして、昭和一二（一九三七）年に誕生したイーグルスです。

読売新聞社がジャイアンツ、阪急電鉄がブレーブスといった具合に、当時のプロスポーツはまだ親会社が後ろ盾になって運営資金を提供していました。ところがイーグルスには親会社がありません。いまでいうところの市民球団です。当時は観戦料やオフィシャルグッズの販売利益で球団を経営できるような社会的状況にはありませんでした。

そこでイーグルスは、本拠地である後楽園球場一帯を遊園地などに整備することを考えます。チームとは別に整備・管理・経営を担わせる後楽園スタヂアムという会社を設立し、社長に東京米穀《べいこく》商品取引所の理事長をつとめていた早川芳太郎《はやかわよしたろう》を迎えます。

早川は東京市内でタクシーが増えていることを察知し、これをビジネスチャンスとしてとらえます。後楽園の敷地の一画にタクシーのガレージを整備して、それをタクシー会社に貸し出すレンタル事業を始めます。さらに、試合のない日やオフシーズンに松竹《しょうちく》や宝塚《たからづか》歌劇団にステージを貸すホール事業にも進出するなど、不動産事業を中心とした多角的な経営を目指したのです。しかし、戦争が激化すると、国民は野球を楽しめるような余裕がなくなり、客足は遠のきます。経営は悪化し、球団は売却されました。

戦後、後楽園は遊園地として再スタートを果たし、一大レジャー空間として歩みはじめます。昭和二四（一九四九）年には、後楽園球場の隣に、国営競馬の場外馬券発売所や後楽園競輪なども開設されました。また、後楽園ゆうえんちのローラーコースターは、天に伸びるような巨大なもので、**17系統**の車窓からも眺められたその姿は、まさに東京の摩天楼《まてんろう》のような存在でした。

この場所を訪れる人々の足の役目を果たしたのが、中央・総武線や都営三田線の水道橋駅です。都営三田線の水道橋駅は、都電の【水道橋】があったところにつくられています。

美濃部《みのべ》亮吉《りようきち》都知事は、娯楽の殿堂の一翼を担った後楽園競輪を廃止しましたが、都電の廃止も進めました。都電の廃止は東京オリンピックの開催前に決まっていたことですので、むしろ前任者である東龍太郎《あずまりようたろう》都知事の意向が強く反映されたものです。しかし、美濃部自身も都電を存続させることにそれほど関心はなかったようです。その一方で、東京都交通局は都営地下鉄の計画を次々と立て、開業させました。

野球と鉄道車両製造の発展に貢献した人物

もうすこし鉄道と野球の関係を掘り下げてみたいと思います。

自社の鉄道を利用してもらおうと、阪急がブレーブスを創設したことはすでに述べましたが、ほかにも阪神がタイガース、南海がホークス、近鉄がパールズ（のちのバファローズ）、西鉄《にしてつ》がクリッパーズ（のちのライオンズ）、西武がライオンズ、東急がフライヤーズ、そして国鉄がスワローズというように、鉄道と野球は不即不離《ふそくふり》の関係にありました。

大正一〇（一九二一）年、東京駅前で催された鉄道記念祝典において、〝鉄道の父〟井上勝、鉄道通の軍人・川上操六、政治家では伊藤博文、大隈重信、岩倉具視、財界人では渋沢栄一といった人物が、功労者として顕彰《けんしょう》されています。

こういった華やかな並びの中にあって、やはり鉄道功労者として平岡凞《ひらおかひろし》という人物が顕彰されました。現在、その名前を耳にする機会はほとんどといってありません。彼はいかなる人物なのでしょうか。

平岡は明治四（一八七一）年にアメリカへと渡り、そこで鉄道に出会います。日本の鉄道は明治五（一八七二）年に開業していますから、平岡が横浜から渡米したときには、すでに線路の工事が始まっています。しかし、彼が初めて蒸気機関車を目にしたのはアメリカでした。蒸気機関車に魅せられた平岡は、車両製造工場で働くことを志願し、その技術と知識を吸収しました。そして休日は、同僚とベースボールを楽しんだのです。

［写真 6-1］平岡凞

明治九（一八七六）年に帰国した平岡は、新橋にあった鉄道局工場に配属されます。主な仕事は鉄道車両のメンテナンスでした。当時の日本には、まだ鉄道車両をイチから製造する技術がありません。すべて海外からの輸入です。

仕事の休憩時間に、平岡は仲間たちとベースボールに興じます。そして、職場の仲間と日本初の野球チーム〝新橋アスレチック倶楽部〟を結成すると、明治一五（一八八二）年には、品川に野球場をつくり、対抗戦を開催するなど野球界に大きく貢献しました。

これらの功績から、昭和三四（一九五九）年に野球殿堂が創設されると、平岡は特別表彰の第一号となります。

平岡の活躍はこれにとどまりませんでした。新橋アスレチック倶楽部の会長を辞し、新橋工場も退職すると、明治二三（一八九〇）年には平岡鉄工所を設立します。平岡鉄工所は、水道橋に工場を構えて鉄道車両の国産化を目指したのでした。

上野公園で展示された日本初の電車は、藤岡市助がアメリカから持ち込んだ車両です。そして、明治二八（一八九五）年、京都電気鉄道が都市で初めて営業運転させたのもアメリカ製の車両でした。

鉄道車両を製造するには、まず材料となる鉄が要ります。日本には鉄を製造する技術がありませんでした。軍隊の近代化にも産業の近代化にも、鉄は欠かせません。政府は明治三〇（一八九七）年に官営八幡《やはた》製鉄所を設立しました。八幡製鉄所は明治三四（一九〇一）年から操業を開始し、苦難の末、三年後にはようやく鉄の国内生産が実現します。鉄の国内生産が始まっても、鉄道車両の国産化は進みませんでした。鉄道車両は鉄の塊《かたまり》ですが、国内の鉄の生産能力はまだそれほど高くなかったのです。

　一方、平岡の設立した工場は、鉄道庁長官を辞めて車両工場会社を興していた井上勝の汽車製造合資会社と合併して規模を拡大させました。しかし、日本の鉄道車両製造はようやく緒《しょ》についたばかりでした。

　日本の鉄道メーカーたちが完全国産化できるようになるのは、第一次大戦がきっかけです。海外から原料の輸入がストップしたことで、各社が培《つちか》ってきた技術を用いて国産化体制が整いました。以降、日本の鉄道車両技術は飛躍的に向上し、いまや世界でもトップクラスの水準を保っています。平岡の苦労がなければ、鉄道車両の国産化はもっと遅れていたでしょう。

東京駅の〝裏側〟だった八重洲口《やえすぐち》

【水道橋】から**17系統**は、皇居方面へとまっすぐ南下します。【一ツ橋《ひとつばし》】から方角を東に変え、【鎌倉河岸《かまくらがし》】を過ぎると、山手線や中央線が連なる高架を潜ります。さらに、【新常盤橋《しんときわばし》】【日本銀行前】などを経て、【東京駅八重洲口《やえすぐち》】に達します。
　いまでは百貨店がテナントとして入居するほど立派な建物のある「八重洲口」ですが、

そもそも大正三（一九一四）年の東京駅開業時にはまだ存在しません。都電四一路線の中でも**【東京駅八重洲口】**を通るのは、この**17系統**しかありませんでした。八重洲口はあくまでも東京駅の〝裏側〟だったのです。

江戸の商業地としてにぎわった日本橋方面からの動線を確保するために八重洲口がつくられるのは、昭和四（一九二九）年です。それまでの東京駅には、宮城を正面に見据える「丸の内口」しかありませんでした。丸の内口から遅れること一五年。ようやく開設に至った八重洲口でしたが、このときは仮出入口扱いだったので駅舎はありません。八重洲側に駅舎がつくられなかった理由は、ここに広大な機関区があったため用地が確保できなかったことが背景にあるようです。そのため八重洲口は、ホームにつながる木造の跨線《こせん》通路だけがつくられました。その後も八重洲口に駅舎を建てる計画が持ち上がりましたが、戦争などの都合で建設されませんでした。

八重洲口に駅舎が完成するのは、戦災復興が一段落つく昭和二七（一九五二）年まで待たなければなりません。

丸の内オフィス街の誕生

八重洲口の反対側、丸の内口にも目を向けてみることにしましょう。

鉄道が全国に線路を延ばしていくと、政府は中央駅の必要性を認識するようになりました。東京市区改正計画にも中央駅の開設は盛り込まれています。市区改正計画はすべてが実現されたものばかりではありませんが、日比谷公園などと並んで、東京駅も市区改正計画の数少ない実績です。

市区改正計画が固まり、東京駅の建設計画が始まった明治二三（一八九〇）年、丸の内一帯は三菱《みつびし》財閥に払い下げられます。

明治二七（一八九四）年、三菱一号館が、ジョサイア・コンドルの設計、煉瓦造りの西洋建築で建てられました。三菱は、丸の内にオフィス街を造成する計画だったために、この区画の木造家屋建設を禁止しました。丸の内に傾けたその情熱は実を結び、この一帯には〝一丁倫敦《いっちょうロンドン》〟と呼ばれる街区が出現しました。

そして、大正七（一九一八）年には東京海上ビルディング、大正一二（一九二三）年には丸ノ内ビルヂングを完成させます。高層ビルのはしりでもあるこの二つのビルは、全国のオフィスビルの顔ともいえる存在になりました。

特に東京海上ビルディングは、昭和四一（一九六六）年、改築にあたって一〇〇メートル以上の超高層ビルとして申請されました。これは、〝美観を損《そこ》ねる〟と行政が不許可にしたことで、都議会や国会でも議論になります。結局、東京海上ビルディングは高さ九九・七メートルに変更して竣工《しゅんこう》されました。一説には、〝皇居のすぐそばにあり、高層ビルから皇居を見下ろしてしまうことが好ましくない〟ため、不許可になったといわれています。皮肉なことに、東京海上ビルディングの建設をめぐって紛争が起きている間にも、東京にはこれよりも高いビルがたくさん建ちました。

いずれにせよ、丸の内にオフィス街が形成されていく過程で、電気鉄道が走るようになりました。電気鉄道はオフィス街と住宅街とをつなぎ、〝通勤〟という生活スタイルが生まれたのです。

［写真6-2］大正12年に完成した丸の内ビルヂングの雄姿。東京駅とのあいだに広がる敷地の中央を路面電車が走るが、舗装されているのは電車道のみである

銀座の川

銀座から新橋にかけて、テナントが入居する建物が連なっています。この上には、東京高速道路が通り、**17系統**は、その高速道路に沿うようにして南下します。【東京駅八重洲口】の次の電停が【鍛冶橋《かじばし》】、さらに【有楽橋《ゆうらくばし》】、そして終点が【数寄屋橋】と電停名にすべて〝橋〟がついています。

これは、東京高速道路が京橋川・汐留川などを埋め立てて建設されていることを物語っています。〝橋〟のつく電停名は、そこに川が流れ、橋が架けられていた名残です。現在、暗渠になっていますが、京橋川や汐留川は中央区と千代田区を隔《へだ》てる区境でもありました。ところが、その区境を曖昧《あいまい》にしたまま川は埋め立てられました。そのため、川の上に建てられた商業施設〝銀座ナイン〟は、住所が不確定のままになっています。

銀座のようなケースは稀《まれ》ですが、江戸時代、幕府は物流を舟運に頼っていました。江東区には舟運を担う運河が多数建設されました。それら運河は、江戸の中心地である日本橋や銀座などに直結しており、京橋川や汐留川もその一部です。これら運河は時代とともに役割を終えて埋め立てられました。埋め立てられて造成された道路には都電が走り、その都電も役割を終えて廃止されました。現在、〝銀座ナイン〟のある場所は、そうした交通の移り変わりを見つめてきた場所でもありました。

第七章

14系統

～山手線の駅から西へと向かう唯一の路線～

14系統

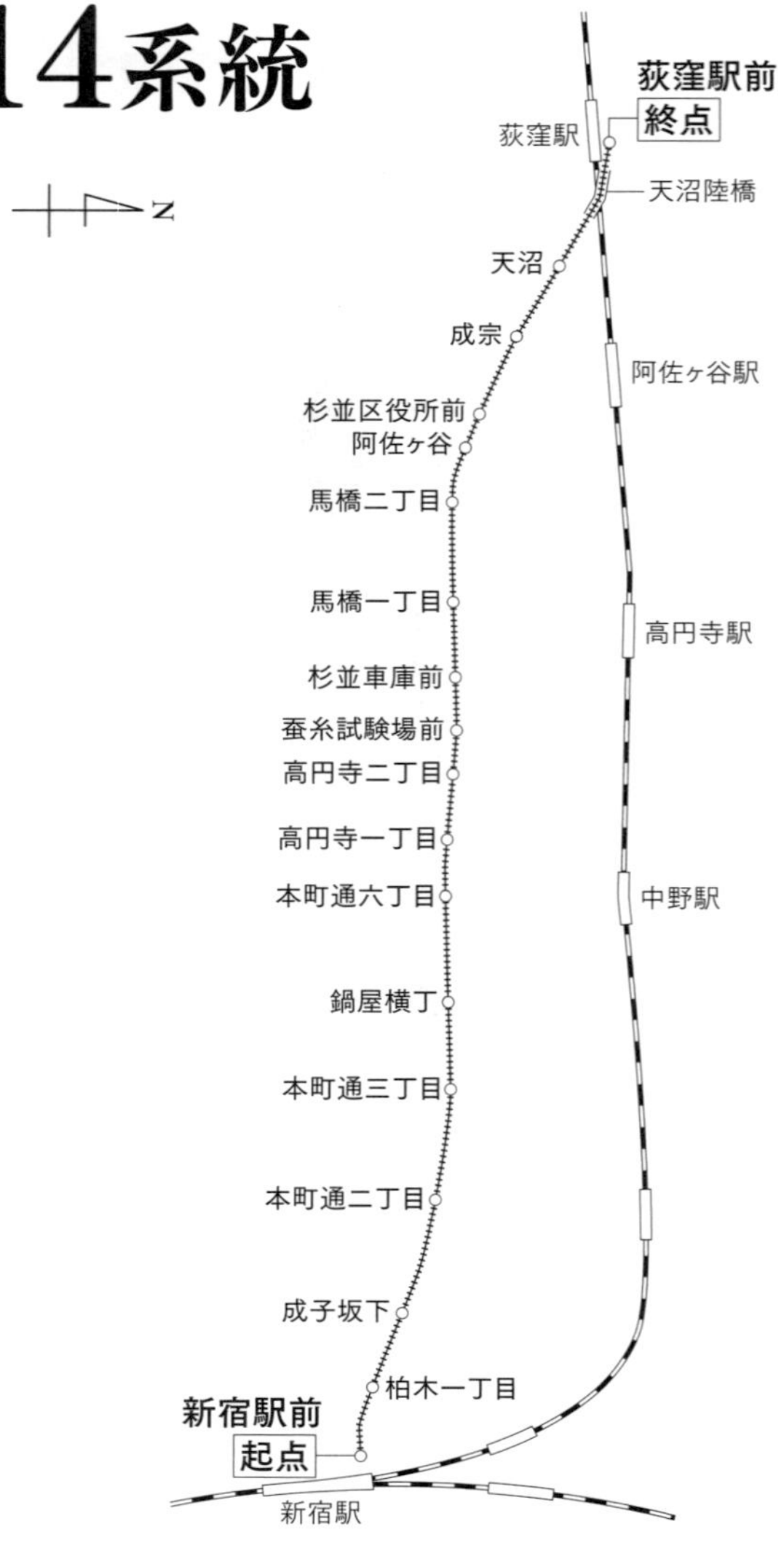
荻窪駅前
終点
荻窪駅
天沼陸橋
天沼
成宗
阿佐ヶ谷駅
杉並区役所前
阿佐ヶ谷
馬橋二丁目
馬橋一丁目
高円寺駅
杉並車庫前
蚕糸試験場前
高円寺二丁目
高円寺一丁目
本町通六丁目
中野駅
鍋屋横丁
本町通三丁目
本町通二丁目
成子坂下
柏木一丁目
新宿駅前
起点
新宿駅
N

淀橋《よどばし》浄水場と近代東京

千代田区丸の内にあった東京都庁は、平成三（一九九一）年、新宿駅西口一帯のエリアである西新宿に移転しました。現在、西新宿には都庁をはじめとして高層ビルが建ち並んでいます。これほど高層ビルが集中している地域は、日本広しといえども西新宿以外にはありません。

西新宿エリアは、昭和三五（一九六〇）年に副都心計画が策定されたことから開発が始まります。当時は一面に淀橋《よどばし》浄水場が広がっていました。淀橋浄水場は、明治三一（一八九八）年から暫定《ざんてい》的に給水を開始しています。

江戸の飲用水として引かれた玉川上水《たまがわじょうすい》は、江戸時代に幕府が威信を賭《か》けてつくった水路です。荷物を運搬する船が通行したり、洗濯物をしたりすることは、水質汚染の原因になるために厳しく取り締まられていました。玉川上水が、江戸に住む人々の生存権を握っていたことになります。

西新宿に浄水場が建設されたのは、東京市区改正計画が大きく関係しています。江戸から東京に変わって、近代国家の道を歩みはじめたばかりの頃、政府が頭を痛めた問題のひとつに東京市民の飲み水確保がありました。

しかし明治政府は、飲み水にまつわる問題をどの省庁に担当させたらよいのか判断できませんでした。短期間で、水道管理の所管はめまぐるしく変わります。担当省庁が定まらないために、玉川上水では、物資の運搬をする船が行き交い、付近住民の洗濯場に利用されるようになりますが、これは明らかに不衛生です。そのため、東京市内では明治初期にコレラが蔓延《まんえん》しました。

東京市区改正条例で、内務省衛生局長でもあった長与《ながよ》専斎《せんさい》は、衛生向上を提言して水道の改良に着手します。この水道改良事業の一環として、浄水場の建設が計画されたのです。政府の調査結果により、海抜四〇メートル以上で広い平坦地だった淀橋が建設候補地になりました。

明治四四（一九一一）年に淀橋浄水場は完成。給水能力は当時の日本では最大の一日二四万トンです。ところが、東京市の発展は目ざましく、人口は爆発的に増えていたために

［写真 7-1］新宿駅西口に広がっていた淀橋浄水場。写真提供／東京都

大正二（一九一三）には早くも拡張工事をすることになりました。それほど、衛生的な水の需要は増えていたのです。

時代が大正に入ると、都市化の波が新宿にまで押し寄せました。都市化の波は東口から西口にも及び、昭和七（一九三二）年には東京市は淀橋浄水場の移転を決めます。ところが、跡地の都市計画は念入りに練られたために、時間がかかり、計画段階で戦争が激化してしまいます。これでは、開発どころではありません。こうして、西新宿の計画は長らく中断に追い込まれました。

孤独のランナー

【新宿駅前】を起点に青梅《おうめ》街道をひたすら走って【荻窪《おぎくぼ》駅前】まで走る**14系統**は、都電の中でも異色の存在でした。東京電気鉄道・東京市街鉄道・東京電車鉄道の三社が合併してできた東京市電は、その後も路線網を拡大させます。

8系統（第二章）は、玉川電気鉄道の路線を買収したものです。また、昭和一七（一九四二）年には、城東電気軌道（第五章）と王子電気軌道（第九章）を市営化しました。**14系統**もそれらと同様に、戦後になって西武鉄道が運営していた路面電車を東京都が買収しています。ところが、西武の路面電車は、他の路線と軌間が異なり、一〇六七ミリメートルで建設されています。そのため、都電に組み込まれたのちも孤立した路線でした。

〝西武〟の名称は、もともと武蔵国の西側を意味しています。いまの西武鉄道は、合併を繰り返し、新宿と池袋を軸にして東京と埼玉に長大な路線をもつ一大私鉄となりました。のちに**14系統**となる路面電車は、同じ〝西武〟でも、西武軌道という会社が始めました。

大正一〇（一九二一）年、西武軌道は【淀橋】―【荻窪】間を開業させると、まもなく合併を繰り返し、西武鉄道という社名になります。ただし、これも現在の西武鉄道の一部であっても、前身というわけではありません。現在の西武鉄道の母体は、武蔵野鉄道です。ちょっと複雑なのですが、埼玉県には、西武グループとは無関係でありながら社名に〝西武〟と冠している企業がいくつかあります。あくまでも地名として〝西武〟を〝冠していただけで、これらの企業は西武グループと資本関係があったわけではありません。

ややこしいので、**14系統**となる路面電車を〝西武軌道〟と呼びます。

開業区間の起点となった【淀橋】は、現在の成子坂《なるこざか》より西側に位置し、新宿駅から離れていました。これでは多くの利用者を見込めず、西武軌道は新宿駅に向かって線路を延ばします。それが、大正一二（一九二三）年のことです。

西武軌道の電停【新宿】は西口にありました。東京市電はすべて駅の東側から発着していましたから、乗り継ぎの利用者は西口から東口まで歩かなければなりません。そのため、翌年には、山手線の高架下をくぐり抜けて駅の東側へと進出しています。

ところが、線路を駅の東側まで到達させたのにもかかわらず、東京市電と西武軌道は相互乗り入れを実施しませんでした。玉川電気軌道の路線だった天現寺線や目黒線は、東京市電との相互乗り入れをして、たくさんの乗客を運びました。西武軌道も玉電と同じように相互乗り入れすれば、乗り換えなしで都心まで乗客を運ぶことができたはずです。そうすれば、自分たちの沿線の利便性を向上させることにもつながったでしょう。

しかし、それは叶わぬ夢でした。東京市電の軌間は、馬車鉄道のそれをそのまま引き継いだ一三七二ミリメートルでしたが、西武軌道線は一〇六七ミリメートル軌間を採用していたからです。軌間が異なれば相互乗り入れはできません。

そもそも最初の段階で、どうして西武軌道は一〇六七ミリメートル軌間で軌道線を建設したのでしょうか。

西武軌道は、【新宿】―【荻窪】の路線以外にも、荻窪から田無《たなし》（西東京市）方面や中野から分岐して府中《ふちゆう》方面へ向かう路線、新宿―吉祥寺《きちじようじ》間を結ぶ路線を計画しています。多摩地区と埼玉県にまたがる地域に路面電車による一大ネットワーク網を築くことで、東京の都心を牛耳《ぎゅうじ》る東京市電のネットワークに対抗しようとしていたのかもしれません。

結局、西武軌道線は、昭和一七（一九四二）年に東京市が運行を受託することとなり、昭和一九（一九四四）年には、再び東口発着から西口発着に戻されます。さらに、昭和二六（一九五一）年、東京都交通局が管轄する**14系統**になりました。

動き出す新宿副都心計画

関東大震災前から走っていた西武軌道は、タバコを製造する専売局《せんばい》に勤める人たちの通勤の足でした。通勤と聞くと、現在のようなビル街をイメージしますが、新宿駅西口には郊外の風景が広がっていました。ここに大きな工場を構えていた専売局は、昭和一一（一九三六）年、品川に移転し、淀橋浄水場だけが残ります。当時の計画では淀橋浄水場も移転させて、新宿駅を一大鉄道ターミナルにするという構想が練られていました。

戦争が激化したことで中断した淀橋浄水場の移転計画は、戦災復興が落ち着き、高度経済成長期へと突入する一九五〇年代後半になって再び浮上します。昭和三一（一九五六）年、総理府の外局として組織された首都圏整備委員会が、丸の内や大手町に集中している官庁や企業の本社を分散させる副都心計画の検討を始めます。それに連動するような形で、昭和三二（一九五七）年には、都議会で淀橋浄水場の移転が決議されました。

副都心の予定地となった新宿・渋谷・池袋は、東京オリンピックを契機にインフラが整備されます。新宿西口は、敷地の細分化禁止や容積率五〇〇パーセント以上の用途規制など、戦前に立てられた計画をすこし変えながらも発展していき、昭和四一（一九六六）年に西口広場が完成、昭和四六（一九七一）年には京王プラザホテルがオープンします。こうして東口におくれを取りながらも、名実ともに副都心になっていきました。

一方、新宿西口が発展していく中で、**14系統**は昭和三八年（一九六三）年に役目を終えます。**14系統**が廃止された理由は、戦後初の東京の地下鉄として整備された丸ノ内線が新宿からさらに西北に延びることになり、その影響を受けたことでした。

多摩《たま》と東京

【新宿駅前】を出発した**14系統**は、ひたすら青梅街道を西へ走る路線です。甲武鉄道を前身とする中央線は、沿線の開発が進んでいました。中央線とほぼ平行に延びる青梅街道は、鉄道開業以前は江戸への物流経路として往来の激しい道でした。江戸期から、青梅街道の沿道は物流の拠点だったのです。

現在、不動産情報誌やウェブサイトで発表される〝東京の住みたい街ランキング〟で不動の一位を誇る吉祥寺、子育て世代が住みよい街として人気の国立《くにたち》などが中央線にはあります。また、中野区や杉並区といったアッパーミドル層が住む街を通る中央線は人気の路線といえるでしょう。

そんな成長著しい東京西部に延びる都電が**14系統**しか存在しなかったのはなぜでしょうか。その謎を解くには、東京がどのように形成されたのかを見る必要がありそうです。

中野区・杉並区は現在、東京二三区内になっていますが、昭和に入るまでは郡部でした。東京都の形は横長です。そのため、天気予報などでは、東京二三区と三多摩《さんたま》地区と区分して表示することがあります。最近、あまり耳にしませんが、三多摩地区とは西多摩郡・南多摩郡・北多摩郡に所属していた市町村を指します。その後、北多摩郡と南多摩郡の町村が市制施行するとともに郡が消滅し、残っているのは西多摩郡だけです。

ここで不思議なのは、東多摩郡がないことです。西・南・北があるなら、〝東〟があっても不思議ではありません。実は、現在の中野区と杉並区は東多摩郡の地域でした。東多摩郡はほかの多摩とは異なり、青梅街道によって都心部とのつながりが強い地域でした。

そのため、東多摩郡は明治二九（一八九六）年に南豊島郡と合併する道を選択します。南豊島郡は、現在の新宿や渋谷などが属していた郡です。東多摩郡と南豊島郡が合併して、新しく豊多摩郡が誕生します。豊多摩郡に属していた町村は、のちに市街化して人口も増えました。そして昭和七（一九三二）年、東京市は豊多摩郡を合併して、淀橋区や渋谷区、杉並区、中野区が誕生します。

一方、三多摩は東多摩とは大きく異なる道を歩みます。東京都は横長な形をしている自治体ですから、いまでも東京都心部から旧南多摩郡である町田《まちだ》市に行くには、いったん神奈川県を通らなければなりません。どうして町田市は神奈川県ではなく、東京都なんだろうという疑問を抱きます。

明治一一（一八七八）年、郡区町村編制法によって各地域は府県の管轄におかれました。このとき、町田が属していた南多摩のみならず、現在は世田谷区の一部になっている北多摩郡、そして西多摩郡は神奈川県の管轄になりました。

つまり三多摩は、もともと東京ではなく、神奈川でした。ところが、青梅街道や中央線で新宿との結びつきが強いこと、玉川上水が東京府に飲用水として供給されているので、その水源を東京府が管理する必要があったことなどの理由から、東京に移管されることになりました。ほかにも、多摩が神奈川県から東京府に移管された背景として、多摩地域で一大勢力を誇っていた自由党と内海忠勝《うつみただかつ》神奈川県知事とが対立関係にあり、県知事がこの地を厄介払いしたという説もあります。

いずれにせよ、杉並や中野は東京市ではなかったため、東京市電の計画が及ばなかったと推測できます。

杉並区の拠点となる荻窪

東多摩郡から豊多摩郡を経て、杉並区は、昭和七（一九三二）年に東京市になりました。しかし、それより約一〇年前の大正一〇年（一九二一）年には、西武軌道が【荻窪】と【淀橋】の区間を開業させ、大正一二（一九二三）年、【新宿】まで線路が達して全線開業を見ています。

いくら新宿が繁華街としてにぎわい、人の集積地になっていたとしても、もう一方の反対側の地である荻窪に足を運ぶ人たちがいなければ鉄道は利用されません。

現在、荻窪は中央線の快速や通勤快速が停車する駅になっています。同じ杉並区には、阿佐ケ谷《あさがや》駅や高円寺《こうえんじ》駅、西荻窪駅などがありますが、こちらの三駅は平日しか快速列車が停車しません。いわば、荻窪駅は杉並区内の中央線の駅のなかで別格の扱いを受けているのです。

荻窪駅に快速列車が停車するようになったのは、昭和四一（一九六六）年に中央線が荻窪駅まで複々線化したことがきっかけです。というより、中央線は快速列車運転が基本で、各駅停車は中央・総武線です。つまり、複々線化によって中央・総武線という各駅列車が誕生し、阿佐ケ谷駅や高円寺駅、西荻窪駅はそちらに振り替えられました。杉並区内の駅でも、荻窪駅が発展したのは、西武軌道が早くから路面電車を発着させていたことが少なからず影響しています。

中央線が複々線化する直前の昭和三七（一九六二）年には、営団地下鉄丸ノ内線の新宿—荻窪間が開業していますが、これも荻窪という集客力のある地を考慮してつくられた路線です。西武軌道が荻窪を発着駅に選んだことが、丸ノ内線を呼び、丸ノ内線が街を発展させて快速停車駅に押し上げたのです。

紆余曲折した西武軌道の鉄道計画

では、西武軌道は、どうして荻窪を選んだのでしょうか。

それには、江戸時代より、多摩地域から産出された物資や食料が、青梅街道を使って運搬されていたことが大きく影響しています。青梅街道沿いにあった荻窪は、まさに物流拠点としてうってつけの場所でした。物や人が行き交う荻窪は、にぎわうようになります。

甲武鉄道の荻窪駅は、明治二四（一八九一）年という早い段階で開設されます。それまでの甲武鉄道は、新宿駅を出ると中野駅に停車し、次の停車駅は境《さかい》駅（いまの武蔵境駅）でした。中野駅と境駅の中間地点である荻窪に駅を設置したのは、駅間距離が離れているので中間駅にちょうどよかったという理由もありますが、なによりも物流の拠点地だったためです。そのため、荻窪駅では鉄道貨物の取り扱いもしました。

高度経済成長期前、自動車がそれほど一般市民に普及していなかったため、東京には大量の物資が鉄道で運搬されていました。それらを捌《さば》く貨物ターミナルは、汐留駅（第一章）、隅田川駅（第二章）、飯田町駅（第四章）など、たくさんありましたが、荻窪駅にも、中央線から運ばれてくる物資を受け止めるための貨物駅が設けられました。しかし、都市の発展で駅が手狭になったこと、戦後は物流がトラック輸送にシフトしたことなどを理由に縮小をつづけ、荻窪駅の貨物取り扱いは、昭和四九（一九七四）年に廃止されます。

物流の拠点として栄えた荻窪ですが、西武軌道はただそれだけの理由で選んだわけではありません。路面電車の監督官庁は、内務省です。西武軌道は荻窪が将来的に東京の郊外住宅地として発展することを説明して、内務省に路面電車敷設の認可を迫ったのです。荻窪が発展するのは昭和に入ってからですから、三〇年以上も将来を見越していた西武軌道は、かなり先見性があったといえるでしょう。

住宅地として発展を期待した荻窪駅周辺は、開業前後はまだ田んぼが広がる農村地帯のままでした。関東大震災前から荻窪には文化人が移り住むようになっていましたが、本格的に荻窪の人口が増えるのは震災後です。

震災によって郊外に住まいを求めた人々によって発展がもたらされたという点は、第二章でも触れた東京横浜電鉄と田園調布の関係に相似しています。しかし、田園調布と荻窪で大きく異なる点は、田園調布の造成は鉄道会社が相乗効果を出すための事業だったことに対して、荻窪は企業による都市計画ではなかったことです。荻窪は自然発生的に住宅街として発展しました。

結果として、西武軌道は新宿から荻窪にいたる一路線だけでしたが、新宿を基点として、いくつもの路線を想定していたことはすでに述べたとおりです。荻窪からさらに西へと線路を延ばし、田無や吉祥寺にも進出する計画だけでなく、江戸期から栄えていた内藤新宿付近に起点駅を変更することも構想していました。内藤新宿への進出は、監督官庁の内務省から「市内に準ずる地域は、市内の業者が担当することが望ましい」という回答により、断念しています。

その後、たくさんの鉄道会社が合併して誕生した西武は、路面電車ではなく鉄道線を中心にして勢力を拡大させました。その一部となった西武軌道は、昭和六（一九三一）年に路面電車の免許を取り下げています。

荻窪開発の理念

もうすこし荻窪の歴史に着目してみましょう。甲武鉄道の荻窪駅ができるすこし前、荻窪は井草《いぐさ》と合併し井荻《いおぎ》村となります。

その後、井荻村の村長だった内田秀五郎《うちだしゅうごろう》は、関東大震災で被災した都心の人たちが郊外に居を求めて移住する様子を見て、荻窪一帯の発展を予測します。そこで彼が着手したのは道路の改良です。当時の井荻村は細い路地が多く存在し、道は入り組んだ状態でした。内田は土地区画整理組合を結成して、大規模宅地開発に乗り出します。また、電灯の設置、西荻窪駅や大学の誘致など、多角的にこの地域の発展に道筋をつけていきました。

一方で内田は、荻窪をやみくもに都市開発するのではなく、都市景観にも配慮して自然を残す工夫をしました。

いまでこそ、こうした自然環境に配慮するエリアを風致地区といい、一般的な考え方になっていますが、内田が井荻村長についたのは明治四〇（一九〇七）年ですから、その先駆けが荻窪でおこなわれていたことになります。大正八（一九一九）年には、風致地区制度を盛り込んだ『都市計画法』が施行され、大正一五（一九二六）年に明治神宮一帯が日本で初めて風致地区に指定されます。

こうして都市と自然が共存した荻窪は、関東大震災以降から文化人たちが移り住むようになりました。文化人が住むことで、一帯は郊外の高級住宅地になります。特に晴れた日には富士山が望めるロケーションは素晴らしく、別荘地としても人気を得ます。荻窪の人気を押し上げたのは、内閣総理大臣の近衛文麿《このえふみまろ》でした。近衛が別荘「荻外荘《てきがいそう》」を構えたことで荻窪は有名になったのです。

需要増で複線化されるが、それでも間に合わず

西新宿を離れた**14系統**は、青梅街道をひたすら走って【鍋屋横丁《なべやよこちょう》】に至ります。

14系統の主要区間はこの【鍋屋横丁】までで、ここから【荻窪駅前】までは単線区間でした。青梅街道という交通の要衝地に線路が敷かれていた背景があるため、14系統の潜在需要は少なくありません。しかし、単線区間であることが障壁となって、多くの電車を運行することができませんでした。14系統を建設した当初、将来的に沿線が開発されて需要が伸びるだろうとの目測は当たっていたわけですが、その読みとは裏腹にたくさんの電車を走らせることができず、増える客を捌《さば》けない状況に陥っていました。

長年の問題を解消すべく、終戦の混乱が落ち着いた昭和二六（一九五一）年から複線化が始まります。正式に都電となった14系統の全線複線化が完了するのは、昭和三一（一九五六）年でした。中央線を越える天沼《あまぬま》陸橋の完成により、荻窪駅の南口にあった【荻窪駅前】は北口へと移設されます。この移設によって複線化作業は完了しました。

完全複線化を達成し、電車の増発が可能になったものの、14系統の利用者は爆発的に増えていました。複線化という小手先の対策では、とても増えつづける乗客を捌けなくなっていました。もはや路面電車で対応することは不可能でした。

そこに地下鉄建設の話が舞い込みます。すでに新宿駅には丸ノ内線が到達しており、そこから西へと線路を延ばすことは難しいことではありません。地下鉄丸ノ内線と14系統はほぼ同じ区間を走っているように、都電の下に線路を敷設するだけですから、土地の買収などの手間もかかりません。

昭和三六（一九六一）年には、**14系統**の主要区間だった【新宿駅前】―【鍋屋横丁《なべやよこちょう》】と重なる新宿―新中野間が開業しました。その後も丸ノ内線は小刻みに線路を延ばし、昭和三八（一九六三）年には荻窪駅まで通じます。まったく同一区間を走る地下鉄が誕生したことで、**14系統**の存在意義は失われました。

悲願の環状七号線を実現した東京オリンピック

14系統は【蚕糸《さんし》試験場前】を過ぎたところで環状七号線と交差します。環状七号線は大田区から江戸川区までの一一区にまたがる都道です。都道とはいっても、国道並みに交通量は激しく、近隣の神奈川県や埼玉県、千葉県のドライバーが利用することも珍しくありません。環状七号線は計画延長五七・二キロメートル、標準幅員《ふくいん》（道幅）二五メートルの都内では最大規模の道路です。

もともと環状七号線は、環状八号線や環状六号線（山手通り）とともに昭和二（一九二七）年に東京市や内務省が整備計画を立てたものです。ところが、戦時体制に突入したことで建設費が賄《まかな》えなくなり、頓挫します。道路整備が再び始まるのは、東京オリンピックによるインフラ整備による恩恵でした。また、東京オリンピックを契機にした道路整備で有名なものには、首都高速道路があります。

終戦後、焼け野原になった日本の各都市では復興計画が立てられています。名古屋市や広島市などは戦後の復興で名物にもなっている一〇〇メートル道路を建設しています。東京でも一〇〇メートル道路をつくる計画が立てられました。戦災復興院が策定した計画には、実に七本もの一〇〇メートル道路が盛り込まれていましたが、これらの道路は幻に終わります。その理由は、GHQが敗戦国に壮大な復興計画は不要だとして許可しなかったからです。

こうして、東京の戦災復興による都市インフラの整備は、スタートダッシュで出遅れました。それを一気に挽回《ばんかい》したのが東京オリンピックです。内務省で都市計画を担当していた山田正男《やまだまさお》は、戦後に東京都職員に転じていました。

山田は交通の主役が自動車になる時代が来ると予見し、このままでは自動車が溢れて道路がマヒするという〝昭和四〇年交通危機説〟を唱えました。道路整備が焦眉の急であることを広く認識させたのです。自動車優先の思想は、〝道路交通の邪魔をしている路面電車〟という発想につながっていきます。山田の交通危機説をよりどころにして、オリンピックが開催されるまでに東京の道路整備は急ピッチで進められました。

しかし、東京オリンピックが開催された昭和三九（一九六四）年までに、環状七号線は計画した全線を完成させることができませんでした。それでも、環状七号線は変貌する国際都市・東京を象徴する道路といえる存在となります。そして環状七号線は、東京オリンピックが終わったあとも粛々と整備されていきました。

東京オリンピックは、東龍太郎都知事の悲願とされたイベントです。昭和四二（一九六七）年、東の後を受けた美濃部亮吉都知事は、〝革新都政〟の実践者としてもてはやされます。美濃部は〝ひとりでも反対があったら橋は架けない〟という持論から、事業の強行はしませんでした。こうした美濃部都政の方針は都民から信頼を得る一方で、インフラ整備が遅れたという批判もあります。

それでも、都民の美濃部都知事への政治的評価は高く、昭和五〇（一九七五）年の三選出馬時には、参議院議員を辞職してまで出馬した石原慎太郎《いしはらしんたろう》氏を下しています。二人の対決は、都知事選史上にも残る歴史的な決選でした。

美濃部VS石原の都知事選で興味深いのは選挙後です。選挙に敗れた石原慎太郎氏は翌年の衆議院選挙に当選し、福田赳夫《ふくだたけお》内閣で環境庁長官に抜擢されます。石原長官は、環境庁の懸案である公害問題の解決に奔走しました。水俣病《みなまたびょう》を機《き》にして発足した環境庁ですが、発足してからはさまざまな公害問題を扱いました。そして、石原長官がもっとも頭を悩ませたのは首都・東京の自動車排気ガスによる大気汚染問題です。

皮肉にも都電を廃止したことで、都電利用者が自動車を利用することになりました。つまり、都電の廃止が道路を自動車で埋める事態を助長させ、それが大気汚染を悪化させたと考えられました。環状七号線は、国際都市・東京の道路の象徴だったわけですが、他方で自動車排ガス公害の象徴にもなりました。昭和四七（一九七二）年には、練馬《ねりま》区内で光化学スモッグが発生し、大きな社会問題になったことから、昭和五〇（一九七五）年に東京都の副知事や各部局長、住民団体代表による環七対策会議が設置されます。

国会でも排ガスによる大気汚染は問題視されます。その矢面《やおもて》に立ったのが石原慎太郎環境庁長官でした。環状七号線は東京都道ですから、当然ながら東京都議会でも議題として取り上げられています。こちらで矢面に立たされたのは、当然ながら美濃部亮吉都知事です。東京都知事選で火花を散らしたライバル同士は、国と都という舞台は異《こと》にしながらも、同じ問題で議会で追及される立場になりました。

その後、協議が重ねられて、環境改善が図られ、昭和五五（一九八〇）年には幹線道路の沿道の整備に関する法律が施行されます。現在、ますます交通量が増えている環状七号線ですが、いまもって東京都のみならず周辺の県にもなくてはならないインフラとして認識されています。

電停が駅の南から北へ移る

環状七号線を通りすぎた**14系統**は、さらに青梅街道を西へと進みます。【天沼】を過ぎると、青梅街道に別れを告げて、荻窪駅南口の【荻窪駅前】に乗り入れていました。中央線の駅の中でも、早い時期に開設された荻窪駅は、時代とともに発展しましたが、昭和二（一九二七）年、大きな変化が訪れます。

それまで、荻窪駅には南口にしか駅舎がありませんでした。ところが北口に駅舎が設置されると、荻窪のにぎわいは南から北に移ります。青梅街道との連絡がよいことも、それに拍車をかけました。こうなると、南口から発着していた都電は不便になります。そこで、電停も北口に移設しようとする計画が持ち上がりました。

荻窪駅の南北は線路によって分断されているため、当時、荻窪の往来する人たちは踏切を渡って南北を行き来しなくてはなりませんでした。ところが、中央線、貨物列車の往来は多くなり、いつしか荻窪の南北を結ぶ踏切は〝開かずの踏切〟と化していたのです。

鉄道では線路を交差させることはありません。万が一の衝突事故を避けるためです。鉄道の運行が少ない昔なら、やむを得ず交差させていたこともありましたが、いまではほとんど見られません。あまりにも珍しいことから、線路と線路が交差する箇所は〝ダイヤモンドクロッシング〟と呼ばれます。現在の日本で鉄道線と路面電車が平面交差する場所は、伊予《いよ》鉄道（愛媛県）にしかありません。

しかし、頻繁に往来のある中央線と都電とを平面交差させることは絶対にありえないことです。そうした事情から、**14系統**の線路は中央線を越えられず、南口発着を余儀なくされていました。

昭和三〇（一九五五）年頃、中央線では御茶ノ水―三鷹間で複線化が進められました。同時にこの区間の踏切は廃止されます。ところが、貨物の取り扱いがあった荻窪駅は、機関車の入れ替え作業で広大な用地と線路が必要でした。そのため、高架化することが難しかったようです。都電の発着口を南側から北へと移設させるには、中央線の線路をオーバークロスさせるしか方法がありません。

こうして、青梅街道が中央線の上を越える形で天沼陸橋が建設されました。**14系統**の線路も陸橋上に敷かれ、電停は荻窪駅北口に移ります。ようやく【荻窪駅前】は駅の繁華街側に設置されることになりました。しかし、この移設もむなしく、昭和三八（一九六三）年に**14系統**は地下鉄丸ノ内線にその役割を譲って、廃止されました。【荻窪駅前】が南口から北口に移設されてから、わずか七年後のことです。

ちなみに、〝開かずの踏切〟は平成一二（二〇〇〇）年頃から社会問題となり、特に中央線はそのターゲットになりました。そのため、三鷹―立川間で、集中的に連続立体交差化が図られ、平成二二（二〇一〇）年には、同区間の踏切が全廃されています。

［写真7-2］天沼陸橋上の14系統。もっとも西を走る都電だった。写真提供／東京都交通局

第八章

2系統・18系統・41系統

～都電最長の路線～

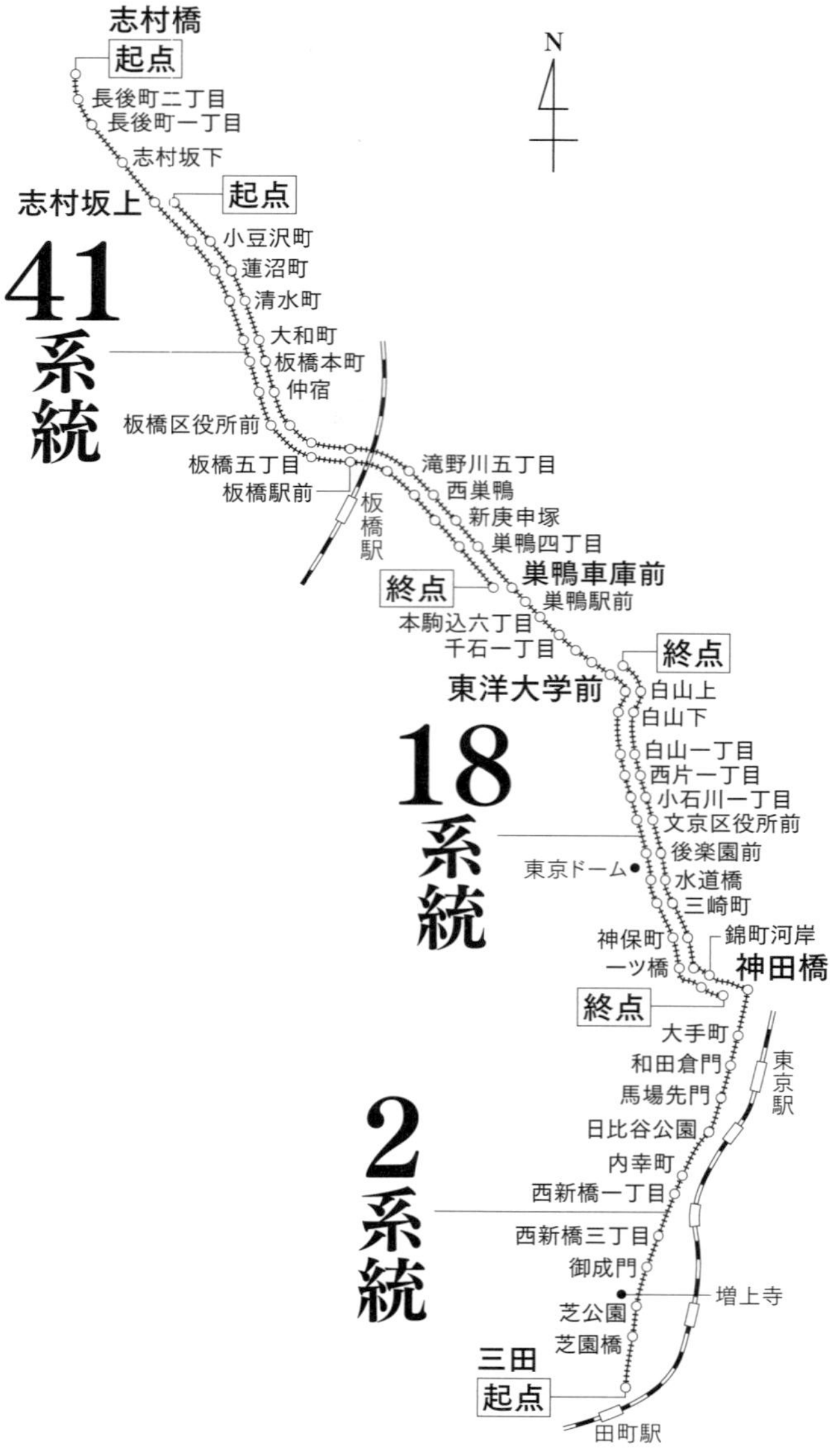

N
志村橋
起点
長後町二丁目
長後町一丁目
志村坂下
志村坂上
起点
小豆沢町
蓮沼町
清水町
大和町
板橋本町
仲宿
板橋区役所前
板橋五丁目
板橋駅前
板橋駅
41系統
滝野川五丁目
西巣鴨
新庚申塚
巣鴨四丁目
巣鴨車庫前
終点
巣鴨駅前
本駒込六丁目
千石一丁目
東洋大学前
終点
白山上
白山下
18系統
白山一丁目
西片一丁目
小石川一丁目
文京区役所前
後楽園前
東京ドーム
水道橋
三崎町
神保町
錦町河岸
一ツ橋
神田橋
終点
大手町
和田倉門
馬場先門
東京駅
日比谷公園
2系統
内幸町
西新橋一丁目
西新橋三丁目
御成門
増上寺
芝公園
芝園橋
三田
起点
田町駅

不遇の2系統

東京市電に系統番号制が導入されたのは、東京大正博覧会がきっかけでした。その後、社会情勢の変化に合わせて何度か系統改正がおこなわれましたが、昭和二三（一九四八）年の系統番号整理の際、三田車庫に所属する系統から順に1、2、3……と時計回りに番号が増えていく方式を採用するようになります。このとき全二七系統が誕生しました。

シングルナンバーの**2系統**は、明治三七（一九〇四）年に東京市街鉄道が【三田】―【日比谷】間を敷設して以来の歴史ある路線です。それにもかかわらず、晩年の**2系統**は朝夕のラッシュ時のみしか運行されませんでした。そのため、〝幻の系統〟などとも揶揄されるほどでした。

【三田】―【東洋《とうよう》大学前】間を走る**2系統**は、【三田】―【神田橋】間は**37系統**と、【神田橋】―【東洋大学前】間は**18系統**とそれぞれ重複しています。また、【西新橋】―【東洋大学前】間では、**35系統**も重複していました。つまり、昭和三〇年代以降、**2系統**は後発の**18系統**や**35系統**、**37系統**を補完する役割に追いやられてしまったのです。

東京市街鉄道を由緒とする**2系統**は、戦前まで【三田】―【小川町】―【浅草駅】といったルートで運行されていました。ところが、戦後は【三田】―【神田橋】―【東洋大学前】にルート変更しています。これが**2系統**凋落の原因なのか、それとも凋落したからルート変更がされたのかは判断がわかれるところです。どちらにしても、戦後の**2系統**は、ラッシュ時にほかの路線のお手伝いをする役回りしか与えられませんでした。

高まる都電廃止論

2系統が不遇の身におかれているなか、戦後の混乱期が収まりつつあった昭和三〇年代から、早くも都議会では都電廃止の声が出てきました。その理由は、第五章でも触れたように東京オリンピックによる都市改造です。オリンピックの開催と成功は、敗戦から立ち直った日本を世界にアピールする絶好の機会でした。東京都は、〝時代遅れ〟ともいわれる路面電車が東京のあちこちで走っていることは、先進的なイメージを損ねると考えていたのでしょうか。

東龍太郎都知事は都電を〝交通機関の斜陽族〟と断じました。東は、オリンピックまでに全廃することは難しいとしながらも、自動車交通を円滑にするために、道路を占用している都電は廃止が望ましいとの方針を打ち出していました。

さらに都電廃止の動きを加速させたのが、警視庁の申し入れです。警視庁は三田通りの都電の線路を廃止するように要望します。特に【札《ふだ》ノ辻《つじ》】―【慶應義塾前】間の道路の混雑は激しく、三田通りが渋滞することで、その影響が国道一六号線にも及ぶので即刻対処してほしいというわけです。警視庁によると、わずか一キロメートルに満たない区間を廃止しただけでも、大きな渋滞解消効果があるということでした。

警視庁が廃止を申し入れた【札ノ辻】―【慶應義塾前】の区間を2系統は走っていません。走っていたのは3系統です。ところが警視庁は3系統を廃止する要求はしていないのです。【札ノ辻】―【慶應義塾前】間を廃止しても、廃止区間を運行している3系統は【三田】―【芝園橋《しばぞのばし》】―【御成門《おなりもん》】―【神谷町】を迂回《うかい》すればいいというのが警視庁の案です。このうち【三田】―【御成門】間は2系統の運行区間です。ここに3系統が走ることになれば、割りを食うのは2系統です。ただでさえ隅に追いやられているのに、ますます肩身が狭くなるばかりです。もし、ここを3系統が走るようになれば、余波で廃止に追い込まれかねません。

警視庁が要望した三田通りの都電廃止は、東京都交通局がはねつけました。しかし、警視庁は諦めません。今度は、「地下鉄が開通した区間から、都電を廃止せよ」と迫ってきたのです。地下鉄が開通した区間は、三田通りの廃止対象区間の比ではありません。廃止

［図 8-1］渋滞を解消するために警視庁が申し入れたプランは、2系統の路線を用いて、3系統を迂回させるというものだった

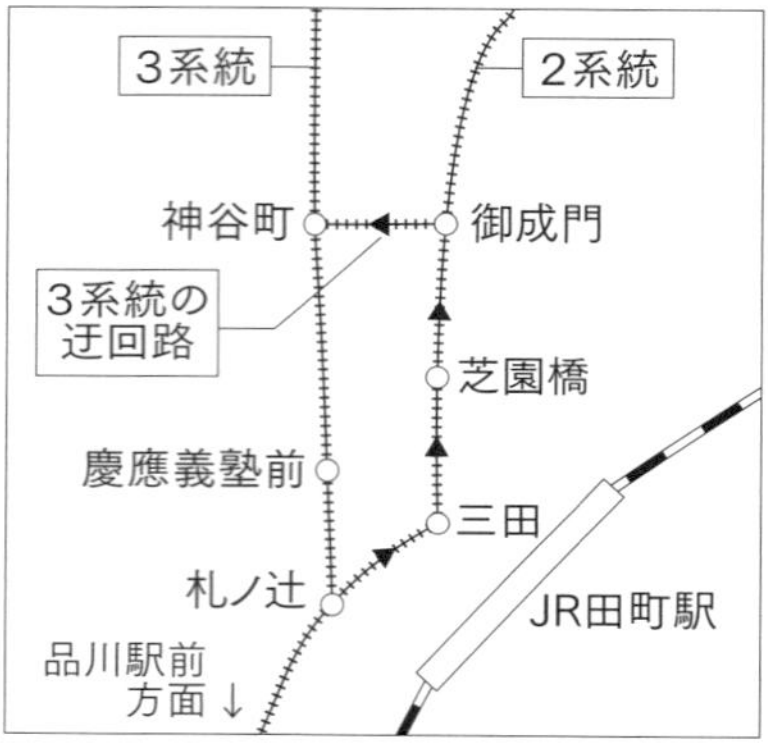

［写真 8-1］昭和 29 年、丸の内付近の通勤ラッシュ。路線バスや自家用車に囲まれて立ち往生する都電。写真提供／東京都

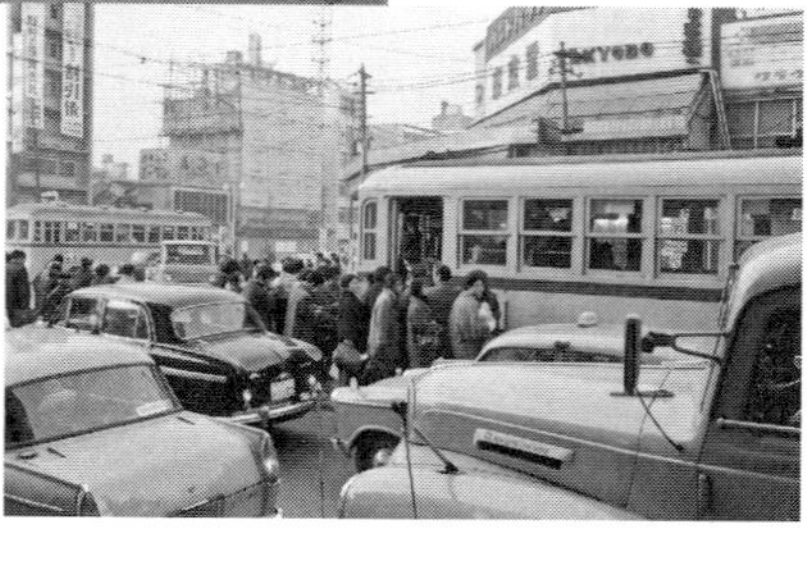

［写真 8-2］昭和 38 年、上野広小路の電停あたり。乗客は、車道を溢れる四輪車に埋もれるようにして都電を待つ。写真提供／東京都

要求が拡大した背景には、自動車交通が年々増加していたことが挙げられます。

警視庁の都電廃止要求は、なにも警視庁という一行政組織の要望だったわけではありません。都議会を飛び越えて国会でも、都電廃止が議論されることになっていました。国会では、代替交通のない江東方面は別として、それ以外の都心を走る都電を廃止することを求める議員が出てきます。これら一連の流れを受けて、〝都電は時代遅れ〟〝次世代の公共交通機関は地下鉄〟という風潮が高まり、定説化していきました。

庇《ひさし》を貸して母屋《おもや》を取られる

昭和二九（一九五四）年、警視庁は都電の軌道内に自動車が進入することを許可します。戦後、増えつづける自動車は、東京の各地で渋滞を引き起こしました。大きな通りには、いまだ都民の足を担う都電が走り、道路を占有しています。廃止推進論者は、都電を潰《つぶ》すことで、自動車のための二車線ができ、渋滞は緩和できると言います。

しかし、まだまだ自動車を所有する都民は少数派ですから、都電を簡単に廃止することはできません。関東大震災を機に運行を始めたバスは、都電の輸送力をすべて代替できる公共交通機関にはなり得ていませんでした。苦しまぎれの策として、都電と自動車が軌道内を共有すれば、道路を効率的に利活用できます。警視庁はそう考えて、軌道内の自動車走行を許可したのです。

昭和三〇（一九五五）年の自動車保有台数を見ると、自動車は全国に一五〇万台しか走っていません。これなら、線路の上を自動車が走っても、都電運行の支障にはならなかったのでしょう。しかし、その頃から自動車保有台数は増加をつづけ、東京オリンピックの翌年の昭和四〇（一九六五）年には、七〇〇万台へ迫るまでに増えていました。東京都だけ見ても約一二〇万台の自動車が走っています。これに加え、神奈川・千葉・埼玉などの近隣の自動車台数を加えれば約二〇〇万台もの自動車が都内の道路を利用することになります。

東京に網の目のように張りめぐらされた都電の線路の上を二〇〇万台の自動車が走る――その光景は、軍隊が敵地を蹂躙《じゅうりん》するかのごとく、都電にとっては危機的状況を示していました。実際に、都電の前方を自動車で塞《ふさ》がれる事態が続出します。都電は軌道内を思うように運行することができなくなると、遅延が常態化されました。

鉄道がバスより優れている点として、輸送力の他に定時性が挙げられます。時間どおりに乗れ、時間どおりに目的地に着く。正確な定時運行は、現在の日本の鉄道業界が誇るべきものです。この定時運行が鉄道の信頼性を高め、多くの利用者を生んできました。しかし、定時運行が守られなくなった都電は、都民からの信頼を失うという、悪循環に陥ります。

しかも、軌道内への進入許可は、自動車台数の急増もあって渋滞の緩和につながりません。それならば、いっそのこと都電を廃止してしまえと警察や行政は動き出します。まさに〝庇《ひさし》を貸して母屋《おもや》を取られる〟のことわざどおり、自動車が台頭するにつれ都電の存在意義は失われていきました。東京のみならず、各都市においても、市電は大きな役割を果たしていましたが、ここでも自動車が道路に溢れてくると、路面電車は主役の座から引きずり降ろされるようになりました。路面電車が走っていた都市の多くは、東京に右へ倣えといった形で路面電車の廃止に追随します。

そうした風潮のなか、広島だけは違っていました。全国的に路面電車廃止論が吹き荒れると、広島でも路面電車をどうするのかが議論されています。そして、昭和三八（一九六三）年には、軌道内への自動車の進入が解禁されました。

東京の場合と同じように、すぐに広島電鉄の線路内に自動車が走りはじめます。自動車も軌道内を走るようになったことで道路は効率的に使われているはずでしたが、渋滞はいっこうに緩和しません。しかし、ここからが違っていました。広島県警は、公共交通のあり方を探るためにヨーロッパへと視察に出かけたのです。

そこで県警幹部が目にしたのは、路面電車が街を縦横無尽に走っていた光景でした。〝路面電車は時代遅れ〟という定説が崩れた瞬間でした。広島県警は行政と連携して、路面電車を公共交通の中心に据える方針で話し合いました。そして、昭和四六（一九七一）年には、再び軌道内への自動車の進入を禁止します。広島の路面電車は生き残ることになりました。

現在、広島電鉄は総延長三五・一キロメートルを誇る、都電を凌ぐ国内の路面電車ナンバーワン事業者になっています。

電気鉄道が生んだ日本初の分譲住宅街

さて、【三田】を出発した**2系統**は、日比谷通りを北上します。現在、これとほぼ同じ区間を都営三田線が走っています。日比谷公園を左手に見ながら、**2系統**は〝三菱村〟とも呼ばれる丸の内オフィス街を抜けて【神田橋】に到着します。**2系統**は【三田】—【東洋大学前】を結ぶ路線で、まだ終点ではありませんが、【神田橋】からは、ここを起点とする**18系統**にバトンタッチして進んでいくことにしましょう。

18系統は【一ツ橋】で進路を北にすると、古書店街が広がる【神保町】に到着します。【神保町】からさらに北に進み【水道橋】を越えると、左手に東京ドームシティが見えてきます。第六章で触れた**17系統**は、【神田橋】から同じ線路を走りますが、【文京区役所前】でお別れすると、**18系統**は白山《はくさん》通りを北上していきます。【小石川一丁目】の次の電停に当たるのが【西片《にしかた》一丁目】です。

［図8-2］西片と東京大学の門前町である本郷とは、ともに大名屋敷の跡地であり、対をなしている

西片といわれて、地元の人以外でわかる人は少ないでしょう。いまでこそ、西片の街は東京大学の陰に隠れていますが、もともとはそれと本郷通りを挟んで対をなす重要エリアでした。

本郷通りは、東京大学の正門北側で中山《なかせん》道《どう》と分岐します。中山道は歴史の教科書でもよく目にするように五街道のひとつで、江戸時代における主要街道です。一方、本郷通りは日光御成道《おなりみち》で、これも主要街道です。日光御成道は、将軍家が東照宮へ参詣する街道として利用されました。そんな重要な街道筋ですから、将軍家は信頼のおける家臣に街道筋の土地を与えて、警備を固めています。東京大学が加賀《かが》藩前田《まえだ》家の上屋敷跡だったのに対し、西片は福山《ふくやま》藩（広島県）阿部《あべ》家の中屋敷跡でした。

福山藩阿部家の上屋敷は丸の内にありましたが、明治維新後に練兵場になります。西片の中屋敷は阿部家にそのまま残されました。阿部家は幕府の中でも重臣でしたが、明治の世になると、とたんに食い扶持《ぶち》がなくなります。六万坪もの広大な土地だけが手元に残った阿部家は、明治政府が推進していた養蚕業と住宅経営という兼業農家を始めました。しかし、本業である養蚕業の方は軌道に乗りませんでした。

もうひとつの住宅経営は成功します。東京帝国大学から至近という地の利も手伝って、大学関係者や文士などがたくさん住むことになったからです。西片は、日本初の分譲住宅地といえるかもしれません。

明治三七（一九〇四）年には、東京市街鉄道が【須田町】から【本郷三丁目】まで線路を延ばし、七年後に市電となります。交通手段ができたことで、東京大学の学生たちが市電で通学できるようになり、また西片の街は通勤圏として発展し、省庁に勤める官僚などが居住しました。

西片に住んだ文士も、たびたび市電に乗り、市電の話を作品にして発表しています。西片という高級住宅街は、阿部家が切り開いたこともあって、この家を領主とするような独特な雰囲気を醸《かも》し出していました。

西片六万坪のうち、一万坪は阿部家の住宅地だったようですが、大震災でその住宅地も急速に減りました。かつては高級住宅街として隆盛を極めた西片でしたが、時代とともに阿部家の威光は翳《かげ》り、いまではわずかにその名残をとどめるだけになっています。

最高学府・東京大学と都電

本郷通りを挟んで西片と反対側にある東京大学は、古書店街の形成に大きく関与しています。東京大学本郷キャンパスは、本郷通りに面して正門があります。本郷通りには、神保町ほどの大規模ではないものの、東京大学の学生や先生を当て込んだ古書店が多く並んでいます。

この地は、前に述べたとおり加賀前田家の上屋敷跡ですが、その由来は古く、大坂夏の陣の功績で褒美として与えられたところから始まるようです。当時、本郷は江戸の片隅でした。そのため、前田家は江戸城から遠いことを理由に下屋敷として使っていました。ここが上屋敷になるのは、明暦《めいれき》の大火後のことでした。

加賀前田家の上屋敷跡を東京帝国大学のキャンパスにする動きは、江戸時代にその起源があります。江戸幕府は昌平坂《しょうへいざか》に天文学や医学、国学などを教える教育機関を設立しています。明治維新後、教育機関は新政府に引き継がれ、昌平坂から近い前田家の上屋敷跡が活用されたのです。

明治一〇（一八七七）年、東京開成学校と東京医学校とが合併して官立東京大学が誕生しました。明治一九（一八八六）年に〝帝国大学〟に改称しますが、明治三〇（一八九七）年に京都帝国大学が発足したことにともない、〝東京〟を冠して東京帝国大学となります。

東京帝国大学の建物の大部分は、大震災で焼失しました。再建するにあたって内田祥三《うちだよしかず》を中心とするメンバーが力を振るいます。安田《やすだ》講堂は、ちょうど建設されているところを被災しました。崩壊はしませんでしたが、点検などがおこなわれてから建設が再開されます。その後の戦災にも、昭和四三（一九六八）年に起きた東大闘争の際にも、破壊・焼失はしていません。安田講堂はさまざまな受難から生き延びて、東大のシンボルになっています。

最長路線を誇る

【西片一丁目】を出たのちも、18系統は白山通りを北上します。【白山上】では、本郷通りを走る19系統と一〇〇メートル強くらいにまで近接します。しかし、近接しながらも、両系統は交差する箇所がなく、18系統から19系統に乗り換えようとすれば、【文京区役所前】まで行き、そこで16系統に乗り換えて、また【本郷三丁目】で19系統に乗り換えなければなりませんでした。そこで、一時的ではありますが、18系統の【白山上】と19系統の【本郷肴町《さかなまち》】（のちの【向丘二丁目】）とを結ぶ〝連絡線〟が敷設されていました。

しかし、18系統も19系統も郊外から都心部に向かう路線です。わざわざ連絡するほどの需要はなかったのでしょう。いつの間にか連絡線はなくなり、18系統と19系統は分断されました。再び、近くて遠い存在に戻りました。

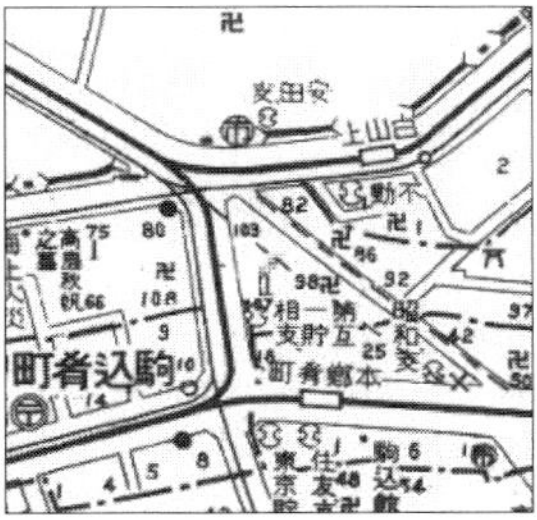

［図8-3］近くを通りながら交わることのない18系統と19系統のあいだには、いっとき〝連絡線〟がつけられていた

【白山上】の次の電停である【東洋大学前】が2系統の北限です。ここからは18系統の単独区間になります。18系統は、総延長一二・三五九メートルを誇る都電の最長系統で、電停の数も三四と最

多を誇っていました。もともと18系統は【巣鴨駅前】までしか走っておらず、最長路線ではありませんでしたが、昭和一九（一九四四）年にさらに北へと線路を延ばしたことで最長路線になりました。線路を北へと延ばすことになった理由はのちほど述べますが、あまり注目されていなかった18系統は、最長路線の称号を得て都電史に名を残すことになります。

大和郷《やまとむら》という高級住宅街

【東洋大学前】で2系統に別れを告げた18系統は、【千石《せんごく》一丁目】で不忍通りと交差します。不忍通りには、山手線の内側をぐるっと周回している半環状線の20系統が運行していました。【千石一丁目】を抜けると、【本駒込《ほんこまごめ》六丁目】、そして【巣鴨駅前】になります。この一帯は大正初期から造成・分譲が開始された大和郷《やまとむら》という高級住宅街があったところです。

大和郷は、丸の内オフィス街を築き上げた三菱財閥の総帥・岩崎久弥《いわさきひさや》が別邸を構えていた地域でもありました。岩崎は佐野利器《さのとしかた》に依頼して、この一帯を住宅地に開発する計画を立てます。佐野は、関東大震災の復興計画時には後藤新平の片腕として活躍した人物ですが、それより以前には、こうした住宅街の計画にも携わっていました。

彼は、ここを東京における今後の模範となるような、理想的な住宅地にしようと考えていました。そのため、区画整理の段階からきちんと構想を練り、下水道も完備しました。ハード面もさることながら、特に力を入れたのは、生きた街としてのソフト面です。近年、東京はコミュニティが希薄な都市といわれますが、大和郷に住む人々のコミュニティをつくるため、佐野が選んだのは、住民組合〝大和郷会〟の設立でした。

大和郷会は、大正一四（一九二五）年には住民組織として異例の社団法人格を取得すると、さらに良質な住宅街には教育が欠かせないとして、子供を通わせる大和郷幼稚園を昭和四（一九二九）年に開設します。自分たちの住む街へそそぐ情熱が昭和三〇年代まで大和郷を高級住宅街たらしめました。

ところが戦後になると、大和郷の分譲が始まった頃から住んでいる住民は、急激に減少していきます。戦争で焼け野原になってしまったことで財産を失ったり、相続税が支払えずに手放したりしたのが原因ですが、それに代わって、新しく大和郷に住居を構える人々が増えました。旧住民と新住民の間で住環境などをめぐって軋轢《あつれき》が生じるのは、やむをえないことかもしれません。

現在も一帯はそれなりに物静かな住環境を保っていますが、高層マンションが建ち並ぶなど、岩崎や佐野が目指した理想郷のような街ではなくなっています。

植木屋集団が結集した染井

大和郷のあった駒込には、徳川綱吉に仕えた柳沢吉保《やなぎさわよしやす》の屋敷地だった六義園《りくぎえん》がありま す。東京都内でも指折りの名園として知られる六義園は、明治になって大和郷を造成した岩崎の手に渡りました。岩崎はこの江戸の名園を大切に引き継ぎ、六義園は都会にありながらいまも青々とした木々をたたえています。

六義園の近くには、染井（いまの駒込六丁目〜七丁目あたり）がありました。第五章で触れた靖国神社の桜は、この地に別邸を持っていた木戸孝允が植樹したものです。ソメイヨシノを生み出した植木屋集団がこの付近に居住していたのは、六義園の手入れを任されていたからです。六義園は徳川幕府とも関係の深い庭園ですから、その管理を任されていた人々は、当然ながら幕府公認の植木屋ということになります。染井は、江戸からつづく園芸業の中心地でした。

六義園に限らず、園芸は上流武士たちの趣味のひとつとしてブームを巻き起こしていました。江戸幕府が各地の大名に参勤交代を義務づけると、大名たちは江戸暮らしを強いられます。といっても、江戸は自分の領地ではありませんから、滞在中はやることがありません。そこで、ヒマ潰しとして、屋敷内の庭園をつくり、園芸に勤《いそ》しんだのです。こうして江戸には、たくさんの庭園がつくられました。これらの多くは、いったん明治維新で破壊されてしまいますが、生き残った庭園はいまに受け継がれています。

大名たちが屋敷地で庭園づくりを始めると、どちらがより美しい庭園をつくるかといった競争が生まれました。そうなると、有能な植木職人は引っ張りだこです。植木屋集団が重宝されたのには、そうした背景がありました。

顧客の注文を得るために、植木職人の間でも、庭園を彩る美しい花木の研究が熱心におこなわれます。江戸中期頃、染井の植木屋の間では菊づくりが盛んになります。菊人形は、そうした競争の中で生まれます。さらに、梅やツツジ、牡丹《ぼたん》といった他の花木の品種改良や栽培も発展した結果、さまざまな花が江戸の街に咲き誇って、花名所が誕生していきました。

大名たちが江戸を去ると、染井の植木屋集団は生き残りを賭けて植木会社を設立しました。会社を設立したのは、栽培した花を海外に売り出そうとしたからです。西洋との貿易を視野に入れていた植木屋集団は、日本人が好んでいた花ばかりではなく、バラの栽培など、外国に通用する花の開発も始めました。江戸には、こうした園芸都市としての側面もありました。

41系統と都営三田線

18系統は【巣鴨駅前】を過ぎて【巣鴨車庫前】に到着します。

【神田橋】―【志村坂上《しむらさかうえ》】間を結ぶ18系統ですが、【巣鴨車庫前】からは都電のラストナンバーである41系統にバトンタッチして北上することにしましょう。

［写真8-3］都営バス巣鴨営業所の建物。数少ない都電時代の遺物だが、取り壊しが決まっている

18系統の【志村坂上】までの線路は、太平洋戦争の最中、昭和一九（一九四四）年に開業しました。【巣鴨車庫前】―【志村橋】間を結ぶ41系統は、ラストナンバーが示すように、都電最新の路線です。その単独区間になっている【志村坂上】―【志村橋】間は、昭和三〇（一九五五）年に延伸開業しています。

お手もとにある東京の地図を見ていただければわかりますが、**2系統、18系統、41系統**と、三田から志村坂上まで現在の都営地下鉄三田線とほぼ同じ場所を走っています。ですから、地下鉄の駅も都電の電停をもとに設置されました。

そのため、思わぬ不便も起きてきます。都営地下鉄三田線の新板橋駅とＪＲ埼京線の板橋駅とは、五〇〇メートル以上も離れています。どうして、こんなに離れた場所になってしまったのかといえば、それも新板橋駅が**41系統**の【板橋駅前】と同じ場所につくられたからです。

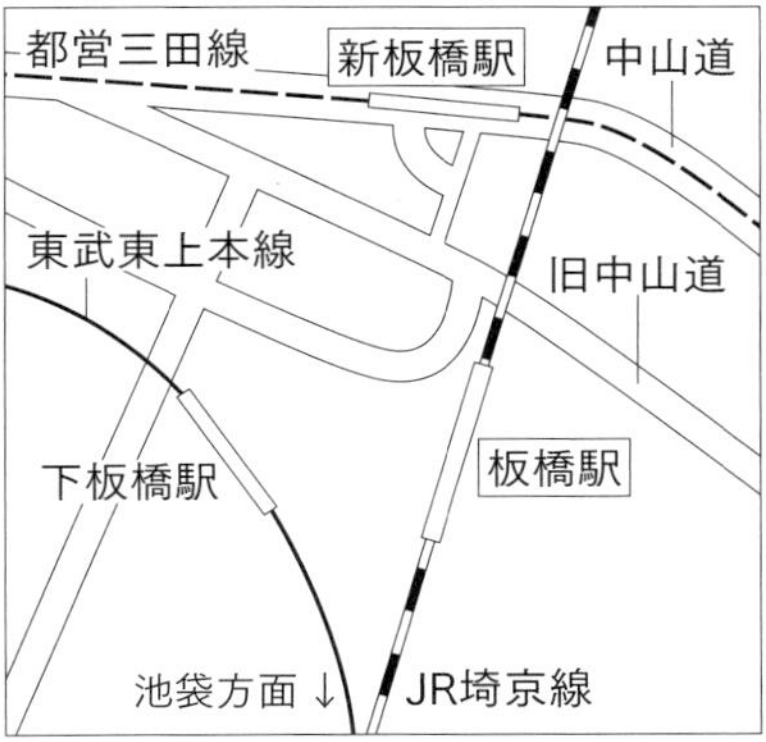

［図8-4］JRの板橋駅と地下鉄の新板橋駅が遠いのは、地下鉄駅の位置が都電を踏襲しているからだ

【板橋駅前】ができた都電時代は、埼京線との接続を考慮していたのではなく、志村方面から都心へアクセスするための路線でした。幅広い中山道の方が敷設しやすかったなどの理由から、埼京線板橋駅と離れてしまいます。ただ、地下鉄となると、地上の道路の広さを考える必要はないはずで

す。敷設する段階で、新たに路線と駅の場所を考慮すればよいように思われますが、そうはならないのが行政の難しいところなのでしょう。

都営地下鉄三田線は、昭和四三（一九六八）年に、まず巣鴨駅—志村駅（いまの高島平《たかしまだいら》駅）の区間を開業させます。**18系統**や**41系統**が廃止された二年後のことです。

しかし、志村坂上駅から先の区間は、都電の**41系統**とは同じルートではありません。**41系統**が【志村橋】に向かって西北へ走ったのに対し、三田線は西へ大きくカーブを描き、高島平を目指しました。理由は諸説ありますが、その大きな要因になったのが、その後に多くの住民の入居が見込まれた高島平団地です。

高島平団地の建設計画が持ち上がったのは、昭和三三（一九五八）年の第一次首都圏基本計画によるものです。当時、板橋区一帯はまだ水田が広がる農村地帯でした。しかし、東京の都市人口は膨張の一途をたどり、水田を住宅地化することが検討されます。その受け皿のひとつとして、高島平に団地が建設されることになりました。

高島平団地に最初の入居者がやって来たのは、昭和四七（一九七二）年です。都営三田線の巣鴨駅—高島平駅間が開業して、わずか四年後のことであり、さらに、都営三田線が都心の日比谷駅まで延伸したのは高島平団地の入居開始と同年ですから、この地下鉄路線が団地住民の都心への足として考えられていたことは明らかでしょう。

たった一〇年で消えた路線

さて、**41系統**の終点となっていた【志村橋】と**18系統**の終点でもある【志村坂上】とは、二キロメートルにも満たない距離しかありません。たった二キロメートルの短い距離でしたが、【志村橋】までの延伸は、板橋区にとって悲願でもありました。

41系統は市電だった時代がなく、誕生当時から都電だったわけですが、昭和三〇（一九五五）年開業時には、板橋区と境を接する、当時の埼玉県戸田《とだ》町や川口《かわぐち》市などの住民にとっても、いまだ重要な足でした。

なぜなら、戦後になって、戸田町や川口市から板橋区にある工場へ通勤する人々が急増したからです。

その前に、昭和一九（一九四四）年、【志村坂上】まで線路を延伸した理由から考えてみましょう。高島平団地ができる直前まで、板橋区には水田が広がっていたわけですから、戦前の板橋区で東京市電の利用者がそんなに多かったようには思えません。しかも戦火が激しくなり、物資のみならず労働力が不足しています。わざわざ東京の郊外に線路を延ばす工事をするにしても、もっと時期を選んでもよさそうです。なぜ、【志村坂上】までの線路が、そうした大変な時期を選んで敷設されたのでしょうか。

その理由は、戦時中、板橋区に軍需工場が集中して立地していたからです。昭和初期の板橋は、〝軍都〟ともいえる街でした。

板橋区に軍需工場が林立することになったルーツは、幕末にまでさかのぼらなければなりません。長崎海軍伝習所《でんしゅうじょ》で学んでいた沢太郎左衛門《さわたろうざえもん》は、オランダに留学して砲術を研究してきます。彼は砲術に欠かせない火薬の製造技術を会得していましたが、江戸幕府が消滅してしまったことで、活かされませんでした。

ところが、富国強兵を掲げていた明治政府が、沢の火薬製造技術に目をつけます。彼は板橋区の加賀藩前田家下屋敷跡に火薬製造工場を建設することになりました。明治維新によって接収された大名屋敷は、そのまま明治政府高官の邸宅になっていたりしますが、屋敷地はあまりにも広大で多数あったことから、残った屋敷地は練兵場や軍需工場に転用されました。その転用例のひとつが、沢の火薬製造工場でした。

大正一四（一九二五）年、後藤新平は、関東大震災で焼失した東京の街を復興させるに当たり都市計画を練ります。その際、火薬や薬品、兵器を製造する工場が都心にあると、危険がともなうということで、甲種特別工業地区を指定し、そこに軍需工場を集中させることにしました。志村一帯も甲種特別工業地区の指定を受け、軍需工場が続々と移転してきます。また、関連工場や下請《したう》け企業なども移転してきたことから、板橋は急速に軍都化したのでした。

太平洋戦争が激化すればするほど、板橋区の軍需工場はフル稼働することになりました。それには、なによりも人手が必要となります。危険物を取り扱うことから郊外に追いやられたため、板橋の軍需工場の交通の便はよくありません。そこで工場で働く人たちの足として、【志村坂上】までの線路が敷設されることになったのです。工事にあたっては、若い男性たちは兵隊として戦地に送り込まれていたので、高齢者や女性たちが勤労奉仕という形で狩り出されました。急ピッチで敷設された都電は、その後に工場労働者をたくさん運びました。

戦後、軍需工場は、光学機器メーカー、精密機器メーカーへと衣替えしました。これらの中には、その後に訪れる高度経済成長の原動力になったメーカーもあります。戦争の手伝いをした**41系統**は、戦後になって日本の復興を下支えする役割を果たしました。

第九章

都営荒川線

～唯一、生き残った路線～

荒川線

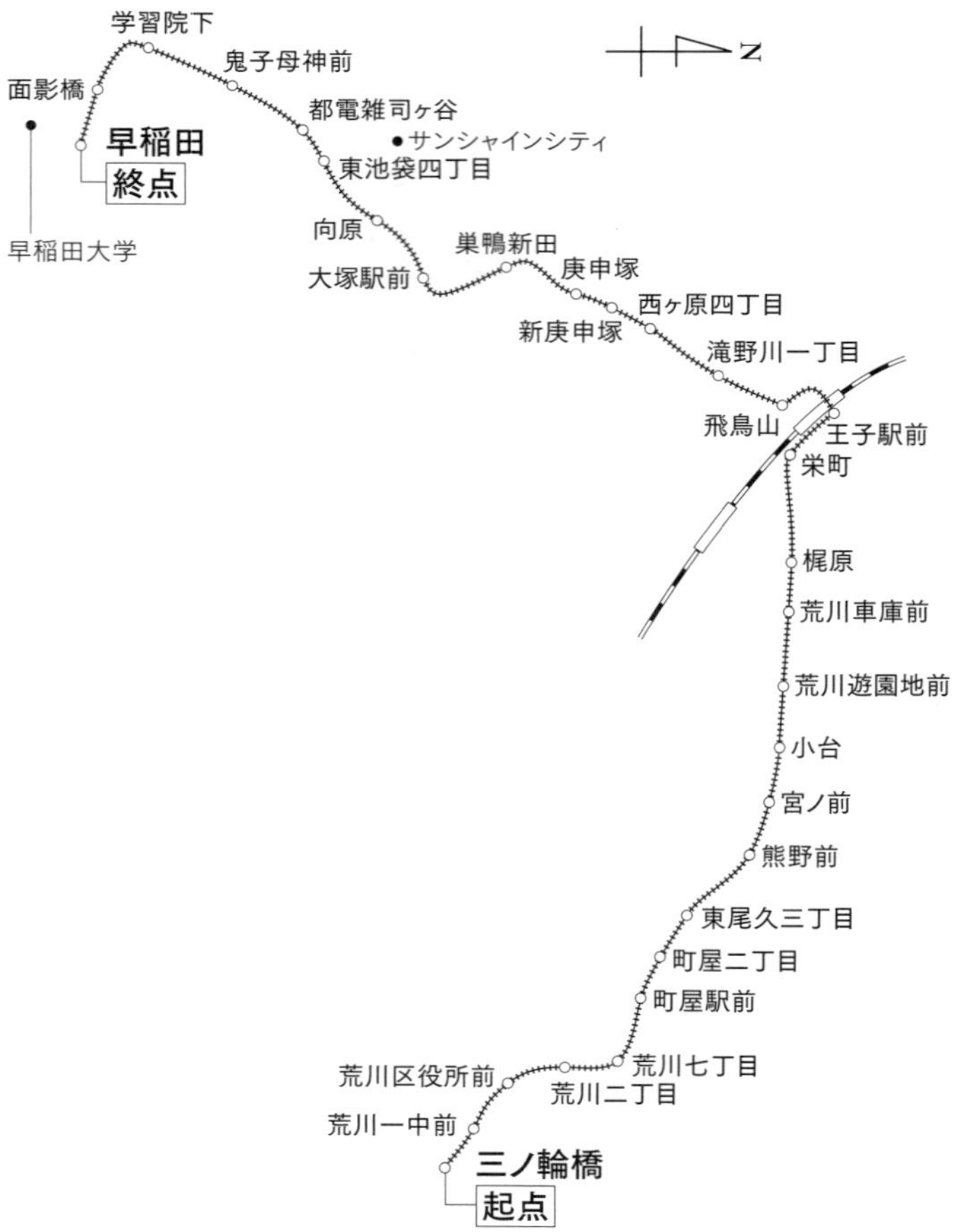

学習院下
鬼子母神前
面影橋
都電雑司ヶ谷
サンシャインシティ
早稲田
終点
東池袋四丁目
早稲田大学
向原
巣鴨新田
庚申塚
大塚駅前
西ヶ原四丁目
新庚申塚
滝野川一丁目
飛鳥山
王子駅前
栄町
梶原
荒川車庫前
荒川遊園地前
小台
宮ノ前
熊野前
東尾久三丁目
町屋二丁目
町屋駅前
荒川七丁目
荒川区役所前
荒川二丁目
荒川一中前
三ノ輪橋
起点
N

最後まで残った二路線がひとつになる

昭和四七（一九七二）年一一月一一日、東京都荒川区の荒川車庫からひっそりと一台の都電が走りはじめました。この日の行き先は、昨日までとは違いました。【王子駅前】に到着すると、そこで引き返し、東端の【三ノ輪橋】を目指します。

昨夜の最終まで27系統だったこの路線は、かつて【王子駅前】から北上し、【神谷橋《かみやばし》】を経由して【赤羽《あかばね》】まで走っていました。27系統は、【三ノ輪橋】—【赤羽】間を結んでいましたが、そのうち【王子駅前】—【赤羽】の区間が前日に廃止されたのでした。

現在、27系統の【王子駅前】—【赤羽】の区間が敷かれていた北本《きたほん》通りは、日光御成道でもあり、たいへん広い道路です。いまは、その広い道路の地下を東京メトロ南北線が走っています。電停【赤羽】の跡地には、南北線の赤羽岩淵《いわぶち》駅があります。国鉄赤羽駅と【赤羽】の間は、五〇〇メートルほど離れていたのですが、その状況は都電が地下鉄になっても変わっていません。

この日、最盛期には二〇〇キロメートル超を誇った都電の線路は、27系統の生き残り区間である【王子駅前】—【三ノ輪橋】と【早稲田】—【荒川車庫前】間を走る32系統の二路線だけになりました。最後に残った二路線も、27系統が昭和四五（一九七〇）年までに、**32系統**が昭和四六（一九七一）年までにそれぞれ廃止される予定でした。ところが代替交通がないといった理由で、廃止されず、うやむやのまま月日が過ぎました。それでも、都電の廃止はまぬがれないというのが当時の風潮だったようです。

　風向きが大きく変わるのは、昭和四八（一九七三）年です。これまで、都電廃止に血道をあげていた美濃部亮吉都知事が、都議会の答弁で都電の存続を打ち出しました。この発言を受けた都電は、それまで運転士と車掌のツーマン運転だった体制をワンマン運転に切り替えるなど、合理化を進めました。

こうした努力によって、翌年には都電の恒久《こうきゅう》的存続が決まります。同時に、**27系統**の

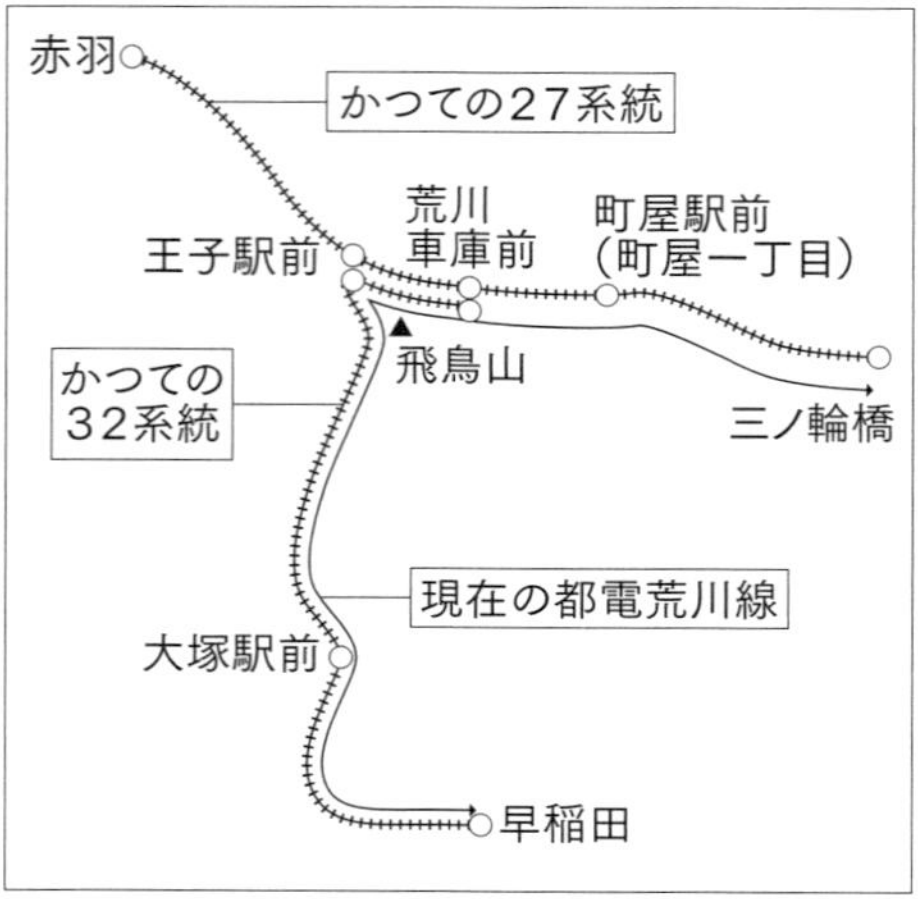

［図9-1］現在の都営荒川線が〝くの字〟形になっているのは、それがもともと一本の路線ではなく、27系統の一部と32系統が合わさってできたためである

一部と32系統とを統合して、【早稲田】―【三ノ輪橋】間を乗り継ぎなしで走る路線として再出発しました。これが、いまも存続する荒川線です。

なぜ、ワンマン化が可能になったか

　ワンマン化の推進の背景には、技術的な側面を見逃すことができません。昔の都電車両には、角のような棒が出ていました。これは〝集電ポール〟と呼ばれる装置で、線路上空に張り巡らされた架線から電気を取り込む役割を果たしています。

　その昔、集電ポールは、電気を取り込む〝集電用〟と使い終わった電気を架線に戻す〝帰電用〟の二本を搭載していたときがありました。さらに、路面電車は運転席が車両の前後にあります。進行方向を変えるとき、運転士と車掌は場所を前後で交替していました。そのとき、車掌は集電ポールの方向を切り替える作業をしますが、使用する集電ポールも進行方向によって切り替えていました。つまり集電ポールは、集電・帰電の各二本ずつ、さらに前後合わせて計四本が都電の屋根の上に載《の》っていました。

　これでは見栄えが悪いことは言うまでもありませんが、四本のポールを搭載していても、使っているのは常に二本ずつですから、効率的によくありません。しかも、集電ポールは架線からはずれやすく、大きなカーブがあると、都電はスピードを落として走らなければなりませんでした。スピードダウンはそれほど問題にはなりませんが、いったん集電ポールが架線からはずれでもすれば、たちまち都電は立ち往生してしまいます。これを復旧するのは車掌の業務でした。集電ポール時代は、車掌の同乗が欠かせず、そのためワンマン化は難しかったのです。

しかし、技術革新により、集電ポールはビューゲル、そしてパンタグラフへと進化しました。パンタグラフは架線にフィットしてはずれることがほとんどありません。集電ポールを〝はめ直す〟という作業は不要になりました。

パンタグラフ時代になると、車掌は、発車の合図である〝チンチン〟という信鈴《しんれい》を鳴らす役割、そして切符を販売・確認する検札《けんさつ》が主な業務になりました。都電は一乗車均一料金制を採用していました。乗車する際に料金の支払いを済ませれば、車掌による切符販売や検札は必要なくなります。

出発の合図である〝チンチン〟は、路面電車が〝チンチン電車〟と親しまれるゆえんにもなっていました。安全確認としても役割を果たしていましたが、一両編成の都電においては運転士の目視《もくし》による安全確認で十分に補えます。つまり、車掌は必要なくなっていたのです。
ところが、これまで慣れ親しんだ信鈴がなくなると、寂しい気持ちになるのが人の心というものでしょう。そこで、乗車扉が閉まると、自動的に〝チンチン〟と鳴るようなシステムを導入しました。信鈴の自動化によって、都電**荒川線**は昔ながらの情緒を損なわずにワンマン化を達成することができました。

電気鉄道王が残した荒川線の前身

路線を一本化した都電は、**荒川線**という名称を与えられました。そのネーミングから、荒川区だけを走っているように勘違《かん》いされやすいのですが、実際には、新宿区、豊島区、北区、荒川区の四区にまたがっています。**荒川線**の名称は、荒川車庫をベースにしていることに由来しています。

東京の路面電車は、東京電車鉄道、東京市街鉄道、東京電気鉄道の三社が統合して東京鉄道となり、さらに市営化して東京市電になります。昭和一八年（一九四三）年に東京府と東京市が合併して東京都が誕生したことから、「都電」を名乗るようになりました。

都制施行は、戦時体制を強化する目的でしたが、それより以前の昭和一三（一九三八）

年には乱立《らんりつ》気味だった交通事業者を合併・統合させるための『陸上交通事業調整法』が施行されています。三社統合の明治から昭和まで月日を経たことで、東京にはまた路面電車を運行する事業者が現われていました。この『陸上交通事業調整法』によって、新たに王子電気軌道、城東電気軌道が都電に組み込まれます。

［写真9-1］旧日光街道沿いに建つ、かつての王子電軌鉄道本社。中央の通路をくぐると、三ノ輪橋の電停がある

王子電気軌道は、現在の**荒川線**の前身となる鉄道会社です。現在でも、沿線に古くから家を構える住民の間では、都電と呼ばず〝王子電車〟もしくは〝王電《おうでん》〟と呼ぶ習わしが残っています。

この〝王電〟を明治四四（一九一一）年に創業したのは、才賀藤吉《さいがとうきち》でした。才賀は日本初の電車といわれる京都電気鉄道の建設工事に従事した経験から、電気鉄道の将来性に目をつけます。その後、地元の資本家とタッグを組みながら、地域開発の一環として電気鉄道の敷設に東奔西走《とうほんせいそう》し、王電の他にも、彼が手がけた電気鉄道は、磐城《いわき》軌道（福島県）、成宗《せいそう》電気軌道（千葉県）、美濃《みの》電気軌道（岐阜県）、岩村《いわむら》電気軌道（岐阜県）、沖縄電気軌道など、多数ありました。才賀はまさに〝電気鉄道王〟ともいうべき人物です。

ところが、当時の地方都市では、まだ電気という文明を知っている人は多くありません。才賀が唱える〝電気で鉄道を走らせて沿線を近代化させる〟という構想は、にわかに信じてもらえませんでした。地元の人々は電気鉄道敷設計画に理解を示さず、彼を〝山師〟呼ばわりする人もいました。そのため、建設のための出資金集めには苦労したようで、新会社を興しては既存の会社の運転資金に回すという、いわば自転車操業的な経営で各地に電気鉄道を建設していきます。

そんなとき、伊予水力電気という電力会社を経営していた才賀のもとに、伊予鉄道を電化したいという話が舞い込みます。彼は伊予鉄道の経営陣として加わり、それをきっかけに愛媛県選出の代議士にもなりました。

衆議院議員に当選したことは、才賀自身にも大きな恩恵をもたらしました。当時の議員には全国を無料で移動できるパスが支給されていたため、国会議員を兼ねる企業家が多くいたほどでした。才賀もまた、この議員パスを駆使して、電気鉄道を敷設するという目的のために全国を飛び回りました。

　電気鉄道を全国に広げるという壮大な計画は順調に見えましたが、その資金調達は以前と変わらず自転車操業でした。いったん躓《つまず》いてしまうと崩壊は早く、才賀が設立した電気鉄道は次々と破綻《はたん》に追い込まれていきます。計画中の電気鉄道には、計画段階のまま潰《つい》えた路線も多くありました。そのなかで、王電は立派に実現したというだけではありません。才賀の夢を結び、現在も都民の足として活躍している路線です。

乗り換えの便利と不便

【早稲田】を出発した都電**荒川線**は神田川の畔《ほとり》を走り、【学習院下】【鬼子母神前】【都電雑司ヶ谷《ぞうしがや》】【東池袋四丁目】と駆け抜けます。この路線の特徴は、弧《こ》を描くようにして走っていることで、たくさんの他の路線と交差している点でしょう。そうなると、自然に多くの乗換駅ができることになります。
　ただし、都電の【早稲田】と東京メトロ東西線の早稲田駅とは、駅名こそ同じですが、その距離は一キロメートルほど離れています。東京都交通局も東京メトロも、この両駅を乗換駅とは謳っていません。それでも、早稲田界隈を歩いていると、「都電の駅はどこですか」などと聞かれることは少なくありません。しかも、両駅を結ぶ道筋はわかりにくく、地理を知る人でないと、とても独力では行き着けないでしょう。駅名（電停名）が同じというのは、とんだ厄介を引き起こします。

この【早稲田】は除くとして、荒川線の乗換駅といえるものは、【東池袋四丁目】で東京メトロ有楽町線、【大塚駅前】でＪＲ山手線、【新庚申塚《しんこうしんづか》】で都営地下鉄三田線、【王子駅前】でＪＲ京浜東北線と東京メトロ南北線、【熊野前《くまのまえ》】で日暮里・舎人ライナー、【町屋駅前】で京成線と東京メトロ千代田線、【三ノ輪橋】で東京メトロ日比谷線と、計七カ所に及びます。

そのうち、【新庚申塚】と都営地下鉄三田線の西巣鴨駅は約三〇〇メートル、【三ノ輪橋】と東京メトロ日比谷線の三ノ輪駅は約四〇〇メートルと、かなり離れていますが、こちらは乗換駅の案内がされています。さらに、平成二〇（二〇〇八）年に東京メトロ副都心線の池袋駅—渋谷駅が開業したことで、【鬼子母神前】と東京メトロの雑司が谷駅とで乗り換えができるようになりました。

副都心線の雑司が谷駅は、都電の【鬼子母神前】の目の前に入り口があります。東京メトロが〝鬼子母神〟ではなく、〝雑司が谷〟を駅名に採用したのは、夏目漱石や永井荷風《ながいかふう》といった文豪が多く眠る雑司ヶ谷霊園の名が知られているからであり、駅の住所が雑司が谷だったからです。

ただ一見すると、混乱してしまいそうな駅名です。東京都交通局は、念のため【雑司ヶ谷】を【都電雑司ヶ谷】と電停名に〝都電〟を冠して、利用客が間違えないように便宜を図りました。副都心線の雑司が谷駅が開業して五年が経過しようとしていますが、特に大きな混乱はないようです。

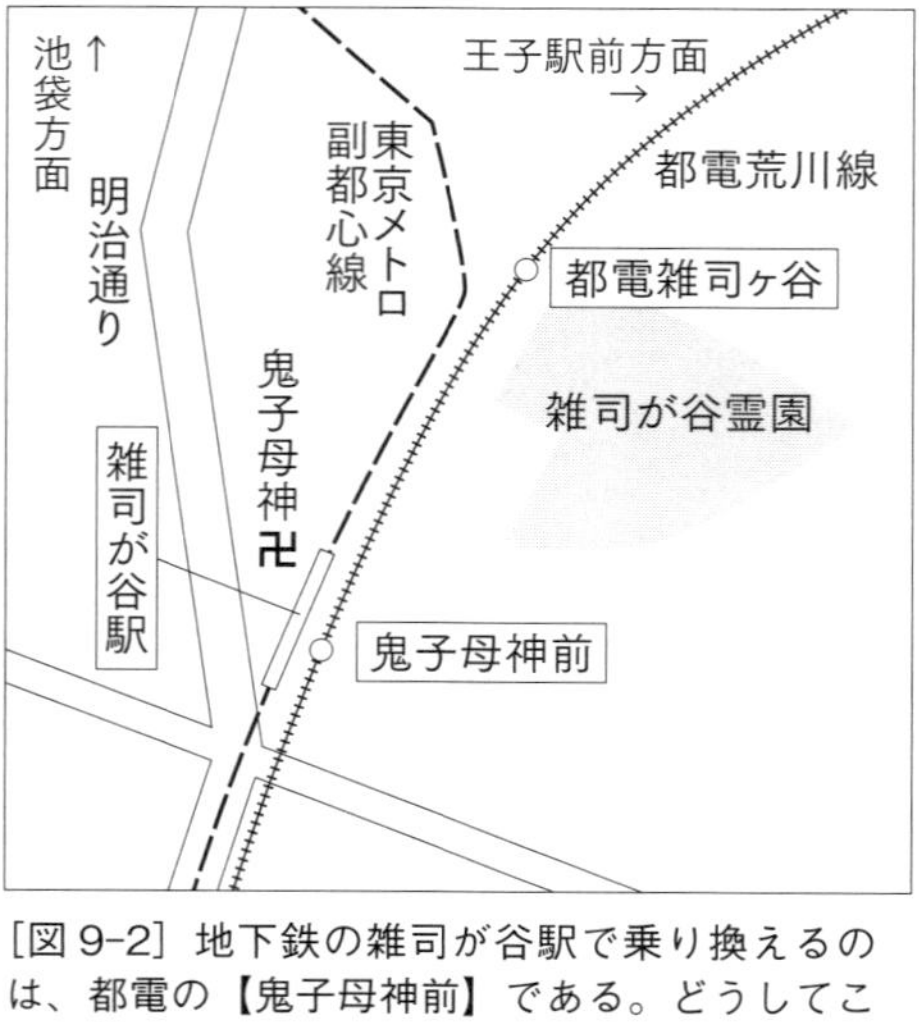

［図9-2］地下鉄の雑司が谷駅で乗り換えるのは、都電の【鬼子母神前】である。どうしてこんな紛らわしいことになったのか

東京メトロは、平成一六（二〇〇四）年に民営化にともなって営団地下鉄から社名変更しました。このとき、営団成増《なります》駅や営団赤塚《あかつか》駅などの駅名もそれぞれ、地下鉄成増駅、地

下鉄赤塚駅に改称しています。東武東上本線に、それぞれ成増駅、下《しも》赤塚駅があるため、それらと混同しないように〝営団〟や〝地下鉄〟を冠しているのでしょう。

そうした前例にならえば、副都心線の雑司が谷駅は、〝地下鉄雑司が谷駅〟になるはずでした。ところが、後から乗りこんできた副都心線が、堂々と雑司が谷駅を名乗り、どういう事情からか、前からあった都電の方が〝都電〟を冠する電停名に変更されてしまいました。

三業地に線路を敷く

【都電雑司ヶ谷】を後にした**荒川線**は、山手線をアンダーパスする【大塚駅前】に到着します。当時の「王電」が、いまや副都心として栄える池袋ではなく、山手線の駅にしてはどことなく地味な印象を受ける大塚を選んで走っているのは不思議な気がします。

池袋に日本鉄道の駅ができたのは、明治三六（一九〇三）年です。王電は、明治四四（一九一一）年に飛鳥山上（いまの【飛鳥山】）――大塚（いまの【大塚駅前】）間を最初に開業させています。ですから、このときにはすでに池袋の街がすこしずつにぎわいの予兆を見せはじめていたことでしょう。

それにもかかわらず、王電が大塚を選んだのは、この地に三業地があったからです。三業地とは、料理屋・芸妓屋・待合の三業種が揃っているエリアのことで、現代風には歓楽街ということになりますが、すこし趣は異なります。

料理屋は説明不要でしょう。芸妓屋というのは、酒の席で歌や踊りを披露する芸者の派遣所です。待合というのは、男女の逢《あ》い引《び》きの場、いまで言うところのラブホテルの役割を果たした施設でした。また、政治家の談合やビジネスの商談など、高級ホテルのラウンジのような機能を果たす場所でもありました。

江戸時代からつづく吉原《よしわら》の遊郭のような場所は、時の政府によって市街から隔離する政策がとられてきました。三業地の待合や芸妓屋も、警察によって一カ所に集められて規制下におかれます。警察が規制したと聞くと、どうしても性サービスをおこなう店と受け取りがちですが、そうではありません。

関東大震災後、女性店員が接客をするカフェーが大流行しましたが、これも規制の対象になっています。もちろん、カフェーの女性店員は、注文されたコーヒーなどを運んだり、馴染《なじみ》客と雑談したりするぐらいで、具体的な性サービスをするわけではありません。それでも、カフェーは監視対象になっていました。

娯楽の少なかった大正から昭和において、三業地は多くの人が集まる場所でもありました。王電は、日本鉄道の駅が開設されて発展を遂げていく池袋と比べて、三業地のある大塚の方が〝金〟になると踏んだのでしょう。

王電は、大塚三業地ばかりではなく、やはり三業地の栄えた尾久《おぐ》にも線路を敷いています。尾久三業地では、芸妓が男性のシンボルを切り取り、大事に懐に入れて逃亡した事件が起きて世間に衝撃を与えました。世に言う阿部定《あべさだ》事件です。尾久三業地は、**荒川線**の電停【小台《おだい》】と【宮ノ前】付近に広がっていました。

社寺参詣《さんけい》のあり方を変えた電気鉄道

【巣鴨新田】を過ぎると、【庚申塚】です。ここは〝おばあちゃんの原宿〟と称される高《こう》岩寺《がんじ》門前の最寄りの電停です。

高岩寺は〝巣鴨のとげぬき地蔵〟で親しまれているお寺ですが、本尊である地蔵は非公開です。おばあちゃんたちが、目的にしているのは〝洗い観音〟と呼ばれる観音像で、こちらは自分の体の悪い部位と同じ個所を洗って拭《ふ》くことでご利益があると言い伝えられています。

この寺の縁日は四のつく日となっています。四日、一四日、二四日の月三回、荒川線が高齢者だけで満員になるという、ここでしか見られないような光景が広がります。荒川線は都電の貸し切り運行などを実施していますが、四のつく日は高岩寺への利用者が多く増便をしなければならない関係上、貸し切りを極力避けてほしい旨のアナウンスがされています。それほど、荒川線にとって高岩寺は集客力のある寺です。

現代でこそ、レジャーが多様化し、東京の至るところに遊戯施設があります。それだけに、高岩寺のような社寺の集客力に改めて驚かされますが、鉄道、特に電気鉄道と寺社仏閣とは古くから不即不離の関係にありました。

関東初の電気鉄道として開業した大師電気鉄道（いまの京浜急行電鉄京急大師線）は、川崎の名刹である平間寺《へいけんじ》にアクセスする電車として、明治三二（一八九九）年に開業しました。平間寺は〝川崎大師〟として親しまれ、現代でも初詣《はつもうで》などでは関東一円から多くの参詣《さんけい》者が押し寄せるほどです。

当時、川崎には官営の東海道本線が走っていましたが、川崎駅から川崎大師までは徒歩で行かねばならず、かなりの労力を費やしました。大師電気鉄道が開業したことで、参詣者の数は爆発的に増えます。

鉄道の開業で集客を増やしたのは、川崎大師だけではありません。毎年、明治神宮に次いで全国二位の参詣者が集まる成田山新勝寺や、空海《くうかい》が開いた高野山金剛峯寺《こうやさんこんごうぶじ》（和歌山県）などもまた、鉄道の開業で気軽に参拝できるようになります。

全国で、社寺と鉄道が結びつき参拝客を増やし、鉄道会社にとっても社寺にとっても、営業的なプラスをもたらしました。しかし、鉄道と社寺の結びつきが、日本に根づいた社寺参詣の文化を大きく変えるきっかけとなったことは、意外と知られていません。

明治初年、まだ日本人に初詣という習慣はありませんでした。それぞれの社寺では毎月決まった日に祭事をおこなっていましたが、一月は〝初薬師《はつやくし》〟や〝初大師〟といった、〝初〇〇〟が催《もよお》されました。初薬師といえば、その年に初めて薬師如来にお参りをするということです。それは、三が日であるとは限りません。川崎大師であれば、毎月二一日が縁日になっていますので、一月二一日に初大師があります。年始のお参りは、初大師の日に川崎大師を訪れることが一般的でした。

ところが、明治後期になって人々の生活は一変します。〝初〇〇〟の日が平日に当たる年には、参拝に行けなくなるのです。わざわざ祭事に合わせて仕事を休むわけにはいきません。そこで、誰もが休みになる三が日に社寺を参拝する、初詣という習慣が生まれます。

徒歩による巡礼ではなく、鉄道に乗って社寺参拝というスタイルが定着してくると、鉄道各社の乗客争奪戦が激化します。それが発展して、鉄道会社は年末年始に終夜運転を実施するようになります。東京市電でも、大晦日《おおみそか》に終夜運転が実施されていたことがありました。

この終夜運転は、もともとは初詣客の便宜を図るために実施されたわけではありません。大晦日は東京中の商店が一年の決算処理をする日であり、深夜になっても作業が終わらない従業員が多くいたのでした。そうした人々の帰宅の便を図るために大晦日に終夜運転が実施されていました。それが、いつの間にか初詣客のための終夜運転へと趣旨が変わったのです。

現在、東京都交通局は、地下鉄などで年末年始の終夜運転を実施していますが、**荒川線**は終夜運転を実施していません。時代とともに都市は二四時間化しています。二四時間営業を実施している店は、明治時代よりも圧倒的に多いはずです。それにもかかわらず、市電時代にはおこなわれていた終夜運転を都電はしていません。

平成二五（二〇一三）年、猪瀬直樹《いのせなおき》都知事は、東京オリンピックの招致と絡めて、都バスの二四時間運行の実践を明言しました。それに先行する形で、猪瀬都知事は六本木―渋谷間を走る都バスを挙げています。

バスと電車では、保線などクリアすべき問題に大きな隔《へだ》たりがあります。同列には論じられませんが、それでも二四時間都市化する東京に終夜運転をする公共交通が登場することになったら、革新的だといえるのではないでしょうか。

王電がアテにしていた飛鳥山《あすかやま》

【庚申塚】にある高岩寺が王電にとって参拝客を大量に集めてくれて、経営に寄与していることは間違いありません。現在の都電**荒川線**の沿線は、昭和の面影を色濃く残す住宅地の雰囲気を醸《かも》し出していますが、開業時の王電沿線は、まだ荒野が広がる農村でした。【小台】から【町屋駅前】にかけては、低地だったこともあり、台風でたびたび水害に悩まされた記録が残っています。

そうした地勢のため、江戸時代からこの地は農耕地に不向きとされていました。南千住は宿場町として栄えましたが、街道からすこしはずれた地になると、無人の荒野が広がっていたのです。明治期に発電所や千住製絨所などの広大な工場を建設できたのも、手つかずの土地が残っていたからです。日本初の近代下水処理場となった三河島《みかわしま》汚水処分場が、この地に開設されたのも都心部に近く、それでいて広大な敷地を買収することが容易だったからでしょう。

王電の線路は、そうした低地帯でありながらも、水害の影響を軽減することを考慮して、台地のようなところを選んで敷設されています。とはいえ、人も住まないような地域に電車を走らせても、利用客がいなければたちまち経営は火の車になってしまいます。先述した三業地や高岩寺に線路を敷いたのは、運賃収入を確保するといった経営的な側面があったことは言うまでもありません。

そして、王電が事実上のターミナルとしていた【王子駅前】は、才賀が王電を開業させるにあたって、もっとも利用客を当て込んだ地でした。桜の名所、飛鳥山です。ここは、東京の数ある花見スポットの中でも、上野公園や靖国神社と並んで〝場所取り〟の激戦地のひとつです。

飛鳥山に桜が植樹されたのは、徳川吉宗治世の頃ですから、長い歴史を有しています。徳川吉宗が断行した享保の改革は、江戸庶民に徹底して贅沢《ぜいたく》を禁じました。しかし、いくら財政が厳しいからとはいえ、質素倹約ばかりしていたのでは息が詰まってしまいます。

吉宗は江戸庶民に楽しみを与えようとして、飛鳥山に桜を植樹しました。これが毎年綺麗なピンク色に染まり、現代に生きる私たちをも楽しませてくれることになります。

その飛鳥山は、明治六（一八七三）年の太政官布告によって日本初の公園に指定されます。いわば、飛鳥山は東京における一大観光地でした。王電は、この飛鳥山への行楽客輸送を見込んでいました。昭和二（一九二七）年には、昭和一五（一九四〇）年に開催予定だったオリンピック会場になることを想定し、飛鳥山には運動場が整備されました。

［写真 9-2］江戸庶民が桜の名所・飛鳥山で遊ぶさまを描いた、北斎「新板浮絵王子稲荷飛鳥山之図」。写真提供／墨田区（ピーター・モース コレクション）

それほどの魅力を持ちあわせていた飛鳥山でしたが、桜のシーズンを除けば、行楽地としての飛鳥山の地位は急落の一途をたどっています。昭和四五（一九七〇）年に設置された回転式の展望塔も、平成五（一九九三）年には解体されました。東京都北区は、平成二一（二〇〇九）年になって、山麓から山頂までを移動する飛鳥山公園モノレールを整備しました。北区が飛鳥山復権に向けて、力を入れていることがうかがえます

さて、利用客を増やそうとした王電の観光地戦略は、期待に反して結実せず、王電の経営状態はいつまで経ってもよくなる兆しを見せません。王電は鉄道事業のほかにも電気事業を手がけていて、こちらの収益で電気鉄道の赤字を穴埋めして何とか凌《しの》いでいました。

トランジットモールと協働《きょうどう》を都電がもたらす

【王子駅前】を後にして、荒川線は【栄町《さかえちょう》】【梶原《かじわら》】と駆け抜けます。【梶原】は電停の目の前から商店街が延びています。都電沿線には、小さな商店が軒を連ねる昔ながらの商店街がいくつも残っています。特に梶原と三ノ輪橋の商店街は、都電と共存する商店街として、アーケードや路面に都電をあしらったレリーフが飾られていたり、イラストが描かれたりするなど、商店街の各所に〝都電〟を感じることができます。

路面電車は近年になって、移動手段というより街づくりの手段として見られるようになっています。街と路面電車とを結びつける概念として〝トランジットモール〟という言葉があります。トランジットモールは歩いて生活できる街をコンセプトにしています。中小

企業対策、地域振興、昼間人口の流出を食い止めることは、行政側にとっても長年の課題でした。トランジットモールはそれらを解決する手段として注目されています。また、近年では地方自治体と市民がパートナーシップを組んで都市整備などをおこなうことが多くなってきており、これらは〝協働〟と呼ばれるものです。自治体は活動に必要な備品や活動費を支給し、市民は活動に必要な人手や労力を出すなどして、相互協力関係を築いています。お互いが協力することで、官民が一体となって街をつくる。市民を行政に巻き込むことで、自分が住む街に関心をもってもらう。それが協働の理念です。

【荒川車庫前】から都電は荒川区に入りますが、荒川区に入ると、それまでとは沿線風景が大きく変わったことに気づきます。季節になると、沿線ではバラの花が目を楽しませてくれますが、これは荒川区が都電を区民共有の財産としてとらえ、沿線の町内会や自治体、商店会などの協力を得て、沿線の環境整備に乗り出しているからです。

都電の沿線にバラが咲くことで、街歩きを趣味とする年配者が増え、遠方からハイキングに来る人も増えています。バラの植栽は、協働という行政と住民の結束力を固める効果だけでなく、景観が向上し、沿線の観光地化をもたらしていました。

都電の車庫、その後

【荒川車庫前】には、**荒川線**の車両基地となる荒川車庫がありますいまや都電唯一の車庫になってしまいましたが、都電が東京中を走っていた頃は、そこかしこに都電の車庫があり、小さな子供たちが留置されている車両を眺めにやって来ていました。

　廃止された都電の車庫は、その後さまざまな運命をたどっています。**14系統**を担当した杉並車庫、**4系統**や**5系統**を担当した目黒車庫などは都バス営業所に転換されました。**1系統**や**2系統**などを担当した三田車庫、**20系統**や**40系統**を受け持った神明町《しんめいちょう》車庫は区の公共施設に、**15系統**や**39系統**を受け持った早稲田車庫は公共施設や都営アパートになるなど、それらの多くは公共的な施設になっています。なかには、丸井《まるい》錦糸町店になった錦糸堀車庫といったケースもありますが、丸井錦糸町店内には区の施設が入居するなど公的な側面は残しています。

　しかし、こうした都電車庫の跡地は、時代を経るごとに面影を失っています。そういう

［写真 9-3］荒川車庫。現在の都電の本拠地である

意味では、荒川車庫は都電をいまに伝える貴重な遺産といえるかもしれません。横浜市や仙台《せんだい》市などでは、消えた市電の活躍を顕彰する記念資料館や保存館があるのですが、都電にはそうしたものがなく、都電博物館を望む声がかねてからありました。そうした声の高まりを受けるように、平成一九（二〇〇七）年には荒川車庫横に〝都電おもいで広場〟がオープンします。博物館と呼べるような大規模なものではありませんが、昔懐かしい車両が展示されるなど、都電の歴史保存の第一歩であることは間違いありません。

公共交通として、さまざまな隠れた工夫

【荒川遊園地前】を出発した**荒川線**は、【小台】に到着、そこから【熊野前】までは、電車と自動車が同じ道路を用いる「併用軌道区間」を走ります。【飛鳥山】―【王子駅前】間にも、わずかに併用軌道区間が残ります。

一方、【小台】―【熊野前】間では、都電が道路の上を走りますが、分離帯で明確に区分されるような工事が施《ほどこ》されていますから、電車と自動車がお互いの邪魔になることはありません。

都電**荒川線**は、こうした自動車と電車が道路上を一緒に走る区間が少なく、多くは専用

軌道です。ですから、専用軌道を廃止しても、すぐにそこを自動車が走ることはできません。アスファルトなどを敷き詰める工事などが必要になります。**荒川線**が生き残った理由のひとつとして、専用軌道区間が多かった点が理由として挙げられます。しかし、東京中を走っていた都電には、この**荒川線**以外にも専用軌道区間はあり、それらは早々に廃止されました。

現在においても路面電車が走っている都市は二〇を超えますが、その多くは併用軌道です。専用軌道だから併用軌道だからといった理由が、路面電車を廃止に追い込んだわけではありません。

専用軌道が多い**荒川線**だとあまり気にならないかもしれませんが、道路の真ん中に電停が設置されている都市では、路面電車に乗るのに自動車の往来の激しい道路を横断しなければならず危険をともないます。路面電車は、歩行がおぼつかない高齢者や車イスに乗った障害者が多く利用する交通機関です。**荒川線**では、平成九（一九九七）年、全電停にスロープを設置してバリアフリー化を実現しました。

駅など、交通機関でのバリアフリー化は、平成一二（二〇〇〇）年に施行された『交通バリアフリー法』によって整備・促進されています。現在、聴覚障害者のためにＬＥＤの駅名表示が車内などに多数設置されているのも、視覚障害者のために音声ガイダンスなどで案内がなされているのも、こうした法律によるものです。**荒川線**は、これが施行される以前から、いち早く全電停のバリアフリー化をしていました。その点は特筆すべきことでしょう。

昨今、路面電車では、低床《ていしょう》車がムーブメントを巻き起こしています。たしかに低床車はデザインがオシャレで、未来型の乗り物のようにも映ります。一方、**荒川線**の車両は高床車です。だからバリアフリー化には、車両に合わせて電停をかさ上げするといった改良で対処しています。

低床車がもてはやされている昨今ですが、高床車にメリットがないわけではありません。低床車に合わせて電停ホームを低くすると、道路とホームとの高低差がなくなります。そうなると、電停脇の道路を走る自動車との距離が近くなり、電車を待つ利用者が危険を感じやすくなるのです。高さを出すことで、利用者は安心して乗降できます。

ほかにも、利用者が安心できる都電に乗降できる要因のひとつにホーム幅があります。東京都福祉保健局が策定したバリアフリー基準では、車イスが転回するには電停のホーム幅には一・四メートルが必要とされています。**荒川線**の電停では、すべてをクリアはしていないようですが、多くの利用者が乗降する電停はこの基準をクリアしています。

震災に強い交通機関

【荒川車庫前】から**荒川線**は荒川区に入ります。荒川区のうち【荒川車庫前】から【町屋駅前】まで、この区間は線路とぴったり寄り添うように側道があります。これは補助九〇号線と呼ばれる道ですが、【町屋駅前】で途絶《とだ》えます。

荒川線沿線では【東池袋四丁目】―【向原《むこうはら》】間や【西《にし》ヶ原《はら》四丁目】―【滝野川《たきのがわ》一丁目】間など、線路と住宅とが密着している区間がいくつかあります。この一帯は自動車が通れないような路地があちらこちらに入り組んでいます。こうした地域では、消防車が火災発生現場まで近寄ることができないなどの防災的な問題が長らく指摘されていました。

飛鳥山と王子駅の間には、〝さくら新道〟と呼ばれる居酒屋街があります。新宿のゴールデン街に似た鄙《ひな》びた佇《たたず》まいは、一部の層からは人気がありました。ところが、平成二四（二〇一二）年一月に火災が発生し、一帯の居酒屋は焼失してしまいます。このとき、細い路地に消防車が入り込めないことから、大通りに消防車を停車させて消火活動に当たるしかありませんでした。しかも、消火用ホースが**荒川線**の線路の上を横切ったことで、その間、運転休止させられる始末でした。

この火災の教訓から、**荒川線**の線路の下には、消火用ホースを通すことのできる横断溝が設置されることになりました。この溝に沿ってホースを通せば、線路を横断せずに済みます。

平成二三（二〇一一）年三月一一日に発生した東日本大震災では、東京都内の多くの公共交通機関が麻痺状態に陥ったなか、もっとも早く運転を再開したのが、**荒川線**でした。通常、震災で鉄道が止まると、運転開始までに線路がねじ曲がっていないか、電気系統は正常に作動しているのか、などといった点検をしなければなりません。やみくもに運転を再開すれば、事故が起きてしまい、それらが二次災害、三次災害を引き起こしかねないからです。

鉄道は一度システムが狂ってしまうと復帰に時間がかかります。ハイテク化している昨今、システムを復旧させるのには、以前より時間を要するようになっています。**荒川線**でもシステムのハイテク化は進んでいますが、まだまだ運転士の熟練の技や目視による安全確認など、人間の力で運行が実現している部分は多いのです。人間の力で運行していることが柔軟な運行を可能にし、そのことが非常時に迅速な復旧として活かされたのではないでしょうか。

花電車という文化

平成二三（二〇一一年）年一〇月一日、荒川車庫から見慣れない車両が走り出しました。白く彩られた車両は、横から見るとバースデーケーキを模した飾りつけがされている華やかなものでした。

都営交通一〇〇周年を迎えるにあたり、東京都交通局は花電車を復活させることを発表します。東日本大震災の影響でスケジュールの変更はあったものの、一日二回、昼と夜に沿線を往復した花電車は、見物客や鉄道ファンを多く集めました。特に夜間帯に運行された花電車は、電飾を灯し、まるでパレードの出し物のようでした。このとき走った花電車は、無蓋車《むがい》を改造したもので、花一〇〇形という形式番号が付けられています。

花一〇〇形以前に、本格的な花電車が最後に走ったのは、昭和五三（一九七八）年のイベントだとされています。このときは、**荒川線**がワンマン化することを記念して運行されました。以降、花電車は運行されていません。そして、一〇〇周年というビッグイベントで、東京都交通局は一念発起《いちねんほっき》して三三年ぶりの花電車を運行させました。

東京市電時代の記録を紐解《ひもと》くと、昭和六（一九三一）年に水天宮臨時大祭を記念して、また昭和一一（一九三六）年には観光祭を記念して、それぞれ花電車が運行されていました。

しかし、戦前の花電車の運行には、もうひとつの役割も課されていました。それは、国《こく》威発揚《いはつよう》のための政治的プロパガンダです。大正三（一九一四）年に運行された花電車は、青島陥落戦捷《チンタオかんらくせんしょう》を記念していましたし、昭和五（一九三〇）年には、関東大震災の復興が完了したことをアピールするための帝都復興祭記念奉祝《ほうしゅく》花電車が走っています。

テレビやインターネットがない時代、新聞やラジオはあっても、国民の多くは口伝えによって情報を得ていました。街で大々的に走る市電が、東京市民の話題にならないわけがありません。東京市電は移動手段でもあり、メディアでもありました。

戦後、民主化政策が進められることになると、プロパガンダ的な役割を負わされた花電車が姿を消します。路面電車は次々に廃止されると、パレードで走る花電車も次第に姿を見せなくなりました。現状では、函館市電や鹿児島市電、民営では豊橋鉄道などが細々と走らせている寂しい状況になっています。

都電荒川線で三三年ぶりに運行と喧伝《けんでん》された花電車ですが、実は平成一九（二〇〇七）

年にも九〇〇〇形のデビューを祝して〝花電車〟が走っているのです。ところが、このときのものは、通常の営業車両に花のシールを貼っただけの簡素なものでした。そのため、正式な花電車としては記録されていません。

平成一九（二〇〇七）年の〝花電車〟を目にした私は、平成二三（二〇一一）年の〝本格的〟な花電車を見ようと、一〇月の週末は都電沿線に通いました。それは、格段に華やかな花電車でした。しかし、私の背後で見物していた老夫婦は、「私が子供のときに見た花電車の方が、もっとハデだった気がする」と溜息《ためいき》まじりにつぶやいていました。

都営交通一〇〇周年と銘打っていますが、都営交通の端緒は、バスでも地下鉄でもなく、都電です。つまり、都営交通一〇〇周年とは、都電一〇〇周年ということになります。図らずも、それを記念する花電車は、都電のおかれた寂しい現状を伝えることになったのでした。

そして、都電荒川線だけが残った……

ここまで、都電を軸にした、東京の都市計画や都市形成の話を書き進めてきました。最後になりましたが、長大な路線を有した都電のうち、どうして**荒川線**だけが生き延びたのでしょうか。一般的に定着している説はいくつかあります。

1）先にも述べましたが、都電**荒川線**は専用軌道が多く、都電を廃止してもすぐに線路の上を自動車が走れるようになるわけではありません。つまり、自動車にとって**荒川線**を廃止してもメリットがないから、都電**荒川線**は廃止されなかったとする説。これは、必ずしもそれだけではないという点について、すでに述べたとおりです。

2）都電沿線には代替交通機関がないので、それらが整備されるまで存置するという説。ところが、都電のすぐ近くには、明治通りがあって都営バスが走っています。都電が事故などで運休となると、明治通りを走っている都営バスが代替輸送を担うことから、代替交通機関がないことを理由に都電が残っているとはいえません。

3）東京に網の目のように走っていた都電を産業遺産や観光資源として残しているという説。都電のみならず、かつて日本全国には廃止された路面電車がいくつもあり、横浜市電には〝横浜市電保存館〟が、名古屋市電には〝レトロでんしゃ館〟といった博物館施設があります。もし、都電を歴史遺産として後世に伝えるとしたら、都電博物館があってもよさそうですが、そうした博物館をつくろうという動きは公的にはありません。かろうじて〝都電おもいで広場〟が整備されましたが、規模も小さく、土日祝日限定でしか公開されていません。

ほかにも、都電荒川線が残った理由にはさまざまな憶測《おくそく》が飛び交っています。しかし、どれも説得力に欠けている部分があります。結局のところ、都電荒川線だけが残っている理由を特定することはできません。いくつもの理由が、重層的に積み重なり、それらによって都電が残っているのでしょう。

ただ、いったん不要と決めつけられたものが残されるためには、何らかの思考なり、意思なりがなければなりません。ここに、名を残さぬ人々の思いが存在したことは、容易に推察できます。一〇〇年を超える都電の歴史には、いまだ解明できない謎がたくさんありますが、今回は、姿を現わさない先人に感謝して筆をおきたいと思います。

主要参考文献

『都史資料集成第三巻　東京市街鉄道』　東京都公文書館
『都史紀要三　銀座煉瓦街の建設』　東京都
『都史紀要十三　明治初年の武家地処理問題』　東京都
『都史紀要二十九　内藤新宿』　東京都
『都史紀要十五　水道問題と三多摩編入』　東京都
『都史紀要三十　市町村制と東京』　東京都
『都史紀要三十三　東京馬車鉄道』　東京都
『東京市電気局十年略史』　東京都電気局　クレス出版
『創業二十年史』　東京都電気局　クレス出版
『東京都交通局四十年史』　東京都交通局
『東京都交通局五十年史』　東京都交通局
『都営交通一〇〇年のあゆみ』　東京都交通局
『都営交通一〇〇周年　都電写真集』　東京都交通局
『帝都高速度交通営団史』　東京地下鉄株式会社
『営団地下鉄五十年史』　帝都高速度交通営団
『東京地下鉄道日比谷線建設史』　帝都高速度交通営団
『東京地下鉄道半蔵門線建設史（渋谷〜水天宮）』　帝都高速度交通営団
『東京都政五十年史　事業史Ⅰ』　東京都
『東京の都市計画百年』　東京都都市計画局総務部相談情報課
『「環七対策」関連資料集』　東京都都民生活局

『オリンピック準備局事業概要（一九六三）』東京都オリンピック準備局
『新修　渋谷区史　下』東京都渋谷区
『目黒区　五十年史』東京都目黒区
『荒川区史　下巻』東京都荒川区
『新修荒川区史　下』東京都荒川区
『北区史　通史編』東京都北区
『北区史　資料編現代一』東京都北区
『北区史　資料編現代二』東京都北区
『板橋区史　通史編下巻』東京都板橋区
『区制六〇周年記念　図説板橋区史』東京都板橋区
『台東区史　社会文化編』東京都台東区
『下谷区史　昭和十年度版』東京市下谷区
『世田谷区近現代史』東京都世田谷区
『杉並区史　中巻』東京都杉並区
『杉並区史　下巻』東京都杉並区
『（沿線交通地理）中野と南千住附近』帝都高速度交通営団運輸部
『馬車鉄から地下鉄まで』東京都公報普及版編纂室
『日比谷公園』前島康彦　財団法人東京都公園協会東京公演文庫　郷学舎
『東京の遊園地』内山正雄・蓑茂寿太郎　財団法人東京都公園協会　郷学舎
『東京ミッドタウン前史　赤坂檜町の三万年』港区立港郷土資料館
『愛宕山』港区立港郷土資料館
『郊外住宅地の系譜―東京の田園ユートピア』山口廣編著　鹿島出版会

主要参考文献

『近代日本の郊外住宅地』 片木篤・角野幸博・藤谷陽悦 鹿島出版会
『祝祭の帝国』 橋爪紳也 講談社選書メチエ
『日本の遊園地』 橋爪紳也 講談社現代新書
『後楽園の25年』 株式会社後楽園スタヂアム社史編纂委員会
『後楽園スタヂアム50年史』 株式会社後楽園スタヂアム社史編纂委員会
『東京電力三十年史』 東京電力社史編集委員会
『東京電燈株式会社開業五〇年史』 新田宗雄 東京電燈株式会社
『横山町 馬喰町問屋連盟十年史』 横山町馬喰町問屋連盟
『松屋百年史』 社史編集委員会
『浅草六区―興業と街の移り変り―』 台東区教育委員会
『隅田川をめぐるくらしと文化』 東京都江戸東京博物館
『えきぶくろ―池袋駅の誕生と街の形成』 豊島区立郷土資料館
『豊島区立郷土資料館調査報告書第一集 駒込巣鴨の園芸資料』 豊島区郷土資料館
『古地図で歩く 江戸城・大名屋敷』 平凡社
『五十年の歩み』 荻窪北口大通り商店会
『浅草 蔵前史』 石津三次郎 蔵前史刊行会
『内務省』 百瀬孝 ＰＨＰ新書
『明治運輸史 上巻』 運輸日報社 明治百年史叢書
『鉄道先人録』 日本交通協会編 日本停車場株式会社出版事業部
『日本の鉄道ことはじめ』 沢和哉 築地書館
『風俗営業取締り』 永井良和 講談社選書メチエ
『鉄道と日本軍』 竹内正浩 ちくま新書

『オリンピック・シティ　東京１９４０・１９６４』　片木篤　河出ブックス
『未完の東京計画』　石田頼房　ちくまライブラリー
『日本近現代　都市計画の展開』　石田頼房　自治体研究社
『東京の都市計画』　越澤明　岩波新書
『東京都市計画物語』　越澤明　ちくま学芸文庫
『復興計画』　越澤明　中公新書
『明治の東京計画』　藤森照信　岩波現代文庫
『明治神宮の出現』　山口輝臣　吉川弘文館歴史文化ライブラリー
『東京都の誕生』　藤野敦　吉川弘文館歴史文化ライブラリー
『スタジアムの戦後史』　阿部珠樹　平凡社新書
『幻の東京赤煉瓦駅』　中西隆紀　平凡社新書
『塔とは何か』　林章　ウェッジ選書
『ニッポンの塔』　橋爪紳也　河出ブックス
『新宿・街づくり物語』　勝田三良監修　河村茂著　鹿島出版会
『東京今昔探偵』　読売新聞社会部　中公新書ラクレ
『東京　あの時ここで』　共同通信社編　新潮文庫
『東京俘虜収容所第十分所瞥見記と近代俘虜取扱関係資料』　三木克彦編著　私家版
『図説　占領下の東京』　佐藤洋一　河出書房新社
『図説　駅の歴史　東京のターミナル』　交通博物館編
『ステイション新宿』　新宿区立新宿歴史博物館
『日本の近代建築（上）―幕末・明治篇』　藤森照信　岩波新書
『日本の近代建築（下）―大正・昭和篇』　藤森照信　岩波新書

主要参考文献

『国道の謎』　松波成行　祥伝社新書
『東京の地霊』　鈴木博之　ちくま学芸文庫
『東京　都市の明治』　初田亨　ちくま学芸文庫
『百貨店の誕生』　初田亨　ちくま学芸文庫
『写真で見る関東大震災』　小沢健志編　ちくま文庫
『地図から消えた東京物語』　アイランズ編著　東京地図出版
『明治鉄道物語』　原口勝正　講談社学術文庫
『東京駅誕生　お雇い外国人バルツァーの論文発見』　島秀雄編　鹿島出版会
『江戸・東京を造った人々1』『東京人』編集室編　ちくま学芸文庫
『人物と事件でつづる私鉄百年史』　和久田康雄　鉄道図書刊行会
『鉄道忌避伝説の謎』　青木栄一　吉川弘文館歴史文化ライブラリー
『定刻発車』　三戸祐子　新潮文庫
『鉄道が変えた社寺参詣』　平山昇　交通新聞社新書
『鉄道時計ものがたり』　池口英司・石丸かずみ　交通新聞社新書
『都庁　もうひとつの政府』　佐々木信夫　岩波新書
『土地の神話』　猪瀬直樹　小学館文庫
『三野村利左衛門と益田孝　三井財閥の礎を築いた人びと』　森田貴子　山川出版社
『帝都・東京』　別冊宝島編集部　宝島SUGOI文庫
『東京の宅地形成史「山の手」の西進』　長谷川徳之輔　住まいの図書館出版局
『日本羅紗物語―千住製絨所とあらかわの近代』　荒川ふるさと文化館
『東京隅田川の歴史』　かのう書房
『「民都」大阪対「帝都」東京』　原武史　講談社選書メチエ

『国鉄スワローズ　1950―1964』　堤哲　交通新聞社新書
『ベースボールと陸蒸気』　鈴木康允・酒井堅次　小学館文庫
『近代化の旗手、鉄道』　堤一郎　山川出版社日本史リブレット
『鉄道ルート形成史―もう一つの坂の上の雲』　高松良晴　日刊工業新聞社
『写真でつづる　日本路面電車変遷史』　髙松吉太郎　鉄道図書刊行会
『東京・市電と街並み』　林順信　小学館
『都電系統案内―ありし日の全41系統』　諸河久　ネコ・パブリッシングRMライブラリー
『東京市電名所図絵』　林順信　ＪＴＢキャンブックス
『都電が走った街　今昔』　林順信　ＪＴＢキャンブックス
『都電が走った街　今昔Ⅱ』　林順信　ＪＴＢキャンブックス
『鉄道今昔　よみがえる都電』・井口悦男　白土貞夫　学研パブリッシング
『鉄道今昔　よみがえる玉電』・井口悦男　三瓶嶺良　学研パブリッシング
『玉電が走った街　今昔』　林順信　ＪＴＢキャンブックス
『交通博物館のすべて』　交通博物館編　ＪＴＢキャンブックス
『汽車・電車の社会史』　原田勝正　講談社現代新書
『日本の地下鉄』　和久田康雄　岩波新書
『日本の私鉄』　和久田康雄　岩波新書
『路面電車―ライトレールをめざして』　和久田康雄　成山堂書店交通ブックス
『電車のはなし―誕生から最新技術まで―』　宮田道一・守谷之男　成山堂書店交通ブックス
『懐かしい風景で振り返る東京都電』　イカロス出版
『古地図・現代図で歩く明治大正東京散歩』　梅田厚　人文社古地図ライブラリー
『古地図・現代図で歩く昭和東京散歩』　人文社古地図ライブラリー

主要参考文献

『古地図・現代図で歩く　昭和三十年代東京散歩』　人文社古地図ライブラリー
『廃線都電路線案内図』　人文社
『図説　国鉄・JR昼行特急全史』　学習研究社歴史群像シリーズ
『多摩　鉄道とまちづくりのあゆみII』　多摩の交通と都市形成史研究会編　財団法人東京市町村自治調査会
『路面電車――未来型都市交通への提言』　今尾恵介　ちくま新書
『都電荒川線に乗って』　荒川ふるさと文化館
『移りゆく街並み―王電・都電の車窓から』　荒川ふるさと文化館
『トラム（路面電車）とメトロ（地下鉄）』　新宿区立新宿歴史博物館・板橋区郷土歴史資料館
『昭和30・40年代の板橋区』　小林保男監修　三冬社
『東京市電・東京都電』　高松吉太郎監修・工作舎　ダイヤモンド社
『東京　都電の時代』　吉川文夫　大正出版
『わが街・わが都電』　東京都交通局

※この他にも、新聞、インターネット、パンフレット、ポスター、博物館・資料館展示など、多くの資料を参考にさせていただきました。

切りとり線

★読者のみなさまにお願い

この本をお読みになって、どんな感想をお持ちでしょうか。祥伝社のホームページから書評をお送りいただけたら、ありがたく存じます。今後の企画の参考にさせていただきます。また、次ページの原稿用紙を切り取り、左記まで郵送していただいても結構です。

お寄せいただいた書評は、ご了解のうえ新聞・雑誌などを通じて紹介させていただくこともあります。採用の場合は、特製図書カードを差しあげます。

なお、ご記入いただいたお名前、ご住所、ご連絡先等は、書評紹介の事前了解、謝礼のお届け以外の目的で利用することはありません。また、それらの情報を6カ月を越えて保管することもありません。

〒101―8701（お手紙は郵便番号だけで届きます）
祥伝社新書編集部
電話03（3265）2310
祥伝社ホームページ　http://www.shodensha.co.jp/bookreview/

★本書の購買動機（新聞名か雑誌名、あるいは○をつけてください）

＿＿＿新聞の広告を見て	＿＿＿誌の広告を見て	＿＿＿新聞の書評を見て	＿＿＿誌の書評を見て	書店で見かけて	知人のすすめで

★100字書評……都電跡を歩く

名前

住所

年齢

職業

小川裕夫　おがわ・ひろお

1977年、静岡市生まれ。行政誌編集者を経て、フリーランスライターに転身後、“地方自治”“総務省”“内務省”“鉄道”を主な取材分野として活躍。2009年にはフリーカメラマンとして初めての総理大臣官邸会見に参加した。著書に、『踏切天国』『封印された鉄道史』『路面電車で広がる鉄の世界』『政治家になっちゃった人たち』『全国私鉄特急の旅』などがある。

都電跡《とでんあと》を歩《ある》く

東京《とうきょう》の歴史《れきし》が見《み》えてくる

小川裕夫《おがわひろお》

2013年6月10日　初版第1刷発行

発行者……………竹内和芳

発行所……………祥伝社しょうでんしゃ

〒101-8701　東京都千代田区神田神保町3-3

電話　03(3265)2081(販売部)

電話　03(3265)2310(編集部)

電話　03(3265)3622(業務部)

ホームページ　http://www.shodensha.co.jp/

装丁者……………盛川和洋

印刷所……………萩原印刷

製本所……………ナショナル製本

Printed in Japan　ISBN978-4-396-11322-3　C0221